高等学校小学教育专业卓越教师培养系列教材

小学教育概论

熊岚 主编

南京大学出版社

图书在版编目(CIP)数据

小学教育概论 / 熊岚主编. — 南京：南京大学出版社，2018.8(2021.8重印)
ISBN 978-7-305-20717-4

Ⅰ.①小… Ⅱ.①熊… Ⅲ.①小学教育－概论 Ⅳ.①G62

中国版本图书馆 CIP 数据核字(2018)第 179338 号

出版发行	南京大学出版社
社　　址	南京市汉口路22号　邮　编　210093
出 版 人	金鑫荣
书　　名	小学教育概论
主　　编	熊　岚
责任编辑	曹　森　　　　编辑热线　025-83592123
照　　排	南京南琳图文制作有限公司
印　　刷	江苏凤凰通达印刷有限公司
开　　本	787×1092　1/16　印张 12.5　字数 266 千
版　　次	2018 年 8 月第 1 版　2021 年 8 月第 3 次印刷
ISBN 978-7-305-20717-4	
定　　价	30.00 元

网址：http://www.njupco.com
官方微博：http://weibo.com/njupco
官方微信号：njupress
销售咨询热线：(025) 83594756

* 版权所有，侵权必究

* 凡购买南大版图书，如有印装质量问题，请与所购图书销售部门联系调换

前　言

捷克著名教育家夸美纽斯曾言"太阳底下再没有比教师这个职业更崇高的了"。教师职业是一个光辉的职业。教师在社会发展和青少年儿童的成长过程中发挥着不可或缺的作用。当今的学习型社会更是对教师整体素质的要求越来越高。小学教师是儿童的启蒙老师，对儿童的成长和持续发展具有至关重要的影响。小学教师要胜任教书育人的职责，需要具备良好的专业素养。也就是说在等待和培育一个儿童健康成长的过程中，需要小学教师温情的理解，真挚的同情，诚意的鼓励，恰当的提醒。即小学教师应具备：耐心、敏感、克制、清醒的边界意识、乐观的态度以及积极恰当的行动能力。

《小学教育概论》的编写宗旨，正是为了帮助师范生掌握教育规律和领略教学艺术，使他们通过教育基本理论的学习和对教育基本问题的分析、探讨，逐渐具备当代社会所要求的专业素养。小学教育，在整个教育体系中处于举足轻重的地位。随着近年来我国高校小学教育专业的迅猛发展，小学教育改革的深入推进，小学教育相关研究成果也日渐丰富。作者团队在关注国内外相关领域的最新进展与发展趋势和多年小学教育专业教学实践基础上编写了这本教材。本书的编写目标主要表现在：

第一，本书聚焦于小学教育的基本问题和主题，探讨小学教育的基本理论和实践问题，共分为八章，包括"小学教育概述""学校教育制度""小学教育功能""小学教育目标""小学教师及其专业发展""小学生及其发展""小学教育评价"及"世界各国基础教育改革与发展趋势"等。在内容编写中力求反映现阶段教育学研究的最新进展及其成果，注重联系世界各国基础教育的改革趋势。在编写过程中，我们查阅了大量国内外相关文献，希望在本书的知识体系和内容架构上，体现基础性、前沿性、实用性等特点。

第二，注重教育理论与教育实践的结合。在编写教材过程中，我们既注重对先进教育理念和科学的教育理论的阐述，也注重结合小学教育实践中的关键问题进行剖析，以期学生能在掌握教育基本理论基础上，运用所学教育理论分析教育问题，提高教育实践能力。

第三，力求内容的可读性和形式的新颖性。在编写过程中，力求对教育理论的阐述科学准确，清晰明了；在语言表述上力求通俗易懂、深入浅出；在编写体例上，增加了"案例""课外拓展阅读""知识窗"等形式，以提高学生的学习兴趣、学习效果及增强

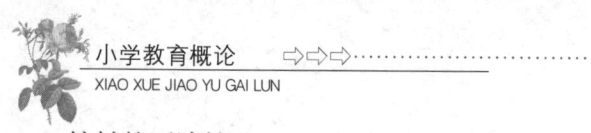

教材的可读性。

  本书是集体协商和努力的成果。全书的主编为熊岚，主要参编人员由王玲玲、单婷、孙燕、宋秋颖和于潇组成。在编写的过程中参阅和引用了国内外的许多研究文献，尽管我们力图全部引注准确、清楚，但限于自身水平，难免有疏漏之处，敬请各位专家和读者提出宝贵意见以便再版时修订。

  本书依托江苏师范大学卓越小学教师培养计划项目，是高等学校小学教育专业卓越教师培养系列教材中的一本。在教材编写过程中，江苏师范大学教育科学学院（教师教育学院）书记贾林祥教授从教材编写方案的制定，到整个编写过程，直至最后的审稿出版，都给予了充分的关注，在此表达诚挚的感谢！同时，还要对南京大学出版社编辑们的细致工作予以特别感谢！

编　者

2018 年 6 月 20 日

目 录

第一章 小学教育概述 ·· 1

    第一节 小学教育的本质 ·· 1

    第二节 小学教育的发展史 ·· 7

    第三节 新时代小学教育的发展趋势 ································ 20

第二章 学校教育制度 ·· 23

    第一节 学校教育制度概述 ·· 23

    第二节 我国学校教育制度 ·· 29

    第三节 世界学制改革与发展趋势 ·································· 33

第三章 小学教育的功能 ·· 42

    第一节 小学教育的重要性 ·· 43

    第二节 小学教育功能的历史演变 ·································· 48

    第三节 小学教育的社会功能 ······································ 53

    第四节 小学教育的本体功能 ······································ 63

第四章 小学教育的目标 ·· 67

    第一节 小学教育目标概述 ·· 67

    第二节 小学教育目标体系 ·· 72

    第三节 小学教育目标的比较分析 ·································· 82

第五章 小学教师及其专业发展 ·· 88

    第一节 小学教师的作用和地位 ···································· 88

    第二节 小学教师的权利和义务 ···································· 94

第三节　小学教师的专业发展 ·· 95
第四节　小学师生关系 ·· 105

第六章　小学生及其发展 ··· 113

第一节　小学生的本质属性 ·· 113
第二节　小学生的社会地位 ·· 118
第三节　小学生的发展与教育 ··· 122

第七章　小学教育评价 ··· 130

第一节　小学教育评价概述 ·· 130
第二节　小学教育评价体系 ·· 139
第三节　小学教育评价问题与改革 ·· 149

第八章　基础教育改革与发展趋势 ·· 156

第一节　美国基础教育改革与发展 ·· 156
第二节　英国基础教育改革与发展 ·· 165
第三节　日本基础教育改革与发展 ·· 171
第四节　我国基础教育改革与发展走向 ······································· 178
第五节　世界各国基础教育改革与发展趋势 ································· 181

参考文献 ·· 190

微信扫一扫

✓课件申请
✓教学资源
教师服务入口

✓教师资格考试历年考点与真题
✓加入学习交流圈
学生服务入口

第一章
小学教育概述

※ **学习目标：**

1. 熟悉小学教育的概念，辨析小学教育与初等教育、基础教育的区别。
2. 掌握小学教育的基本性质和特点。
3. 了解小学教育产生和发展的历程，掌握小学教育在各发展阶段中表现出的特点。

第一节 小学教育的本质

一、小学教育的概念

作为现代学校教育制度中的一个重要部分，小学教育是与学前教育、中等教育、高等教育并存的一个教育阶段。由于小学教育与初等教育、基础教育等概念混在一起不易准确区分，我们需要通过比较来加以认识。

（一）小学教育与初等教育

根据联合国教科文组织发布的《国际教育标准分类（第三次修订）》确认，初等教育是基础教育的第一阶段，此级教育的重点是向法定的入学年龄不低于5岁或不大于7岁的儿童提供教育，包括向学生提供读写算方面扎实基础的教育课程，同时对其他课程也有一些基本了解。在大多数情况下，小学教育的开始也就是义务教育的开始。[1] 在我国，初等教育的概念有广义与狭义之分，是"对受教育者实施最初阶段的

---

[1] 王长纯,梁健.初等教育[M].吉林:吉林教育出版社,2000:1.

教育"①。从阶段性看,广义的初等教育是相对中等教育及高等教育而言的,包括接受中等教育以前的教育阶段,涵盖小学教育和学前教育;狭义的初等教育主要是指小学教育。从教育对象和教育形式看,我国1951年的学制确立的初等教育,包括儿童的初等教育和青年、成人的初等教育两个系列。儿童初等教育主要是通过全日制小学给儿童以全面的基础教育;青年、成人初等教育通过工农速成初等学校等,施以相当于小学程度的教育。

从整体上看,各国实施初等教育的学校机构是多样化的,与学前教育、中等教育的衔接方式也各不相同,但初等教育在学制体系中的性质和地位是共同的、恒定的。初等教育是现代国民教育制度体系中一个具有独特性质和独立地位的教育阶段,小学则是实施初等教育的主要机构。正因为如此,人们将初等教育与小学教育等同起来。但初等教育与小学教育又有区别。在我国,初等教育不仅要对儿童施以全面的基础教育,还负担着对青年、成人进行相当于小学程度的扫盲任务。20世纪90年代以来,随着全民教育的兴起,初等教育的对象范围开始面向全民,成为全民教育的核心指针和基本内容,以满足儿童、青年、成人的"基本学习需要"为目标。

(二) 小学教育与基础教育

20世纪上半叶,随着教育民主化和社会的发展,义务教育上延到初中阶段,原先两种性质的小学教育逐步走向并轨,成为全体少年儿童接受的国民基础教育。基础教育成为一个内涵和外延相对固定的概念,不存在选拔淘汰、升学与就业的分流,主要系指学前教育和小学教育。"它是终身学习和人类发展的基础,而各国可以在这一基础上建立其他层次、其他类型的教育和培训。"②其中小学教育是各国基础教育中最基本的、必不可少的一部分。1972年,联合国教科文组织在《学会生存:教育世界的今天和明天》中提出,基础教育是为"所有的儿童"普及完全的、全日制及其他形式的小学教育。90年代全民教育兴起,《世界全民教育宣言》中提出要"扩大并不断重新确定基础教育的范围",包括早期的幼儿看护和初始教育、普及的小学教育、满足青年和成人学习需要的多种传授系统等,以满足全民的基本学习需要。1996年《教育——财富蕴藏其中》进一步勾画了各级教育发展的目标任务,将基础教育作为每个人"走向生活的通行证"。其中,基础教育包括儿童基础教育和成人基础教育,"普遍提供一种适合于所有人的教育,它既能使人们为今后的学习打下坚实的基础,也能使人们获得积极参加社会生活的基本能力"。"儿童的基础教育可以确定为(正规或非正规)的启蒙教育,这一教育原则上从孩子3岁开始,一直到至少12岁。"③

在我国,基础教育反映的是人们对于被纳入其中的这部分教育之于社会发展和

---

① 辞海(教育心理分册)[M].上海:上海辞书出版社,1980:14.
② 联合国教科文组织国际教育发展委员会.教育的使命——面向21世纪的教育宣言和行动纲领[M].北京:教育科学出版社,1996:16.
③ 联合国教科文组织国际21世纪教育委员会.教育——财富蕴藏其中[M].北京:教育科学出版社,1996:110.

个体发展的意义和价值的一种理解,以及它与其他各级各类教育的一种关系,它的范围和程度是不断扩大和提升的。所谓基础教育,"亦称'国民基础教育',对国民实施基本的普通文化知识的教育,是培养公民基本素质的教育,也为继续升学或就业打好基础的教育,一般指小学教育,有的包括初中教育"①。2001年《国务院关于基础教育改革和发展的决定》中指的基础教育,进一步扩展为学前教育、义务教育和普通高中教育。

综上所述,小学教育是对学生进行的最初的正规教育,以培养学生获得知识、习得学习方法及体验学习美感等的为期5或6年的基础性义务教育。通过小学教育,学生逐渐由自然人成长为社会人。作为特殊文化的小学教育,实质就是促进儿童健康成长的一体化的社交学习活动和心智学习活动。②

我国把小学教育作为基础教育的一个阶段和部分,有利于小学教育与基础教育其他阶段和其他部分联系和衔接起来,但难以保持小学教育的独立性和独特性,甚至被卷入应试和选拔的旋涡而难以自拔。因此,确立小学教育在基础教育中的独立性和独特价值,应当成为我国小学教育发展的根本出路以及基础教育改革的基本方向。

二、小学教育的基本性质

小学教育的基本性质随着现代国民教育体系的演变、发展而不断演变、发展,从而逐渐形成自身特有的规律和内在逻辑。它既具有复杂的社会制约性,也受小学教育自身一系列内因的制约。通过对这些内在和外在制约因素的综合分析,有利于我们更加准确、深刻理解和把握小学教育的性质。

(一) 小学教育的社会制约性

1. 经济制约

小学教育成为普及义务教育,是社会经济发展的客观要求。15世纪之前,欧洲国家虽然有了各种类型的初等学校,但带有很强的宗教性、等级性和非正规性。15世纪开始,小学教育由教会垄断的局面逐步被打破,出现了一些面向劳动人民子弟的世俗化初等学校。在以蒸汽机技术为标志的第一次科技革命推动下,大工业生产要求劳动者必须具备一定的文化知识、读写算技能,这为小学教育的普及和发展提供了根本动力。它使小学教育由原先的发展成为与世俗生活和生产发展有着直接关系的社会事业,以培养掌握基本知识和技能、遵守劳动纪律的熟练劳动者,显现小学教育的经济发展功能。

同时,社会生产力发展为小学教育成为免费的义务教育,奠定了不可或缺的经济基础。以日本为例,从1872年颁布《学制令》起就开始推行初等义务教育,但由于经济落后而采用"收益者负担"的原则,要求学生缴纳学费。虽然国家强迫推行,但小学

---

① 顾明远.教育大辞典(1)[M].上海:上海教育出版社,1989:71.
② 曾文婕,黄甫全.小学教育学(第3版)[M].北京:高等教育出版社,2017:5.

教育的入学率很低,1886年才达到46.33%。1900年开始实行免费义务教育,小学教育入学率当年增至81.5%,1910年上升至98.1%。① 日俄战争后,日本经济进一步发展,并进入重工业阶段。1907年日本初等义务教育由4年延至6年,并于1912年完全实现了义务教育。

第二次世界大战后,随着以内燃机、电动机的使用为标志的第二次科技革命,尤其在以原子能、电子计算机技术为标志的第三次科技革命的推动下,世界教育体系、结构和功能发生了巨大变革。小学教育也由原先传授"3R"知识、培养合格劳动者和单一的经济功能,转向了以促进人的发展为目的,成为每个人"走向生活的通行证"。小学教育进一步显现全民性和为人的终身学习与生命发展奠定基础的崭新功能。

2. 政治制约

政治对于小学教育性质的制约,主要是国家通过制定和实施一定的政策和法律来实现的。虽然小学教育是在经济发展的驱动下实现普及和发展的,但小学教育一开始是与精英教育相隔离、面向劳动人民子弟的大众教育,作为"双轨制"的一轨,有着鲜明的阶级性,地位低下。17世纪中期到18世纪末的资产阶级革命中,新兴的资产阶级国家纷纷从教会手中夺得教育的领导权,教育实现了世俗化和国家化。19世纪世界范围内的民族主义运动实现了多数国家的独立,开始重视对教育的领导和控制,同时工人阶级争取民主、争取受教育权的斗争不断推进。在这一系列政治因素的作用下,资本主义国家纷纷通过立法手段和教育改革,促使小学教育实现法制化,由双轨实现并轨并与中等教育衔接,成为统一的国民教育,走向统一、平等和民主。小学教育由先前只为劳动人民子弟就业服务的终结性教育,发展成为整个国民教育体系的基础一环。

3. 文化制约

文化是与自然、先天等概念相对应的人类认识和改造自然、社会及人类自身所积累的创造的物质财富和精神财富的总和。应当说教育是一种特殊形态的文化形式,它既作为文化的一部分,又是文化传承、交流和创造的重要载体;而且,教育的自身存在、演变和发展也逐步形成了一种文化——教育文化。小学教育性质总是立足于一定的社会文化基础之上的,与政治、经济对小学教育的"硬约束"不同,社会文化对小学教育更主要的是一种"软约束",各国不同文化传统对小学教育性质有一种深刻的"软制约"。文化传统是在长期历史发展过程中积淀而成的,对现实社会产生直接和间接影响的文化特质和文化模式,对小学教育有着巨大的和潜在的影响力、渗透力。比如,以儒家思想为主流的中国传统文化影响下的小学教育与不同文化传统和背景下的美国小学教育就有着显著区别。

(二) 小学教育的内在规定性

小学教育的性质不仅有客观的社会制约性,也与不同时代人们对小学教育及其

---

① 吴文侃,杨汉清.比较教育[M].北京:人民教育出版社,1999:393-394.

对象——儿童的认识有关。

古代及欧洲的中世纪,人们认为儿童生来就有"原罪",应当尽早开始赎罪。因而儿童作为"小成人"必须服从成人的意志和行为规则,不存在自己的权利和价值。文艺复兴使儿童逐步从传统社会的从属关系中解放出来。荷兰教育家伊拉斯谟(1466—1536)认为儿童天性是自然和自由的,应当得到顺应和尊重。英国教育家洛克进一步提出,儿童生来是没有原罪的,而是纯真无瑕的"白板",极力反对鞭挞、体罚儿童。夸美纽斯从"泛智"思想出发,大力推行普及小学教育,首倡班级授课制,主张"把一切事物教给一切人"。

18世纪教育家卢梭从根本上扭转了以成人社会的要求来对待儿童的观念,确立了把儿童视为具有其固有法则的自然存在的崭新的儿童观,被公认为"儿童的发现者"。瑞士教育家裴斯泰洛齐首倡"教育心理学化",认为教育应当依照自然法则开展体育、智育和德育,促进儿童身体、智力和道德的均衡和谐发展。德国教育家现代教育学之父——赫尔巴特在伦理学和心理学基础上促进教育学的科学化,重视传授系统知识对于儿童发展的重要性,反对放任儿童"自然"成长。

20世纪初,赫尔巴特教育思想受到新教育运动和进步主义教育的激烈批评。杜威从实用主义教育思想出发,提出崭新的儿童观、教育观,把教育理解为个人经验的成长过程,即促使儿童个人经验不断改组和改造的生长发展过程。20世纪中期以来,教育科学发展促进儿童观和教育观的进一步发展,出现了如皮亚杰的认知发展理论、加德纳的多元智能理论和凯勒的建构主义理论,以及以存在主义、生命哲学等为主要代表的人本主义教育思想等。这些对当代教育产生了深刻影响,小学教育的性质也以此得到崭新的内涵诠释。

综观以上,小学教育性质是历史和时代、客观与主观、社会制约性与内在规定性的互动统一。

三、小学教育的基本特点

小学教育是一项规模宏大的教育奠基工程,发展到现代,除了具有一般教育的特点外,其自身也独具一些基本特征。[①]

(一) 全民性

小学教育的全民性,从广义上说,是指小学教育必须面向全体人民。这样,才能从根本上彻底扫除文盲,从整体上提高全民族的文化素质;从狭义上讲,是指小学教育必须面向全体适龄儿童。

小学教育的全民性是世界各国教育改革的共同趋势,几乎所有国家的教育都在努力创造条件,确保每个人接受初等教育的权利。1989年11月,联合国教科文组织

---

① 黄济,劳凯声,檀传宝.小学教育学[M].北京:人民教育出版社,2001:26-28.

第25届大会确定"争取全民基础教育"计划,要求最大限度地扫除文盲和普及初等教育。1990年3月,在泰国召开了世界全民教育大会,会议主题是"使人人都有享受教育的机会",会议通过的《世界全民教育宣言——满足基本学习需要》反复强调,使人人享有受教育权利,向所有的人提供接受教育的机会。

在社会主义新时期,我国的小学教育是全民教育,这是社会主义现代化建设,提高整个中华民族的素质,使全国各民族儿童都接受社会主义教育的需要。为了保证教育的全民性质,国家特别对女童的教育、贫困地区和少数民族地区儿童的教育给予特别的关心,采取了特殊政策;对于残疾儿童的教育也给予了特殊的关注,专门加以保障。

(二)义务性

小学教育面向全体适龄儿童,任何未成年的公民,不论其种族、民族、性别、肤色、语言、社会经济地位的差异(智能及身体状况不允许的例外),只要达到一定的年龄(6～7岁),都必须接受小学教育。因此,小学教育在整个教育中具有义务教育的性质,对于每个公民来说,教育机会是均等的,是应当享有的权利。《中华人民共和国义务教育法》规定:"国家实行九年制义务教育。省、自治区、直辖市根据本地区的经济、文化发展状况,确定推行义务教育的步骤。""国家、社会、学校和家庭依法保障适龄儿童、少年接受义务教育的权利。"

义务教育是国家用法律形式规定的对适龄儿童和青少年实施一定年限的普及的、强迫的、免费的学校教育。这里的"义务"一词包括:① 国家有设立学校以使人民享受教育的义务;② 父母或监护人有使学龄的子女或被监护者就学的义务;③ 全社会有排除适龄儿童和青少年入学受教育的种种不良影响和障碍的义务。因此,义务教育要求国家、社会、学校、家庭必须给予保障。对受教育者来讲,既是应享受的权利,又是应尽的义务。

小学教育是义务教育,根据义务教育法的规定,它又是强制的和免费的:"国家对接受义务教育的学生免收学费。国家设立助学金,帮助贫困学生就学。""父母或者其他监护人必须使适龄的子女或被监护人按时入学,接受规定年限的义务教育。"由于小学教育是依国家法律而实施的基础教育,因而它具有强制性。

(三)全面性

小学教育是向儿童实施德、智、体、美等全面发展的教育。小学教育既不是就业定向的职业技术教育,也不是培养高层次专门人才的专业教育。它是面对全体儿童实施普通的基础知识和基本技能的教育。在此基础上发展他们的能力,培养他们高尚的思想道德品质和提高他们的身体心理素质,使他们具备国民应有的一些基本素质,为他们进一步深造创造条件。小学教育是培养各级各类人才的前提。小学教育是向全体儿童进行的最基本的知识、技能教育,帮助他们学会如何做人,奠定学习、生活和进一步发展的基础。从某种程度上讲,全面性是专业性的预备。只有保证小学教育的质量,才能确保高一级学校的教育质量。儿童接受小学教育的年龄阶段,是人生历程的巨大变化时期,是人的智力、能力和良好习惯形成的最佳时期,小学教育的每一个方面都不可偏废。

第二节 小学教育的发展史

知识窗

中国2016年小学教育的发展状况

全国共有小学17.76万所,比上年减少1.29万所;招生1 752.47万人,比上年增加23.42万人;在校生9 913.01万人,比上年增加220.83万人;毕业生1 507.45万人,比上年增加70.19万人。小学学龄儿童净入学率达到99.92%。

小学教职工(不含九年一贯制学校、十二年一贯制学校小学段)553.73万人,比上年增加4.79万人;专任教师578.91万人,比上年增加10.40万人。专任教师学历合格率99.94%,比上年提高0.03个百分点。生师比17.12∶1。

普通小学(含教学点)校舍建筑面积70 964.49万平方米,比上年增加3 612.45万平方米。设施设备配备达标的学校比例情况分别为:体育运动场(馆)面积达标学校比例75.00%,体育器械配备达标学校比例80.18%,音乐器材配备达标学校比例79.50%,美术器材配备达标学校比例79.47%,数学自然实验仪器达标学校比例79.84%。

(资料来源:教育部.2016年全国教育事业发展统计公报[EB/OL]. http://www.moe.edu.cn/jyb_sjzl/sjzl_fztjgb/201707/t20170710_309042.html.)

普及、发展和完善小学教育,已经成为世界各国教育改革发展的重要趋势,并与"终身教育""学习社会化"和"社会学习化"一起构成了全民教育运动的重要内容。追溯起来,小学教育在人类历史上很早就已出现,但小学教育的发展则经历了一个漫长的发展演进过程,当前正在孕育新的未来走向。①

---

① 黄甫全,曾文婕.小学教育学[M].北京:高等教育出版社,2011:2.

一、原始社会的小学教育

"有人斯可教,有教斯可学,自开辟则既然矣。"①教育是人类特有的社会现象,人类诞生时就有了教育。原始社会的人类教育没有与人类的生产生活相区分,教育是在生活中进行的,是融于生活之中的,没有划分出具体的阶段,也就没有专门的小学教育。对此,涂尔干(Durkheim, E.)曾做过描述:"原始生活是简单的。""通过直接的和个人的经验,儿童轻而易举就学会了他需要知道的东西。生活就是他的导师。"②因此,"生活化"是原始社会中教育的基本特点。

(一) 教育时空的生活化

联合国教科文组织国际教育发展委员会的《学会生存:教育世界的今天和明天》一书,对原始社会的教育状况进行了概括性的描述:在原始社会里,"一个人是通过共同生活的过程来教育自己的,而不是被别人所教育的。家庭生活或氏族生活、工作或游戏、仪式或典礼等都是每天遇到的学习机会;从家里母亲的照管到狩猎父亲的教导,从观察一年四季的变化到照管家畜或聆听长者讲故事和氏族巫士唱赞美诗,到处都是学习的机会"③。

可见,原始社会生活化形态的小学教育,并不是外在于儿童生活的活动,而是与儿童的生活具有天然的、内在的联系,教育本身就是儿童生活的内在形式,是儿童生活不可或缺的方面。简言之,儿童的生活就是小学教育活动,儿童的生活时间就是小学教育时间,儿童的生活空间就是小学教育空间。④

(二) 教育内容的生活化

泰勒(Tylor, E. B.)指出,"万物有灵观"是原始文化最显著的特点,包括两大信条:一是相信所有存在物的灵魂在躯体死亡或消灭后,仍能继续存在;二是相信各种神灵可以升格,进入威力强大的诸神行列。⑤ 第一个信条使原始人断定,在每一个物质存在的后面,都有一个非物质的力量、一个精神实体、一个"灵魂"或"精灵",它支配着物质对象。第二个信条则使神灵和人得以相通,人可能引起神灵的高兴和不悦,而神灵又可以控制人的现实世界。因此,原始人为了生存,必须获取满足身体需要的食物、衣服和住所等,但是,由于每一种食物、每一件武器或工具都有一个精灵,必须先安抚或取悦这些精灵,物体才能顺利地满足人的需要。安抚或取悦精灵的手段,就是各种宗教仪式以及舞蹈和绘画等。

据此,原始社会的教育内容可以分为两类:一是与获得食物、衣服和住所等相关

---

① 马端临. 文献通考·学校考[M]. 北京:中华书局,1986:379.
② [法]涂尔干. 道德教育[M]. 陈金光等,译. 上海:上海人民出版社,2006:138.
③ 联合国教科文组织国际教育发展委员会. 华东师范大学比较教育研究所,译. 学会生存:教育世界的今天和明天[M]. 北京:教育科学出版社,1996:27.
④ 黄甫全,曾文婕. 小学教育学(第二版)[M]. 北京:高等教育出版社,2011.
⑤ [英]泰勒著. 原始文化[M]. 连树声译. 桂林:广西师范大学出版社,2005.

的内容,如打猎、捕鱼、使用工具、缝制毛皮、造房子等;二是与安抚、控制和取悦"精灵"或"神灵"等相关的内容,诸如仪式、习俗、禁忌、装饰、舞蹈、歌咏、音乐、绘画、雕刻等。

这两方面的内容,都蕴含着针对儿童的基本技能训练和原始理论教育。基本的技能训练,是为了使儿童逐渐适应生产劳动、日常生活、宗教活动等方面的实践要求,形成符合规范的实践行为技能。原始理论教育,则通过与技能训练紧密结合在一起,力图使儿童逐渐获得对自然界和社会生活的解释,对物质世界和非物质世界关系的说明,从而有效地应对环境的挑战。总之,原始社会生活化形态的小学教育,其内容是生活中所必需的。

(三) 教育方式的生活化

"原始儿童所获得的技艺几乎全部都是通过失败愈来愈少的重复模仿的方式学到的""即使给予训练,最好也不过仅仅把要做的事和对做的过程作简单指示,不企图去说明和解释"。[①] 这就是说,儿童是在打猎中学习打猎,在捕鱼中学习捕鱼,在制造工具中学习制造工具,在作战中学习作战,在人与人的接触中熟悉人际行为规范。原始社会生活形态的小学教育,都在日常生活中进行,一切操作技术和程序都在生活中习得,教育的效果都在日常生活中得以表现。

对于早期的人类教育来说,无论是基本的技能训练或者是原始的社会规范教育,间接的作为生活基础的知识或者课程都没有组织起来,当然也就没有相应的学校制度。由于早期人们很少有个体意识,群体习惯与习俗所造就的群体幸福才是人们追求的目标,所以就教育组织形式来讲,精心设计和经营的教育结构是不需要的。作为基本社会机构的氏族或者家庭,也就成为早期的教育场所。生活化的教育形式,使得儿童的"教育过程从这里开始,而且教育过程最一般的各阶段的最终职责也必须寄托于此"。(孟禄,1906)人们获取生活必需品的过程以及宗教仪式、礼拜或巫术活动的过程也就是教育过程,在这一过程中,儿童是在家庭和族群各种活动的观察和参与中习得基本的技能和必要的观念。生活化的教育成为人类关于儿童与年轻人教育的最初形式。教育史表明没有充分的证据显示那时出现了明确的教育层次的划分,因此,也就没有形成小学教育这一特定的教育阶段。但这不妨碍我们清晰地看到,现代意义上的小学教育中的某些活动,与原始社会早期关于儿童的教育在形式上有着相似的地方,只是后者完全是与生活相融合的。这说明小学教育是在原始的生活化的教育中萌芽而生的。当然这是一个漫长的历史孕育时期,要到人类历史上出现学校这一专门机构才开始得以催生。[②]

---

① 夏之莲.外国教育发展史料选粹(上册)(第2版).北京:北京师范大学出版社,1999:12.
② 张永明,曾碧.小学教育学基础[M].北京:北京大学出版社,2013:5.

二、古代小学教育

伴随人类的不断进化,社会生产能力的提升,社会生活经验的丰富,以及文字的出现,经过精心设计的学校形式的专门教育系统出现。与此同时小学教育或者类似性质的制度化的教育阶段开始出现并得到逐步发展。学校化的小学教育也意味着小学教育开始超越朦胧一统的原始生活化形态,开始成为人类有意识规划的、有制度保障的、由专门人员在专门场所展开的特定形态和阶段。早期学校形态的小学教育,经历了一个漫长的发展变化过程。

(一) 国外早期小学教育

在国外,早在古希腊时期就产生了西方教育史一般所称的超越了生活化教育形态的新教育,即"人类历史上第一次出现了学校"。① 目前世界上所发现的有文字记载的最早的学校——苏美尔学校,是一所小学性质的学校,距今 2500 年。早在古希腊时期,早期两河流域的苏美尔人,为了训练寺庙的书吏学习文字与符号,设立了专门用于教学的"泥板书舍"(tablet house),在此,教师称为"专家",助手称为"大兄长",学生称为"校子"。② "教科书"是几百块刻有象形文字的小泥板,内容有数学、语言学(苏美尔语)、绘画等。斯巴达建立了国家教育训练机构,对所有公民进行教育。而雅典则出现了私立的文法学校、弦琴学校以及体操学校。经过希腊文明的孕育,形成了在学习计划和教学方法等方面都与现代学校相似的人们所公认成型的最初的欧洲学校。古罗马为满足人们识字和学习法律法典(特别是"十二铜表法")而建立了初级学校。

在尼罗河流域,古埃及在中王朝时期就建立起了三种典型的初等教育或初等学校,并在新王朝时期普遍开设。第一种是寺庙学校,由祭司执教,为执行宗教职责而训练学生熟练的书写技能;第二种是宫廷学校,为皇室子弟和少数权势人物的孩子提供学习书写、阅读、宫廷习俗和仪式的教育教学;第三种是书吏学校,由政府部门掌管,训练儿童将来从事国家行政管理工作的相关技能。所有这些初等教育都是职业性质的。③ 当然,他们也为进入一个更有组织、有计划的以寺庙为中心的高等教育做准备。那时候农民子弟、奴隶子弟是与学校无缘的。在印度河流域,婆罗门建立了传授《吠陀经》的古儒学校,教师被称为"古儒",儿童入学后即迁入古儒家,学习年限为 12 年。古希伯来在犹太会堂外建立房舍从事专门的教学工作,并发展为初级学校。6~10 岁的儿童要进入教堂小学,在老师的监护下学习律法规则、《旧约全书》和读写算的基本技能,为进入法律学校做准备。

中世纪,教会教育取得了绝对的主导地位。修道院、主教学校和堂区学校都对儿

---

① [英]博伊德著. 西方教育史[M]. 任宝祥等,译. 北京:人民教育出版社,1985.
② 吴式颖. 外国教育史教程[M]. 北京:人民教育出版社,1999:10.
③ [美]弗罗斯特著. 西方教育的历史和哲学基础[M]. 吴元训等,译. 北京:华夏出版社,1987:21-22.

童实行教育,让他们学习圣经与七艺、简单的读写算和世俗知识。在世俗教育方面,占据主导地位的是骑士教育,整个过程由家庭教育完成。早期教育由母亲进行,内容涉及宗教知识、道德教育和身体的维护与锻炼。七八岁之后进入礼文教育阶段,通过与贵族主人相处,学习上流社会的礼节、行为规范以及最基本的文字。基础教育阶段之后,即14岁以后,就进入侍从教育阶段,重点学习"骑士七技",侍奉领主与贵妇。中世纪这两种形式的基础教育一直持续到15世纪。

(二)中国古代小学教育

在我国,已发现的文献表明,早在夏、商、周时期就有了小学教育。《孟子滕文公上》提到,夏商周"设庠、序、学、校以教之。庠者,养也,校者,教也,序者,射也。夏曰校,殷曰序,周曰庠,学则三代共之,皆所以明人伦也"。据宋代理学家、教育家朱熹推测,校、序、庠都是当时的小学,学是当时的大学。夏代称为"校"的机构是一种专门化的教育形态,设于乡里,以教化为大务,内容以伦常为主。"序"是教授射箭的场所,可以被看作习武的学校。庠则是养老的场所,同时兼有教育的功能。另外,夏代的教育内容还包括宗教教育,以敬天尊祖为中心。还有礼乐,也是一个重要的教学内容。①商代教育是夏代教育传统的革新与深化,除了"庠、序"之外,商代学校增加了"瞽宗"。商代颇重礼乐教育,故有"殷人以乐造士,其学为瞽宗"的说法。瞽宗原为乐师的宗庙,用作祭祀的场所,由于祭祀中礼乐相附,瞽宗便逐渐变为对贵族子弟进行礼乐教育的机构。西周时期,文化水平有所提高,小学教育也较夏、商更为发达。据周代金文及今文《尚书》周代命书记载:周天子建立小学,太子、国子年幼时入此小学,由少傅、钟师等进行教导。相传《史籀篇》即周代史官教儿童的蒙书,这种小学设在官府。"学在官府"的教育制度,使小学教育分布于国学和乡学之中。国学设在王都,乡学设在王都郊外六乡行政区。就国学而言,《礼记·王制》记载:"天子命之教,然后为学。小学在公宫南之左,大学在郊。天子曰辟雍,诸侯曰泮宫"。小学设于王宫的东南,王宫守卫长官师氏和保氏兼任小学师长。国之小学以德行教育为先,兼礼仪、乐舞、射御、书计。②就乡学而言,《礼记·学记》记载:"古之教者,家有塾,党有庠,术有序,国有学。"《周礼·地官司徒·大司徒》言,乡学之内容"以乡三物教万民而宾兴之。一曰六德,知、仁、圣、义、忠、和;二曰六行,孝、友、睦、姻、仁、恤;三曰六艺,礼、乐、射、御、书、数"。

自春秋之后"官学衰废"而"私学兴起",从而出现"文化下移"的"天子失官,学在四夷"的局面。"官学衰废"与"私学兴起"是在特定历史条件下依靠自由办学、自由就学、自由讲学、自由竞争来发展教育事业以满足人们的教育需求。私学勃兴,以孔子的办学规模和影响最大,孔子的教育实践与教育思想奠定了中国小学教育整个"艺术化"阶段的基础。自此之后虽然各朝各代都有自己的教育政策与制度,但是小学教育

---

① 吴洪成.中国小学教育史[M].太原:山西教育出版社,2006.
② 孙培青.中国教育史(修订版)[M].上海:华东师范大学出版社,2000:19.

都分布在官学和私学两个系统之中。这两个系统的小学最终通过"举孝廉""科举"等选士制度,特别是隋唐以来的科举制度而联系起来,直到20世纪初期科举制度被废除。

表1-1 秦朝至清朝初期的小学教育

秦朝	小学称为"学室",教育内容除了识字和常识教育外,还有法律知识和"为吏之道"。推行"崇法排儒"的文教政策,由吏师教导弟子,培养刀笔小吏。
两汉魏晋南北朝	政府在县以下设立小学,"郡国曰学,县、道、邑、侯国曰校"。私学性质的小学,主要是闾里的"书馆"即"私人学馆",以识字和常识教育为主。盛行的识字教材主要是《仓颉篇》以及《千字文》等。
隋唐时期	唐代学校教育制度比较发达,设有"官立小学"和"私立小学",官学有中央官学和地方官学,小学隶属于中书省下的秘书省。《新唐书》说,"京师州县皆有小学",这表明州、县以下只有或主要是小学。教育内容主要是基本的识字、写字教学,经学、文学。推行"崇佛尊儒、兼重道教"的文教政策,常用的教材主要有《开蒙要训》和《蒙求》。
宋元时期	主要分官学(贵胄小学和州县小学)、私学(私塾、义塾、村塾、乡学和冬学)。教育内容以初步的道德行为训练、基本的文化知识技能和培养儿童的行为习惯等为主;推行"尊孔崇儒",提倡"崇尚理学"的文教政策;宋代理学家朱熹认为,小学教育应先入为主及早施教,并且认为小学教材必须形象生动,才能激发儿童的兴趣。
明末清初时期	设有官学(宗学、社学)和私学(蒙学、义学和私塾),教育内容以理学为主。私塾的教学方式主要是识字、习字、读书以及作文。

(资料来源:中公教育教师资格考试研究院.教育教学知识与能力[M].世界图书出版公司,2017:34.)

(三)古代小学教育的特点

不管是中国还是外国,早期小学教育在"目的""内容""方法"和"权利"等方面都表现出一些共同特点[①]:

1. 教育目的的象征性

学生接受教育的主要目的不是为了获得实用知识,而是为了塑造和谐的身心,养成完美的品德和行为规范,成为社会的楷模。孔子主张,基本的教育目的是为了培养能志道、弘道和行道的德士与君子,教育就是为了宣传自己的政治主张和促进儿童品行的成长。苏格拉底(Socrates,前469—前399)认为,教育是为了帮助学生寻找人类的善与勇敢的品质。对柏拉图(Plato,约前427—前347)来说,教育是为了追求永恒的理念。在中世纪,培养侍奉上帝的仆人,则是教育最大的目标。

2. 教育内容的系统性

在教育内容上,中西方小学教育都主要以精心编排与组织典籍为主,体现较强的系统性。在我国,孔子的私学里,儿童学习的是《诗》、《书》、《礼》、《易》、《乐》和《春秋》,内容涉及礼、乐、射、御、书、数,核心是文、行、忠、信。后来随着大一统专制集权

---

① 黄甫全,曾文婕.小学教育学[M].北京:高等教育出版社,2011.

国家的形成以及科举考试制度的确立,四书、五经成为基本教材,核心思想是仁、义、礼、智、信,在西方则形成以"七艺"为核心的教育内容,即以文法、修辞、辩证法(逻辑学)构成的"三艺"和以音乐、算数、几何、天文构成的"四艺",外加体操。

3. 教育方法的刻板性

教育方法强调学生对经典的识记和背诵,并以死记硬背和机械模仿为主,与机械记忆联系在一起的必然是专制的教育教学形式。教育过程充斥着管制、灌输、体罚等手段,以便保证教师的威严与经典的至高无上的地位。

4. 教育权利的等级性

由于统治阶级掌握教育的统治权,在教育权利方面形成了严格的等级制度。在教育者方面,由于统治阶级的政治思想、伦理道德以及宗教思想成为唯一的真理,教师并不是一个特定的专业人员,他们要么由国家官吏兼任,要么由宗教神职人员兼任。在受教育者方面也存在着鲜明的等级性,不同的社会阶级和社会阶层具有入读不同学校的教育权利,贵族与平民、主人与仆人,有着不可逾越的鸿沟,而且许多社会底层人民的子弟没有进入小学学习的机会。

三、近代小学教育

近代小学教育的发展是与资本主义的兴起和发展有着密切的关系,13—15世纪的文艺复兴运动为近代小学教育的发展奠定了思想理论基础,17—18世纪的资产阶级革命、工业革命又为近代小学教育的发展确立了政治经济基础。

(一) 国外近代小学教育

1. 西方近代小学教育的发展

为了反对宗教愚昧主义,反映新兴的市民阶层和资产阶级在教育上的要求,夸美纽斯(J. A. Comenius,1592—1670)从"泛智"思想出发,大力倡导开办新型的泛智学校,推行普及小学教育。他依据儿童的年龄特征,把人的教育分为四个阶段:出生～6岁是婴儿期,设立母育学校实施家庭教育;6～12岁是儿童期,由设在每个村落的国语学校进行小学教育;12～18岁是少年期,由设在每个城市的拉丁语学校实施中等教育;18～24岁是青年期,通过设在省或王国的大学实施高等教育。夸美纽斯对小学教育及普及小学教育制度的确立,做出了历史性贡献。

1640年英国资产阶级革命标志着世界近代史的开端。此后,法、俄、美、日等国也先后爆发革命,17世纪中期以后,随着工业革命和资本主义制度的逐步确立和巩固,与之相应的现代国民教育制度也开始形成和发展。但在20世纪初以前,西方的国民教育体系一直是双轨制的。小学教育作为双轨制教育制度的一轨,主要由教会控制,是一种"慈善的事业",为劳动人民子弟提供一种普及性、终结性的谋生教育,而与双轨学制中的另一轨——精英教育的学校系统(大学及其预备学校——文科中学)相隔离。总之,这一时期的小学教育是为劳动人民开办的,主要是在教会控制之下的一种慈善性事业,是工业革命的发展与当时社会政治矛盾共存的产物。

19世纪后半期至20世纪40年代,现代生产对劳动者的知识和能力要求也不断提高,成年工人和童工的知识水平、劳动纪律以及教育问题开始成为资本主义经济和社会发展的重要问题。国家逐步从教会的手中获得初等教育的举办权,初等教育开始纳入国民公共教育制度和体系,作为一项公共事业。德国的魏玛公国1619年颁布的《学校法令》要求开列6~12岁男女儿童名单,以保证适龄儿童入学;普鲁士国王威廉一世于1713年颁布教育法令,详细规定了政府设立学校、强迫义务教育、学校课程、办学经费等。法国在大革命时期,提出人人享有平等的受教育机会和权利,强调普及教育的重要性,由国家举办"国民教育之家"。1833年法国颁布施行《基佐法案》,规定每个乡必须设立一所初等小学,每个城市要设立一所高等小学,儿童入学要交费;初等小学课程有读、写、算、法语、神学、道德,高等小学课程开设几何、测量、绘画、史地、音乐,注重与生产生活相关知识的教学,强调加强宗教教育,教师必须经专门训练,得到国家证书后方可任教。《基佐法案》的实施是法国初等教育发展史上的重要步骤,推动了法国初等教育和师范教育的发展。法兰西第三共和国于1882年两次颁布《费里法案》,不仅确立了国民教育义务、免费和世俗化三原则,而且将这些原则的贯彻实施具体化。英国1883年在宪章运动的推动下颁布《工厂法》,规定9~13岁的童工每天应在工作时间接受两小时义务教育;1870年《初等教育法》规定国家实行强迫义务教育的具体措施,标志着英国初等教育制度的形成。1825年美国联邦政府颁布了第一部义务教育法,随后各州相继颁布法令,实施强制初等教育和实现免费义务教育。日本在1872年颁布的《学制令》也明确规定了义务教育的制度。

2. 西方近代小学教育的特点

由于资产阶级统治地位的确立,使社会政治、经济、文化和科学发生巨大变化,而这些变化又直接或间接地引起各国在教育制度、学校体制、教学内容和教学方法上的变革。与此同时,小学教育也出现了革命性的变革,表现出了一些新的特点。

(1) 教育权力国家化

近代小学教育的一个重要特征就是举办权的公立化。随着资产阶级国家政府的确立,小学教育的举办权也就从教会的手中逐渐转移到世俗政府手中。小学教育逐渐转变为由国家所管理的公共事业,主要是通过教育法制化来强力推进的,普及小学教育作为国家建立的一项教育制度得到推行。小学教育的培养目标,强调培养国民、公民所需要的各种素养,重视对本民族文化和国家制度的学习,强调培养爱国主义精神。小学教育举办权的转移,蕴含着国民公共教育制度和体系的确立。教育作为一项公共事业,教育制度作为一项公共制度,强化了国家对教育的干预,小学教育公立化成为近代小学教育发展的重要趋势。18—19世纪,世界上主要的资本主义国家都陆续地实现了教育的国家化和世俗化教育,逐渐开始脱离对于宗教的依附,并融入整个社会生活之中,为现代教育的发展奠定了坚实的基础。①

---

① 张永明,曾碧. 小学教育学基础[M]. 北京:北京大学出版社,2013.

(2) 教育对象普及化

随着资本主义政治经济文化的发展,小学教育对象迅速扩大到所有适龄儿童,而不分出生等级和男女性别。普及教育成为近代各国小学教育发展的重要特征,它极大地满足了各个国家经济政治和社会发展的需要,同时也确立了受教育机会和权利平等的基本原则。通过教育公立化和法制化,特别是国家法律的强大力量,有力地推进了小学义务教育的普及,而小学义务教育的普及,对西方国家的经济与社会的全面快速发展,起到了不可或缺的促进作用。

(3) 教育内容世俗化

在西方,早期学校化的小学教育或初等教育,多是由教会以慈善的形式为普通大众提供的。对于贵族而言,起初的教育更多在家庭中完成。这样,小学教育的内容最主要的就是宗教观念和行为规范,即便有少数简单的读写算训练,也往往贯穿于宗教教育之中。但是随着各国世俗政权的确立,近代科学知识的积累与资本主义经济的发展,宗教教育的内容已经不能满足小学教育的需要,小学教育的功用性目的逐渐占据了主导地位。各国政府利用国家强制力量,纷纷颁布法令,将举办初等教育的权利收归世俗政府,宗教与政党不得干预。因此,这一时期,基本的读写算能力的训练与基本的科学和世俗知识,开始超越宗教知识的地位,成为小学教育的重要内容。

(4) 课程设置学科化

传统的小学教育课程是一种艺术化的课程,但是随着近代小学教育的展开,小学课程设置出现了学科化的趋势。学科化的小学教育课程发轫于15世纪,并一直持续到今天,以赫尔巴特(J. F. Herbart, 1776—1841)的"教材"课程为典型代表。学校里使用的不再是原著,而是经过专门编写的教材课本。先是夸美纽斯(J. A. Comenius, 1592—1670)的"百科全书"式教材,继而是分科编写的教科书,内容包含了人文学科和自然学科以及数学、神学等所有学科的基础和精华部分,采用大规模的班级授课制和以教授及背诵为主的教学方法,并且形成了以"分科"为形式和以历史、文学加神学为中心的课程整合结构,为了实现科目之间的有机联系,便以历史、文学和哲学三科为中心来安排和组织其他科目,使学科课程在分科的形式下,各科内容能有机地联系在一起。[①]

(二) 中国近代小学教育

鸦片战争后,我国封建社会急速走向衰败,社会形态发生了深刻变化。随着社会政治、经济和文化的剧烈变革,教育也发生了前所未有的深刻变化。西方教育形态的输入,传统科举制度的废除,新式教育制度的形成,传统的封建小学教育从体制到内容都需进行改革,近代的资本主义性质的小学教育在艰难困苦中逐渐形成与发展。随着西学的引进,先进的中国人对近代中国出路的探索,新式学堂的建立以及近代教

---

① 钟启泉.现代课程论[M].上海:上海教育出版社,1989:85-87.

育制度的形成与不断改革,开启了近代小学教育体系形成、确立及发展的新历程。①

1. 中国近代小学教育的兴起

在《南京条约》签订以后,西方传教士蜂拥而至,通过举办教会学校传播教义,吸引信徒,学生多是从街道上收容的穷孩子或乞丐。教会小学数量少,规模小,层次很低,形式也很不规范,课程设置随意性很大,主要课程是诵读《十诫》《主祷文》,有些教会小学会教授简单的英语,女学童可以学习西方针织、裁缝等手艺。

1878年(清光绪四年),张焕纶在上海创办了正蒙书院(后改称梅溪学校),是我国近代最早的新式小学的萌芽。采用班级授课制,开设国文、舆地、经史、时务、格致、数学、诗歌等课程,采用白话解释、文言讲解与背诵并重的教学方法,尤重德育。书院的名称虽为中国所固有,但实际上是西方学校制度的模拟。继正蒙书院之后,是1896年华亭、钟天纬创办的上海沪南三等学堂,改书院、书塾等名称为"学堂",又以白话编撰儿童教本,在小学教育发展史上具有重要的价值。

1897年,盛宣怀创办南洋公学,分为四院,其"外院"就是小学,这可视为中国公立小学的开端。外院学生分为四个班,每班40人左右,课程有国文、算学、英文、舆地、史学和体操六科,每周授课42小时,教师由南洋公学师范院的学生轮流担任,所以也可视为中国师范学校附属小学之始,后来外院改称"南洋公学附属小学",教本是师范院自编的《蒙学课本》,由此开辟了中国小学教科书的新河。

2. 中国近代小学教育的推广

1898年5月22日,清政府下谕命各省、府、州、县开设学堂,将各地旧有的书院、义学、社学一律改为中西兼习的学堂。省会的大书院改为大学堂,郡城的书院改为中学堂,州县的书院改为小学堂,同时破格奖励私人兴学。中小学应读的书籍由官设书局编印发行。这是清政府决心推广新式学校的开始,也是小学教育计划见于公牍的开始。同年6月6日,御史张承缨奏请于五城设立中小学堂,使当地人民与外省寓京的官吏子弟皆可入学,这可视为小学教育普及运动的发端。

维新运动前后,各地都开始兴办小学。诸如,无锡俞复等人曾于1898年创办无锡三等公学堂,自编《蒙学读本》;吴县、陆基曾于1899年在本地创崇辨蒙学,自编《启蒙图说》及《启蒙问答》。1900年天津曾成立蒙养东塾,此外北京有八旗奉直小学堂,广东有逊业小学堂。②

1904年清政府颁布了《奏定初等小学堂章程》,规定设初等小学堂,入学对象为七岁儿童,修业年限为五年,培养目标是"以启其人生应有之知识,立其明伦理爱国家之根基,并调护儿童身体,令其发育为宗旨;以识字之民日多为成效",并规定初等小学教育为义务教育。

在辛亥革命胜利推翻封建统治后,南京临时政府于1912年颁发了改造封建教育

---

① 吴洪成.中国小学教育史[M].太原:山西教育出版社,2006:114.
② 周予同.中国现代教育史[M].福州:福建教育出版社,2007:70-71.

的法令《普通教育暂行办法》,教育部颁布了《普通教育暂行课程之标准》,建立了民国学制系统的结构框架,即"壬子学制"。1913年又颁布了系列法令规章,使"壬子学制"得以充实和具体化,形成一个全面完整的学制系统,称为"壬子癸丑学制"。这一学制涉及小学教育的文件有《小学校令》以及《小学校及课程表》,规定初等教育分为初等小学和高等小学共7年,其中初等小学为义务教育,入学年龄为6周岁,高等小学为3年。"小学教育以留意儿童身心之发育,培养国民道德之基础,并授以生活所必需之知识技能为宗旨。"①

1922年,在新的历史条件下,民国政府依据各地的教育实验和改革经验,在民主与科学精神的指导之下,特别是在美国实用主义教育思想的影响下,公布学校系统改革方案,即所谓新学制。新学制体系根据儿童身心发展规律划分教育阶段,参照美国实行"六三三"学制。它进一步缩短了小学教育的年限,改7年为6年,分两级,初级小学4年为义务教育,高级小学为2年。同时幼稚园也纳入初等教育阶段,使幼儿教育与小学教育得以衔接。1922年的新学制是一种历史的进步,是中国教育发展史上的一个里程碑,它的影响一直持续到1949年。

我国小学教育的近代发展历程表现出基础化、法制化和普及化的特点,这与近代西方小学教育发展所表现出来的特点是基本一致的,只不过快速发展的时间推迟到了20世纪初。受国内外政治形势等影响和制约,就普及化来看,我国小学教育真正开始迈出强有力的步伐,是在新中国成立之后,而以国家强制力量保障推行,则是在改革开放之后。

四、现代小学教育

小学教育是现代教育制度的一部分,现代小学教育的产生,是现代教育以及现代社会发展的一个重要标志;同时小学教育的产生和发展,又极大地改变和推动了现代教育以及社会的发展与变革。

(一)中国现代小学教育的发展

中华人民共和国成立后,在学习苏联、继承老解放区经验和改造旧教育的过程中,制定并颁发了一系列新的中小学课程与教学计划。《中国人民政治协商会议共同纲领》规定"国家有计划有步骤地实行普及教育"。为了更有利于劳动人民子女接受完全小学教育,1951年的学制改革进一步把小学教育缩短为5年,实行一贯制,而且为了使失学的青年和成人能够接受小学教育,新学制还设立了工农速成初等学校、业余初等学校和识字学校。

1963年3月23日,中央发出《关于讨论试行全日制中小学工作条例草案和对当前中小学教育工作几个问题的指示》(以下简称《指示》)。《指示》指出:"改进教学计

---

① 孙培青.中国教育史(修订版)[M].上海:华东师范大学出版社,2000:361.

划,抓紧教材建设,是中小学教育当前和长远的一项重要任务。"为此,同年7月31日,教育部根据党的教育工作方针,并吸收新中国成立以来教学工作的经验,颁发了《全日制中小学教学计划(草案)》,成为改革开放前比较具有代表性的小学教学计划。①

"文化大革命"结束后,政府大力推动小学教育的普及与提高。1980年中共中央、国务院《关于普及小学教育若干问题的决定》提出,80年代在全国基本实现普及小学教育的历史任务。1984年颁发的《全日制六年制城市小学教学计划(草案)》和《全日制六年制农村小学教学计划(草案)》,基本上是对1963年《全日制中小学教学计划(草案)》的恢复。1986年我国颁布《中华人民共和国义务教育法》,明确规定实施九年义务教育,包括小学教育和初中教育。小学教育作为义务教育的重要组成部分,正式纳入了法制轨道,这极大地促进了小学教育的发展。

1992年,国家教委颁发了《九年义务教育全日制小学、初级中学课程计划(试行)》及配套的《二十四个学科教学大纲(试用)》。1994年在每周工作44小时的新工时制条件下,又进行了调整,形成了新的课程计划。② 新计划规定,小学开设思想品德、语文、数学、社会、自然、体育、音乐、美术、劳动等学科类课程,以及晨会(夕会)、班团队活动和科技文体活动等活动类课程。

到1995年,《中华人民共和国教育法》颁布实施,明确规定:"国家实行学前教育、初等教育、中等教育、高等教育的学校教育制度"。这一时期,我国现行中小学学制是"六年制"和"五年制"并存,正朝着"六三制"靠拢,即小学六年,初中三年。而"五四制"则为小学五年,初中四年。"六年制"是我国小学的基本学制。

2001年,在党中央、国务院的领导下,教育部正式启动了新一轮基础教育课程改革,颁发了《基础教育课程改革纲要(试行)》等一系列政策文件,初步构建了符合时代要求、具有中国特色的基础教育课程体系。在新一轮基础教育课程改革中,新的《义务教育课程设置实验方案》按照"六三制"九年一贯总体设置课程。在小学阶段,课程门类主要有品德与生活或品德与社会、科学、语文、数学、外语、体育、音乐、美术、综合实践活动等,由低年级到高年级逐渐增加。小学开设英语课程的起始年级一般为三年级,各省级教育行政部门可结合实际,确定本地区小学开设英语课程的工作目标和步骤。

2010年,《国家中长期教育改革与发展规划纲要(2010—2020年)》提出:"巩固提高九年义务教育水平,巩固义务教育普及成果,提高义务教育质量,增强学生体质,推进义务教育均衡发展。"我国正努力实施素质教育,培养具有创新精神和实践能力的优秀人才和高素质的劳动者,以适应国际竞争和增强综合国力。

---

① 刘英杰.中国教育大事典(1949—1990)(上)[M].杭州:浙江教育出版社,1993:395.
② 国家教育委员会.实行新工时制对全日制小学、初级中学课程(教学)计划进行调整的意见[J].课程·教材·教法,1994,(9).

(二) 世界现代小学教育的变革

第二次世界大战以来,各国普遍进行经济的恢复和政治的变革,科学技术得到飞速发展,各国十分重视人才培养和发展教育,加大智力投资。20世纪60年代后教育进入大发展、大改革的时期,现代国民教育体系的进一步发展和完善使教育机会均等成为小学教育的核心目标[①]。70年代,联合国教科文组织在《学会生存——教育世界的今天和明天》中提出,向学习化社会前进的教育策略考虑的一个基本问题,是"根据需要与可能,采用多种多样的形式,进行普及的基础教育。这一点应放到70年代教育政策的头等优先地位"[②]。1985年,亚洲及太平洋地区教育部长和经济计划部长会议首次提出,把扫盲和普及小学教育作为2000年实现全民教育的目标。1990年世界全民教育大会庄严提出:全民教育的最终目标是"每一个人——儿童、青年和成人——都应获得旨在满足其学习基本需要的受教育机会";其基本目标或中期目标之一,是在2000年前实现包括普及小学教育、成人扫盲和消除男女差异在内的"全民教育"目标。由此,小学教育的全民教育性质凸显。

与此同时,随着全民教育和终身教育的兴起,现代小学教育又开始改变过去作为制度化教育的附属地位,发展成为以儿童为中心的学习共同体。小学教育作为一种学习共同体,旨在为儿童终身发展服务,他被纳入个体的整个终身学习历程,注重学前教育与小学教育的衔接、小学教育与中等教育的衔接,以及学校与社区、家庭、社会相互协调与整合,形成一种生态化的学习支持系统——社区大家庭。这种社区大家庭强调学校的学习化与生活化,小学生在校长和老师的领导下,从中实现知识、经验的建构和价值态度的养成。

应当说,现代小学教育的普及和发展对工业化社会的建立做出过重要的历史性贡献。在日益发展和完善的现代教育制度体系中,小学教育有着非常重要的地位和作用。同时随着信息化、全球化和学习型社会的到来,小学教育又面临新的挑战和变革。

美国卡内基教学促进基金会(The Carnegie Foundation for the Advancement of Teaching)前主席博耶(Boyer,E. L.),以其终身的教育智慧凝结成了"学习共同体"的美好理想,他借助丰富的想象力,描绘出了一幅活力无限、魅力无穷的基础学校的理想图画。他在系统研究初等教育、中等教育以及高等教育及整个教育系统过后,得出一个重要结论:"我越发地相信,教育是一个整体网络,每一个学习阶段与其他阶段都关联着,而教育改革最具希望的前景在于小学,在于正规教育的头几年"。"处于一个新的千年纪元来临之际,我们有机会对美国最为基本的教育机构——小学做出新的承诺。悠悠万事,唯此为大。"他认为:"基础教育是一切教育的基础。""基础学校是

---

① 阮成武.小学教育概论[M].上海:华东师范大学出版社,2011:29-30.
② 联合国教科文组织国际教育发展委员会.《学会生存——教育世界的今天和明天》[M].北京:教育科学出版社,1996:235.

为孩子创造一个美好的世界。"[1]

第三节 新时代小学教育的发展趋势

随着时代的发展,在全球化背景下,国外的教育思想在为我们带来全新启示的同时,也给我国小学教育的发展带来一定的冲击。"教育要从娃娃抓起",小学作为启蒙教育的重要阶段,对学生的基础知识、能力和品性特征的培养都具备极为深远的影响,因此在当前新形势下,寻求小学教育的优化发展和创新已成为值得探讨的重要课题。

一、全球化背景下小学教育的发展方向

小学教育是人生的基础教育阶段,也是对人的成长和发展最有影响力的时期。小学教育阶段所面向的对象是广大少年儿童群体,在这一时期,小学生大多较为活泼好动,好奇心较为旺盛,模仿力极强,但存在观察力和注意力较难持久集中的问题,容易受兴趣和情绪的影响转移注意力,同时心理和生理发育都在逐渐成熟和发展过程之中。因此,小学教育的发展方向需要结合小学生在注意力、观察力、记忆能力、思维能力、情绪感知能力等生理和心理方面的基本特征,设计符合小学生可接受水平范围之内的基础教学。当今时代处于信息技术发展极为迅速的新时期,信息的传播和发展不受国界和地域的限制,地球村概念已深入人心,无论是在社会经济、文化还是教育领域,都受到了全球化的影响。这给我国的小学教育带来了一定的思潮冲击,借鉴国外先进的教育理念固然有积极影响,但需要注意的是,最本质的应是构建既适应我国国情又具备全球化视野的中国特色小学教育体系。目前我国小学教育正不断谋求优化和创新,随着新课改进程的不断推进,小学教育逐渐由单一的知识技能教育转变为更重视学习态度、情感素养和价值观培养的综合素养教育。在当前新形势下,如何培养小学生的良好社会行为习惯和思维能力,如何帮助小学生建立兼具科学性和人文关怀的价值观,是目前我国小学教育的重要发展方向。

二、当前我国小学教育的发展目标

在全球化背景下,基于小学生在身心发展方面的可塑性,小学教育需要坚持以人为本的教育理念,突破传统教育思维的禁锢,实现教育理念、教学模式和教学手段的创新,以学生更容易接受的教学方式为更高阶段的教育奠定坚实的基础。因此小学

---

[1] 吕达,周满生.当代外国教育改革著名文献(美国卷·第四卷)[M].北京:人民教育出版社,2004:9.

教育的发展目标集中于学生的基础知识、基础能力和健康心态的综合教育，以树人为主要教育目的，以传道授业解惑为根本原则，在吸收国外先进教育经验的同时，大力弘扬优秀的中国传统文化精髓，实现富有中国特色的小学教育优化发展。

三、实现我国小学教育优化发展的有效策略

（一）注重国学教育的启蒙

民族的才是世界的。当前全球化背景下，在吸收国外先进教育理念的同时，也需要注重我国优秀传统文化的传承和弘扬，这是增强我国文化软实力的重要举措。在小学教育阶段注重国学教育的良好启蒙，不仅有助于培养学生优秀的传统文化信念，而且有助于培养少年儿童对于中华民族的自豪感和认同感。国学教育启蒙实质上是应用国学经典展开素质教育，有助于达到道德教育、通识教育的本质目的，帮助学生更好地明晰事理，学会为人处事。另外，通过针对性地诵读和解析，有助于提高学生对于中华文学的深层次感悟能力，对学生语言能力和思维能力的培养起到重要的影响作用。

（二）注重创新思维的培养

传统小学教育模式以教师为主体，忽视了学生个体的差异性和主体性，同时习惯于应试教育培养的思维，忽略了学生个性化的发展，这样的模式化教育不利于学生综合素养的提高。在全球化背景下，对于学生的自我意识和创新思维能力培养更加注重，因此小学教育的发展需要进行相应的转变和优化，由应试教育向综合素养教育发展，由模式教育向创新教育方向转变。小学作为重要的启蒙阶段，需要对学生的观察能力、思维能力、想象能力和创新能力进行启发式培养，这需要通过对教学过程的创新改革实现，从教学理念、教学模式、教学手段和教学内容等多方面进行优化，尊重和保护学生的个性化发展，以人为本，建立符合学生发展需求的创新教育培养模式，为学生在更高阶段的教育提供良好的创新思维和素养基础。

（三）注重社会人教育的转变

在人的成长过程中，存在自然人和社会人两个重要阶段。西方文化背景中的小学教育注重实用性教学，育人目的在于促进其成为有用之人。与西方教育思想略有不同，我国传统小学教育注重基础知识教学，偏向于文化知识的基础普及，但在当前全球化背景之下，我国小学教育也应进行优化发展，切实回归至教育的本质，使人具有人的本质，促使小学生由自然人向社会人进行教育转变。实现这一发展方向，须从两个方面入手：学科知识入门和品性特征养成。中学乃至大学教育注重专业入门，而小学教育则偏向于基础学科入门，同时需要针对学生培养其关于责任、方法和美的感悟这些方面的品性特征，促使小学生具备一定的道德责任感，了解认识世界和解决问题的基础方法，同时对于生命和世界的美有一定的审美能力，以此实现自然人向社会人的过渡，这一教育发展理念正应和了传统教育思想"性相近也，习相远也"的本质

理念。

全球化背景下,我国小学教育应不断寻求多元化理念的引领,应注重接纳更加开放和创新的教育思想,以人为本,以学生为真正的教育主体,通过国学启蒙教育、创新教育和社会人教育等多方面的优化提高学生的综合素养能力,促进教育树人这一重要理念的实现。①

复习与思考

1. 我国古代蒙学对现代小学教育有哪些启示?
2. 如何区分小学教育、初等教育与基础教育?
3. 谈谈你对"全科教育"的看法。
4. 小学教育的发展趋势是什么?

拓展阅读

1. 徐新强. 古代蒙学与当代小学教育之比较[J]. 文学教育(下),2009,(01):130-131.
2. 吴洪成. 清末新式小学教育改革论述[J]. 河北大学学报(哲学社会科学版),2005,(03):29-36.
3. 吴维煊."全科教育"当成为小学教育的发展趋势[J]. 教学与管理,2016,(32):59.
4. 于海荣. 我理想中的小学教育——对小学教育的若干思考[J]. 内蒙古教育,2014,(7):32-34.

---

① 夏冬梅. 全球化背景下小学教育的发展[J]. 考试周刊,2016,(100):171.

第二章
学校教育制度

学习目标：

1. 认识学校教育制度的含义，了解学校教育制度的制定依据。
2. 了解现代学校教育制度的主要类型及其优缺点。
3. 分析与比较世界主要发达国家与我国的学校教育制度，了解我国学制的演变历史。
4. 理解世界各国学校教育制度改革与发展的共同趋势。

第一节 学校教育制度概述

一、学校教育制度的含义及制定依据

新制度经济学家的代表人物诺思认为："制度是一系列被制定出来的规则、守法程序和行为的道德伦理规范，它旨在约束追求主体福利或效用最大化利益的个人行为。"[1]或者说，"制度是社会的博弈规则，或更严格地说是人类设计的制约人们相互行为的约束条件，用经济学的术语说，制度是定义和限制个人的决策集合。"[2]诺思这一制度定义在新制度经济学圈内流传很广，门徒甚多，包括舒尔茨等大多数西方学者，还有盛洪、张曙光等中国学者，他们对制度的定义都未越出此范围。诺思的制度定义最有价值的地方是他抓住了"行为规则""博弈规则"这一关键。[3]

---

[1] [美]诺思著. 经济史中的结构与变迁[M]. 陈郁等，译. 上海：上海人民出版社，1994：225-226，195.
[2] [日]青木昌彦著. 什么是制度？我们如何理解制度[J]. 周黎安等，译. 经济社会体制比较，2000，(6).
[3] 李江源. 教育制度：概念的厘定[J]. 河北师范大学学报(教育科学版)，2003，(01)：20-31.

(一) 教育制度与学校教育制度

界定教育制度是理解学校教育制度的基本前提。究竟何为教育制度？研究者给出的定义也是丰富多彩的。《中国大百科全书》（教育卷）对教育制度做出了两种阐释。一种解释是"根据国家的性质制定的教育目的、方针和设施的总称"，一种解释是"各种教育机构系统"①。《教育大辞典》对教育制度的界定是"一个国家各种教育机构的体系，包括学校制度（即学制）和管理学校的教育行政机构体系。教育制度是一定社会历史阶段的产物，受一定社会的政治、经济、文化的影响和学生身心发展特点的制约。有的国家把教育制度看作按国家性质确立的教育目的、方针和设施的总称。"②也有的研究者将教育制度厘定为协调教育矛盾、解决教育冲突的教育立法或教育契约。还有的研究者认为教育制度是教育规章的集合体等，为我们深入理解学校教育制度提供了宝贵的教育素材。

学校教育制度是教育制度的亚层次概念，是制度在学校教育关系中的层次化和具体化。学校教育制度简称学制，是指一个国家各级各类学校的体系及其规则系统。它规定了学校的性质、培养目标、教育任务、入学条件、修业年限、就业方向以及它们之间的相互衔接关系。它包括有关学校性质的制度、招生制度、学位认证制度、专业设置制度、就业制度、考核制度等。学校教育制度是制度化程度最高的教育形式。

(二) 学制确立的依据

教育制度的确立与整个社会的政治、经济制度密切相关，同时人的身心发展规律也影响着教育制度的纵向划分及其培养目标的确定。

1. 学制的产生和发展受制于生产力的发展水平

一方面，生产力的发展水平为学校教育制度提供了可能的人力、物力、财力等物质资源。在生产力极其低下的古代社会里，由于没有充足的物质资源，要想建设体系完善的学校教育制度是不可思议的。毛泽东指出："我们不能饿着肚子去'正谊明道'，我们必须弄饭吃，我们必须注意经济工作。离开经济工作而谈教育或学习，不过是多余的空话。"

另一方面，经济发展水平制约着学校教育的普及程度。任何事物的产生、发展和壮大都是一个历史发展的过程，学校教育也不例外。学校教育机构的设置、经费的投入、招生规模、办学体制等，都和社会的经济发展水平直接相关。现代教育的普及程度随着经济发展水平的提高得以不断发展。在基础教育领域，义务教育的普及年限越长，说明该国的经济发展水平越高。如由于国情和经济发展水平等因素的影响，我国仅普及了9年义务教育，而一些经济发达的国家已经普及了12年义务教育，如新

---

① 中国大百科全书编辑委员会.中国大百科全书（教育）[M].北京：中国大百科全书出版社,1985.
② 顾明远.教育大辞典（第1卷）[M].上海：上海教育出版社,1990.

西兰、德国和比利时,还有一些国家和地区则实行6~9年不等的义务教育。在高等教育领域,发展也经历了由"精英化"到"大众化",再到"普及化"的发展历程。目前,在世界范围内,高等教育已经基本实现了大众化,要达到普及化的水平,还需更高的生产力水平与之相匹配。

2. 学制的制定受一定社会制度的制约

一方面,社会关系决定着学校教育制度的性质。在阶级社会里,学校教育制度体现了统治阶级的利益和意志,服从或服务于统治阶级的需要,具有明显的阶级性。在剥削阶级占统治地位的时代,在奴隶社会、封建社会和资本主义的社会体系下,学校教育制度主要面向统治阶级的子女,为剥削阶级的政治统治和经济发展服务,具有专制性和保守性。而在社会主义生产方式下,学校教育制度则面向广大劳动者的子女,体现了社会主义性质,服务于无产阶级政治,具有平等性和民主性。

另一方面,政治结构制约学校教育制度的变革。学校教育制度反映并受制于政治结构。政治结构对学校教育制度的改革起着阻碍或促进的作用。一般而言,无论是实行中央集权制政治结构的国家,还是实行地方分权制政治结构的国家,或实行中央集权与地方分权相结合政治结构的国家,统治阶级往往通过制定教育方针、教育政策修改或废止学校教育制度,加强对教育的控制。如对教育目的、学前教育领导权和被领导权等方面的规定和限制,从而决定学校教育制度的发展方向和路径。

3. 学制的建立受人口状况的影响

一方面,人口状况影响学校教育的发展规模。教育是培养人的社会活动。人是教育活动的出发点和落脚点,人口的数量决定着教育的社会需求。人口数量不断增长,教育需求相应地大幅度上升,必然要求社会设置充足的教育机构,大规模发展学校教育。学龄人口数量的稳定下降,势必对教育的需求产生抑制作用,必然导致部分学校的合并或倒闭。因此,发展教育事业,建立学校教育制度,必须依据和反映人口的实际状况。

另一方面,人口结构影响学校教育结构的调整。人口结构影响和制约着初等教育结构、中等教育结构、高等教育结构和成人教育结构的调整和变化。年轻型人口结构的国家,适龄儿童在人口总数中所占的比例较高,因此初等教育和中等教育在整个学校教育结构中所占比重较大;成年型人口结构的国家,接受成人教育和继续教育的人口比重也会上升;老年型人口结构的国家,为满足老年人的需要,必然要扩大老年教育的覆盖面。

4. 个体的身心发展也是确立学制的重要因素

一方面,个体身心发展的阶段性决定了教育的阶段性。个体身心的发展是有阶段的,表现为在不同的年龄阶段会表现出某些稳定的、共同的年龄特征和心理特点。个体不同的发展阶段对应不同的教育阶段,直接影响着学校教育制度的建立。按照个体身心发展的特点,可把人的一生划分为幼儿期、童年期、少年期、青年期、中年期和老年期。在每一个阶段,学校教育制度的设计要体现相互衔接的原则,必须遵循受教育者身心发展的阶段性,与各发展阶段相对应,不能强求统一,简单划一。世界各国将教育划分为初等教育阶段、中等教育阶段、高等教育阶段、继续教育阶段及其不同的学制设置,便是鲜明表征。

另一方面,个体身心发展的差异性影响学校教育制度的设计。个体身心发展的差异性表现为两个方面:一是外部的差异,表现为身高体重的差别、体质的优劣和生理机能的强弱等方面。二是内部差异,表现为认知能力的不同、爱好兴趣的不同、思维发展水平的不同。个体身心发展的差异对学校教育制度提出了不同的要求。《国家中长期教育改革和发展规划纲要(2010—2020年)》明确指出:"关注学生不同特点和个性差异,发展每一个学生的优势潜能。推进分层教学、走班制、学分制、导师制等教学管理制度改革。"① 为此,学校教育应重视个别差异,根据差异性特点,采取弹性的教育教学制度,或是设置相应的特殊学校、聋哑学校等,对个别受教育者进行特殊培养,或是按照受教育者的兴趣、需要与特长,设计更具针对性的教学方式和组织制度,使他们在原有的基础上均得到最佳发展。②

> **知识窗**
>
> ### 脑科学与教育
>
> 脑科学是研究心智发展及其机制的一门新兴学科。脑科学的发展趋势及其相关研究成果不仅对教育教学实践具有重要意义,且对我国教育政策具有重要启示。结合国际脑科学发展的趋势以及脑科学研究的现状,脑科学成果的宣传和普及、脑科学与教育决策、教师资格认证等方面,科学研究对我国教育政策都具有重要启示,科学研究将在我国教育决策方面扮演越来越重要的角色。我国政府高度重视脑科学研究的发展,《国家中长期科学和技术发展规划纲要(2006—2020年)》中,"脑与认知科学"被列为优先发展的八大前沿学科之一。为了响应脑科学发展的趋势和国家的战略需要,多所知名大学和科研组织都组建和成立了脑科学相关的研究机构,试图从遗传、环境、大脑等不同层面研究学习、记忆以及其他心理和认知过程的脑机制。近年来,脑科学研究取得大量的研究成果。
>
> (资料来源:王亚鹏,董奇. 脑科学研究对我国教育政策的启示[J]. 中国教育学刊,2012,(09):17-19.)

---

① 中共中央国务院印发《国家中长期教育改革和发展规划纲要(2010—2020年)》[N]. 人民日报,2010-07-30(1).

② 冯永刚. 现代学校教育制度的内涵、表现形式及影响因素[J]. 教学与管理,2012,(22):3-5.

二、现代学校教育制度的演变

(一)现代学校教育制度的形成与发展

现代学校教育制度的形成是与现代学校的产生和发展联系在一起的。在古代,无论是东方还是西方,学校都没有严格的大、中、小学之分,也没有幼儿园。即使有大学、小学,如我国西周时期的大学、小学或欧洲中世纪大学、小学,与今天的大学、小学也有极大的差别。近代以来,随着商品经济的发展,逐步产生了现代大学和现代中学,特别是随着为劳动人民子女设立的国民学校的产生和发展,逐步形成了公共教育制度,形成了大、中、小学严格区分的现代学校教育系统。

现代学校系统的产生与发展是沿着两条路线进行的。一条是自上而下的发展路线:以最早的中世纪大学及后来的大学为顶端向下延伸,产生了大学预科性质的中学,经过长期演变,逐步形成了现代教育的大学和中学的系统。另一条是自下而上的发展路线:由小学(及职业学校)到中学(及职业学校),并向上发展至今天的短期大学。

(二)现代学校教育制度的类型

现代学制主要有三种类型:一是双轨制,二是单轨制,三是分支型学制。

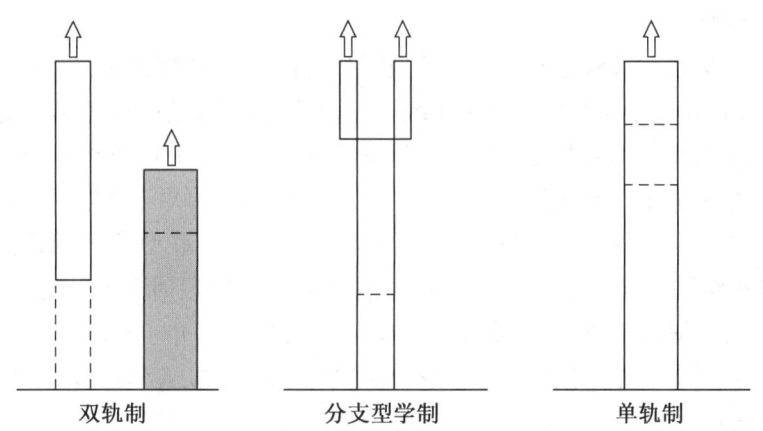

图 2-1 三种学制类型

1. 双轨学制

18、19世纪,西欧在社会政治、经济发展及特定的历史文化条件的影响下,由古代学校演变来的带有等级特权痕迹的学术性现代学校和新产生的供劳动人民子女入学的群众性现代学校,都得到了比较充分的发展,形成了欧洲现代教育的双轨学制,简称双轨制:一轨自上而下,其结构是大学(后来也包括其他高等学校)、中学(包括中学预备班),为非群众性的特权阶层子女所占有,学校多从古代学校发展而来,各方面条件都比较优越,学术性很强,学生在其中学习可升到大学以上,属学术性的一轨;另一轨从下而上,其机构是小学(后来是小学和初中)及其后来的职业学校(先是与小学相连的初等职业教育,后发展为和初中相连的中等职业教育),是为劳动人民的子弟所开设的新学校,学生在经过一定的基础教育之后便升入职业技术学校,学习从事劳动生产的技术,属生产性的一轨。两轨之间互不相通,互不衔接。

2. 单轨学制

单轨学制最早产生于美国。最初,北美多数地区都沿用欧洲的双轨制。18世纪末,美国北部各州都有了在城镇设立初等学校的法令。1830年以后,小学得到了蓬勃发展。1870年起,中学也得到了大发展。在急剧发展的经济条件和美国这种没有特权传统的文化历史背景下,美国原来双轨制中的学术性一轨没有得到充分的发展,就被在短时期内迅速发展起来的群众性小学和群众性中学所湮没,从而形成了美国的单轨学制,简称单轨制。美国单轨制自下而上的结构是:小学、中学、大学,其特点是各级学校形成一个系列、多种分段,即六三三、八四、六六、四四四等多种模式。

单轨学制中学前教育、初等教育、中等教育和高等教育的衔接和连续没有特定的限制,中等以上教育阶段中分化出来的普通教育和职业教育两个学校系统在入学条件和学习年限上基本相同,且都与高等教育相通。这种学制形式有利于逐级普及教育,有更大的适应能力,因此被世界许多国家采用。①

3. 分支型学制

分支型学制也叫苏联型学制。在沙俄时代,苏联使用的也是欧洲的双轨制。十月革命后,苏联制定了单轨的社会主义统一劳动学校系统。后来在发展的过程中,又恢复了沙俄文科中学的某些传统和职业学校单设的做法。于是就形成了既有单轨制特点又有双轨制的某些因素的苏联型学制。因为它一开始并不分轨,并且职业学校的毕业生也有权进入对口的高等学校学习,从这点来说,苏联型学制不属于欧洲双轨制。但它和美国的单轨制也有区别。因为它进入中学阶段时又开始分叉。也就是说,苏联型学制前段(小学、初中阶段)是单轨,后段分叉,是介于双轨制和单轨制之间的分支型学制。苏联型学制的中学上通(高等学校)下达(初等学校),左(中等专业学校)右(中等职业技术学校)畅通,这是该学制的特点。

---

① 黄胜.教育学新编[M].成都:西南交通大学出版社,2015:107.

第二节 我国学校教育制度

一、旧中国学校教育制度的演变历程

我国现代学制的建立是从清末开始的。1840年第一次鸦片战争后,随着帝国主义列强的疯狂侵略和国内资本主义势力的兴起,迫使清朝政府不得不对延续了几千年的封建教育制度进行改革。

(一) 壬寅学制、癸卯学制

1902年,清政府颁布了《钦定学堂章程》,亦称"壬寅学制",是中国近代史上第一个正式颁布的学制。壬寅学制主要是模仿日本学制而制定的,主系列分为三段七级,三段为初等教育、中等教育和高等教育。但由于制定比较仓促,存在很多不足之处,因此并未真正实行。

1904年,清政府公布了重新拟定了《奏定学堂章程》,也称为"癸卯学制",是中国近代第一个正式颁布并在全国实施的学制,也分为三段七级,见图2-2。

癸卯学制的指导思想是"中学为体,西学为用",其宗旨是"无论何等学堂,均以忠孝为本,以中国经史之学为基。俾学生心术壹归于纯正,而后以西学瀹其智识,练其艺能,务期他日成材,各适实用,以仰副国家造就通才、慎防流弊之意"[①]。癸卯学制重视师范教育与实业教育,注重教学方法的改进,注重书本与实践的结合,其基本的教学管理和教学组织形式是班级授课制。癸卯学制以日本学制为蓝本,并保留了尊孔读经等封建教育的遗迹。一方面必须以中学为本,另一方面又强调学习西学,学生学习任务繁重,学制偏长。另外学制中保留了科举制的残余,广大妇女被排斥在学校教育之外,也体现了该学制的封建性。

(二) 壬子—癸丑学制

1912年,在蔡元培的主持下,教育部召开临时教育会议,拟定新学制,中华民国第一个《学校系统令》公布,史称"壬子学制"。以后又陆续颁布各级各类学校法令,1913年形成新的学校系统,即"壬子—癸丑学制"。该学制主系列分为三段四级,三段仍为初等教育、中等教育和高等教育。除主系列外,还有师范教育和实业教育。

壬子—癸丑学制是效仿日本学制制定,继承与发展了癸卯学制的合理性,在形式

---

① 瞿葆奎.教育学文集·教育制度[M].北京:人民教育出版社,1990:7.

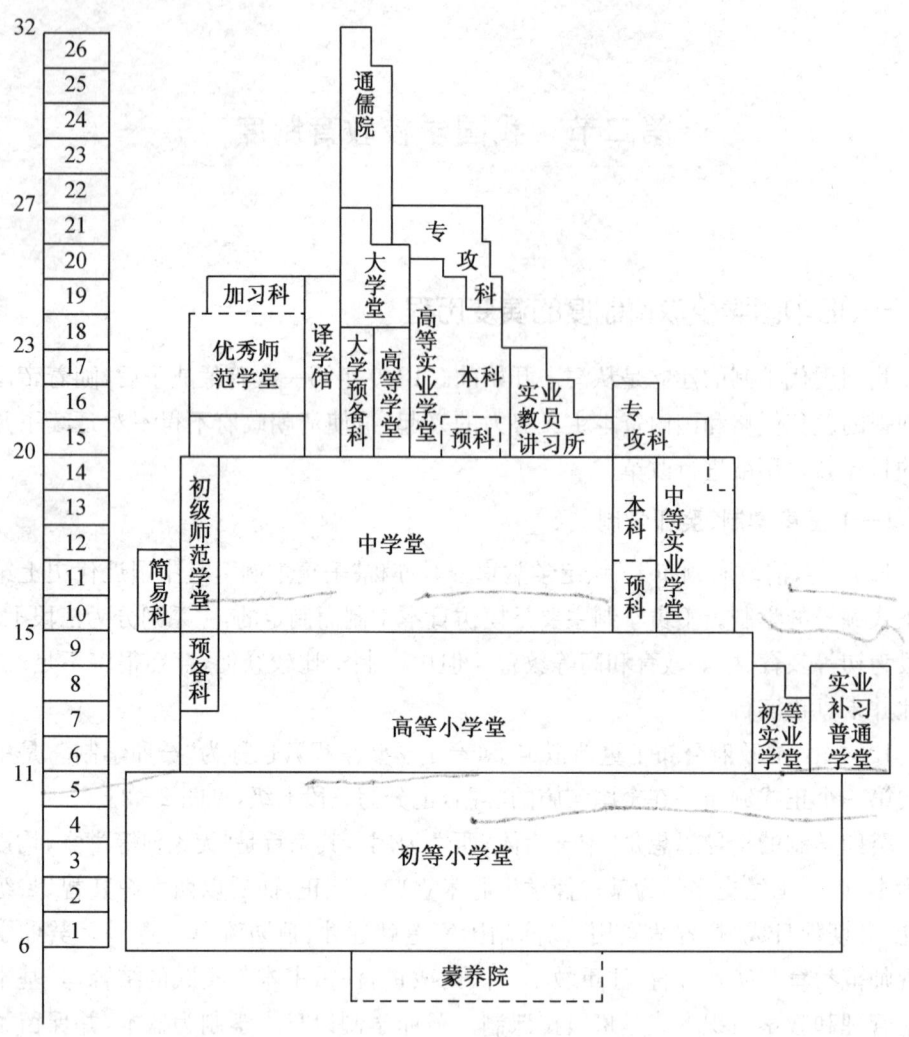

图2-2 癸卯学制系统图

(资料来源:苏云峰.中国新教育的萌芽与成长:1860—1928[M].北京:北京大学出版社,2007:96.)

上与癸卯学制基本相同。不同的是壬子—癸丑学制带有资产阶级的性质,是为资产阶级服务的。它废除了教育中的封建等级制度,废除了读经讲经等封建教育的内容,女子也获得了很大程度上的受教育权,体现了资产阶级"人人平等""男女平等"的思想。壬子—癸丑学制是第一个资产阶级的学制,超越了传统教育制度。

(三) 壬戌学制

1922年,教育部召开全国学制会议,主要讨论学校系统改革案,对全国教育联合会提出的学制系统稍作修改,并征求意见后,于11月1日以大总统令公布了《学校系统改革案》,这就是1922年学制,又称"壬戌学制",见图2-3。

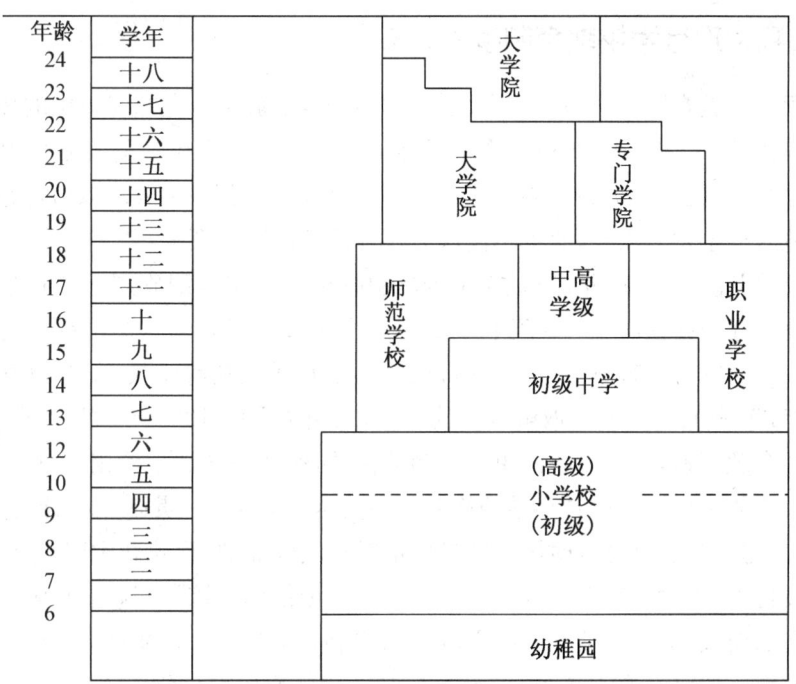

图 2-3 壬戌学制系统图

壬戌学制受美国实用主义影响,强调适应社会进化的需要,发扬平民教育精神,谋求个性发展,注重生活教育,使教育易于普及,给各个地方留有伸缩余地。由于采用美国的"六三三"分段法,因此又称六三三学制。

壬戌学制具有以下特点:

(1) 该学制采用"六三三"分段法,比较符合学龄儿童身心发展的规律。这种分段法在中国学制发展史上是第一次。

(2) 缩短了小学年限,由七年改为六年。小学分为两级,初级小学四年为义务教育阶段,高级小学为两年,有利于初等教育的普及。

(3) 中等教育阶段是学制改革的核心,是新学制的精粹。中学由四年一贯制改为三年制,克服了旧学制中中学只有四年而造成的基础知识不足的缺点,改善了中学与大学的衔接关系。中学分成初中、高中两级,并实行选科制和分科制,扩大了学生选择的余地。

(4) 大学取消了预科,实行选科制。

(5) 新学制加强了职业教育,其最明显的特点就是兼顾了升学和就业。

(6) 在师范教育方面,种类增多,程度相应提高,设置灵活。

壬戌学制是效仿美国学制制定的,但并非照搬照抄,而是充分考虑了中国的实际,经过教育界的长期讨论与各省市的认真试行,集思广益,最终得出来的结果。壬戌学制是针对旧学制的不足而进行的一次改革,具有资产阶级的性质,是我国近代学制发展史上的一大进步。

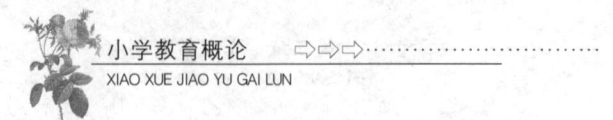

二、我国现行学校教育制度的沿革

我国学校教育制度日益完善在现代,萌芽于老解放区。在当时特殊的环境下,学校的入学条件、学习年限、学校的主要类型都从当时革命和生产的实际出发,存在多种形式办学,这就为我国新学制的建立做了必要准备。新中国成立以后,为使教育事业能够适应社会发展需要,改革学制成为教育改革的重要议题。[①]

中央政务院于1951年颁布了《关于学制改革的决定》,明确规定了新学制,使我国学制发展迎来崭新阶段,该学制1952年起全国逐步推行。这个学制规定了:幼儿教育(3~6岁);初等教育(7~12岁),包括小学及成人初等学校;中等教育(13~18岁)。1951年颁布的学制吸取解放区的经验,采纳了我国1922年学制以及苏联学制改革中的合理要素,发扬了我国单轨学制的传统,使各级各类学校相互衔接。当时我国学制改革的目标之一是:"小学的修业年限为五年,实行一贯制,取消初、高两级的分段制"。这个学制符合当时国家的具体情况和实际需要,反映新中国成立初期政治经济发展特点,为学校教育制度的发展起到了积极作用。该学制修业年限缩短,强调学校之间的衔接,保障了劳动人民受教育的权利,体现了教育为生产服务的方针,突出职业教育。1951年的学制在实施的过程中,相关部门对该学制不完善的方面采取措施进行了改进,如实行小学五年一贯制后,学校教育在教材、师资等方面存在许多问题,我国政府在1953年又发布了《关于整顿和改善小学教育的指示》,宣布停办小学五年一贯制,恢复原来的四二制,分初高两级。

1957年至1966年间,为了进一步适应社会主义建设事业的需要,对学制中修业年限的关键性问题进行改革,总的来讲是试验性质的,大起大落,效果甚微:一是1958年中共中央国务院发布了《关于教育工作的指示》,其中明确提出,对现行学制需要积极稳妥加以改革,各地党委政府对新学制有权进行积极试验,并提出"两条腿走路"的方针。许多地方开展了学制改革试验,如提早入学年龄,进行6岁入学试验。为缩短年限,进行中小学的十年一贯制、七年一贯制、九年一贯制、十一年一贯制等试验,并采取多种办学形式,出现了全日制、半日制和业余学校三种主要类别学校。二是1959年国家又发布《关于试验改革学制的规定》,对各地的学制改革试验做出了不同限制。三是1960年至1964年间,学制改革试验主要是围绕中小学十年制、十二年制进行,试验规模大小不一,盲目、无序,缺少科学性。

在1966年至1976年"文化大革命"时期,毛泽东提出:"学制要缩短,教育要革命",根据这条意见,全国开展了一刀切式的学制改革。国民教育基本上实行九年制和十年学制两种,比"文革"前缩短2至3年。研究"文革"时期的学制改革主要的特点是各地具有改革的自主权和缩短修业年限,这点应该值得肯定,但受当时闹革命的冲击,教学质量严重下降。

---

① 陈志超. 对我国学校教育制度形成的历史研究及其启示[J]. 大连大学学报,2017,38(03):136-140.

十一届三中全会尤其是1978年恢复高考后,我国重建学制系统,延长了各类学校的学习年限,学制改革基本保持稳定,"六三三"学制成为中小学的主要学制并逐步推开。1985年的《关于教育体制改革的决定》提出,中小学实行九年义务教育。1993年《中国教育改革和发展纲要》指出,我国教育事业的发展"在结构选择上,以九年义务教育为基础,大力加强基础教育……"。经一个世纪的发展,我国已建立起完整的学制,这个学制在1995年《中华人民共和国教育法》中得到确认:国家实行学前教育(招收3～6,7岁的幼儿)、初等教育(7岁入学,小学6年)、中等教育(初中3年、高中3年)、高等教育(专科2～3年、本科4～5年、硕士2～3年、博士3年)的学校教育制度,至此中小学12年的学制框架形成,如图2-4。

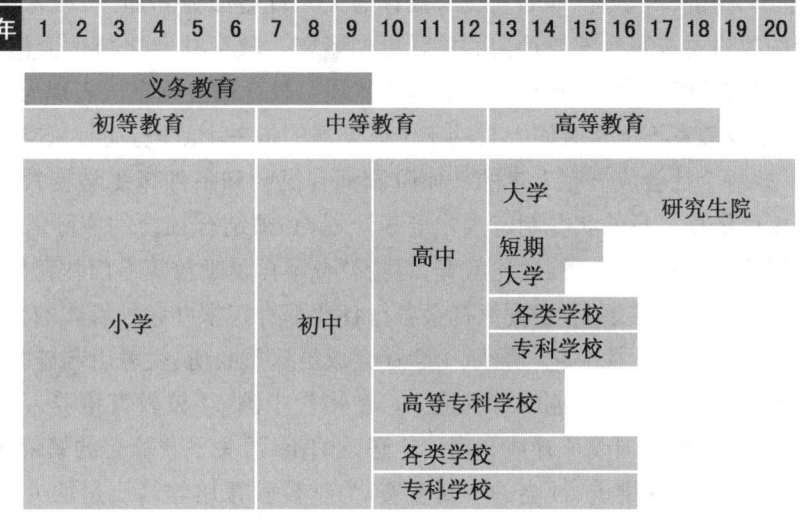

图2-4 我国现行学制图

第三节 世界学制改革与发展趋势

随着生产力的飞速发展与科学技术的巨大进步,当今社会发生了翻天覆地的变化,人们的价值取向也随之走向多元化。社会生产、经济、科学、技术的发展与教育的关系日益加强和加深,教育逐渐成为社会发展的战略要点。① 不论是发达国家还是发展中国家,都掀起了教育制度改革的浪潮,学校教育制度呈现出新的发展态势。

---

① 叶澜.教育概论[M].北京:人民教育出版社,2006:84.

一、学校教育与社会的联系更为密切

教育具有社会功能,服务社会是教育的重要职能。教育通过为社会培养各种人才,进而推动社会发展,这是教育作用于社会最基本的表征。教育对社会所起的作用与社会对教育的需求密切相关。在古代社会,由于剥削阶级垄断教育使得受教育只是少数人的专利,教育目的也主要局限在政治范畴,社会经济、文化和科技的发展对教育的需求相对较低,学校教育与社会的联系并不紧密。

历史发展到近代社会,学校教育与社会的联系空前加强。机器大生产的普遍化,迫切需要相应的技术工人和熟练劳动者,这使得接受教育成为个体的必需,成为每一个人必须承担的义务,教育成为社会公共事业的有机组成部分之一。在现代社会,"社会生产、经济、科学、技术的发展与教育的关系日益加强和加深,教育逐渐成为社会发展的战略要点",教育与社会的关联更加紧密。教育社会化与社会化教育,是学校教育与社会联系更加普遍与直接的具体体现。教育社会化直接表现为教育对象的全民化,学校教育不但从时间上贯穿于个体发展的每一个阶段,而且从空间上扩展到全社会,即每个社会成员在人生的任何阶段都有机会和条件接受学校教育。学校教育不能仅仅依据自身的状况制定人才培养计划,必须结合社会的实际需求来设计人才培养模式和教育结构。社会化教育,是指教育不再是学校等专门教育机构的事业,而是整个社会的公共事业,表现为社会各行各业都有权举办各种形式的教育活动,承担相应的教育职能。社会化教育赋予全社会成员双重身份:受教者与施教者,从而实现受教者与施教者双重角色的有机统一。在当代中国,学校教育培养人才的水平和质量,直接影响着我国改革开放和现代化建设的步伐,关乎着社会的繁荣和进步。反之,改革开放的纵深推进、社会的不断发展,为学校教育培养高质量的人才奠定了不可或缺的基础和条件。这种良性循环,也表明了学校教育与社会的联系日益紧密。①

二、重视早期智力的开发和学前教育

"二战"后,国际上长期和平稳定的社会环境促进了对生理学、心理学对智力发展问题的研究。美国心理学家布鲁姆多年来对1 000多名被试儿童进行跟踪的试验研究,提出了关于人的智力发展的假说,认为如果以17岁儿童的智力发展水平为100的话,那么儿童长到4岁时,智力就能发展到50%,到8岁时发展到80%,剩下的20%是在8至17岁时获得的。这一心理学研究成果为早期教育的开展提供了依据。

许多国家还积极为智力超常儿童的发展创造条件,在学制上做出若干弹性规定,对有特殊才能的儿童,允许提前入学,允许跳级,设立特殊学校和特殊班级,实行因材施教。日本设立"英才试验学校",美国制定"天才教育法",都是对超常儿童的教育给予特殊地位,并使其得到国家学制的承认。

---

① 冯永刚.中国学校教育制度的变革趋势[J].教育科学论坛,2011,(10):5-7.

随着生活水平的普遍提高,家庭对儿童的早期发展也特别重视,有力地推动了幼儿教育事业的发展。重视幼儿教育,将其纳入学校教育体系,与初等教育相衔接,已成普遍趋势。

> **知识窗**
>
> **《国家中长期教育改革和发展规划纲要(2010—2020)》与学前教育改革**
>
> 基本普及学前教育。到2020年,普及学前一年教育,基本普及学前两年教育,有条件的地区普及学前三年教育。重视0至3岁婴幼儿教育。
>
> 明确政府职责。把发展学前教育纳入城镇、社会主义新农村建设规划。建立政府主导、社会参与、公办民办共举的办园体制。大力发展公办幼儿园,积极扶持民办幼儿园。严格执行幼儿教师资格标准,切实加强幼儿教师培养培训,提高幼儿教师队伍整体素质,依法落实幼儿教师地位和待遇。
>
> 重点发展农村学前教育。努力提高农村学前教育普及程度。着力保证留守儿童入园。采取多种形式扩大农村学前教育资源,改扩建、新建幼儿园,充分利用中小学布局调整富余的校舍和教师举办幼儿园(班)。发挥乡镇中心幼儿园对村幼儿园的示范指导作用。支持贫困地区发展学前教育。
>
> (资料来源:http://www.docin.com/p-946469977-f2.html.)

三、提前初等教育入学年龄,延长义务教育年限

当代学制改革,使许多国家规定的小学儿童入学年龄都有所提前。据联合国教科文组织《1960—1982年世界教育统计概述》介绍,在199个国家和地区中,绝大多数都规定儿童入学年龄在5~7岁之间,规定为7岁的占66.8%,比以前提早一两年。如苏联规定儿童7岁入学,1984年通过决议,要在1990年前实现儿童6岁入学。多数国家开始义务教育的入学年龄为5~6岁,完成年龄在14~18岁之间。我国于2006年新修订了《中华人民共和国义务教育法》,其中第十一条中明文规定,凡年满六周岁的儿童,其父母或者其他法定监护人应当送其入学接受并完成义务教育,条件不具备的地区的儿童,可以推迟到七周岁。

义务教育(compulsory education)是根据法律规定,适龄儿童和青少年都必须接受,国家、社会、家庭都必须予以保证的国民教育。其实质是国家依照法律的规定对适龄儿童和青少年实施的一定年限的强迫教育的制度。义务教育又称强迫教育和免费义务教育。义务教育具有强制性、免费性、普及性的特点。

义务教育制度是伴随大工业生产的发展逐渐实行的,进入当代社会以后,各个发达国家不但普及了义务教育,而且其年限在不断延长。1998年的《世界教育报告》显

示：在有数据可查的171个国家中，义务教育的平均年限为8年，非洲的平均年限已达7.2年，北美、欧洲主要发达国家的平均年限为10~12年。据亚洲开发银行报告，全球190多个国家有170多个实现了免费义务教育。除发达国家外，亚洲绝大部分国家，包括人均GDP只有我国1/3的老挝、柬埔寨、孟加拉国、尼泊尔等国都实行了免费义务教育。[①] 义务教育年限的长短，成为各国教育发展程度的重要标志。

知识窗

五个国际大都市义务教育年限和免费教育年限比较

	纽约	伦敦	巴黎	东京	上海
义务教育年限(年)	12	11	11	9	9
实施义务教育的年龄(岁)	6~19	5~15	6~16	6~14	6~14
免费义务教育年限(年)	12	15	15	9	9
实施免费义务教育的年龄(岁)	6~19	3~17	3~17	6~14	6~14

（资料来源：陆璟，李丽桦，马珍珍，等.国际大都市基础教育发展指标比较研究[J].上海教育科研，2007，(1)：4.）

1986年《中华人民共和国义务教育法》的起草，是根据中共中央《关于教育体制改革的决定》提出来的，由中华人民共和国第六届全国人民代表大会第四次会议于1986年4月12日通过，自1986年7月1日起施行。由于时间仓促，再加上立法经验不足，只有原则性的18条法律条文。2006年6月29日《中华人民共和国义务教育法》由中华人民共和国第十届全国人民代表大会常务委员会第二十二次会议修订通过，自2006年9月1日起施行。从1986年的18条到2006年的63条，新的《中华人民共和国义务教育法》体现了我国教育立法水平、立法技术和立法质量质的飞跃。2015年4月24日第十二届全国人民代表大会常务委员会第十四次会议通过对《中华人民共和国义务教育法》又进行了适当修订。

在进行学制与义务教育年限的调整时，学校应深入了解各阶段学生发展的水平特点，遵循学生心理发展的潜在性、阶段性和差异性特征，积极面向未来社会，着眼于学生的终身学习和可持续发展；将中小学义务教育向下延伸一年、扎根至学前教育、向上与高中教育衔接、向后延伸至高等教育以及职后教育，构建灵活多元、以学生发

---

① 邱白莉.教育现代化指标体系比较研究——江苏省教育现代化指标体系研究[D].南京师范大学，2006：68.

展为本的终身教育体系。①

案例 2-1

侯某和王某离异后,经双方协议,孩子随侯某生活。孩子到了该上小学的年龄,侯某却没让其上学,而是在家自行教育。王某知道后,认为侯某侵犯了孩子的受教育权,没有尽到抚养孩子的责任,遂将侯某告到法院,请求法院判决孩子跟随自己生活。侯某在答辩中称,孩子虽然在家接受教育,但是效果很好。现在,孩子只有8岁,却可以通读《三国演义》,可以流畅地阅读英文书报,还养成了每天阅读的习惯,甚至可以借助英文词典通读英文原版小说。这些表明,自己不仅能教育好孩子,而且还能抚养好孩子,不同意孩子随王某生活。法院审理认为,孩子在侯某的自行教育下,汉语、英语的阅读能力确实超越了同龄人,说明侯某对孩子的教育在某些方面取得了一些成果。现孩子与侯某的关系融洽,王某也不能证明孩子与侯某共同生活期间身心健康受到不良影响,故孩子随侯某生活比较适宜。但是,自己的适龄子女按时入学接受义务教育,不仅是父母对子女应尽的责任,更是对国家应尽的法律义务。据此判决,侯某应当尽快解决孩子的入学问题,使其接受全面的义务教育。

分析:义务教育是国家统一实施的,所有适龄儿童、少年必须接受的教育,学校以外的其他机构包括家庭都不得对适龄儿童、少年进行义务教育,况且其他机构也无法完成学校所承担的教育教学任务。学校不仅要对学生进行文化教育,还要对学生进行理想、道德、纪律、法治、国防、民族团结等教育,培养学生德、智、体、美等方面全面发展。为保证适龄儿童、少年入学接受义务教育,《中华人民共和国义务教育法》第5条第2款、第11条规定了适龄儿童、少年父母应尽的义务,要送其子女入学,要送辍学的子女返校。如果父母没有履行这两项义务,未送子女到学校上学,未送辍学子女返校,属于未送子女入学的违法行为。《中华人民共和国义务教育法》第58条规定:"适龄儿童、少年的父母或者其他法定监护人无正当理由未依照本法规定送适龄儿童、少年入学接受义务教育的,由当地乡镇人民政府或者县级人民政府教育行政部门给予批评教育,责令限期改正。"针对有些适龄儿童、少年未入学的违法行为,教育部要求:"各县(市、区)教育行政部门除加强对传统控辍保学重点群体监控外,要高度关注接受'私塾''读经班'等社会培训机构教育的学生。适龄儿童、少年未按法定入学接受义务教育的,学校及教育部门要主办承担落实失学辍学学生劝返、登记和书面报告的责任。对于因身体健康等原因确需缓学的,父母或其他法定监护人应向县级教育部门提出申请,经批准后方可

---

① 王攀峰,孟繁华,张增田.学生发展:学制与义务教育年限调整的出发点[J].教育理论与实践,2016,36(20):10-12.

缓学,不得擅自以在家学习替代国家统一实施的义务教育。"

(资料来源:梁永良.少年儿童必须入学接受义务教育[J].河北教育(综合版),2017,55(5).)

四、寻求普通教育、中等教育与职业技术教育的最佳结合

中等教育结构改革的中心问题是处理普通教育与职业技术教育的关系,两者相结合,并加强职业技术教育成为当代中等教育结构改革的趋势。

"二战"后,为适应经济发展的要求,各国在学制改革中提高了职业技术教育的地位,使普通中学与职业技术学校相沟通。如联邦德国把职业技术教育视为"德国经济发展的柱石"和"秘密武器",全国16岁以上的青年86%都被纳入职业技术教育体系,在学制上保证普通中学与职业技术学校相沟通。日本在战后恢复与发展国民经济的过程中实行高中分科,设多种职业技术课程,开办各种职业培训中心;为工人提高技术水平奠定良好的基础。日本的战后生产率增长速度在资本主义世界中占第一位,与其职业技术教育的发展直接相关。美国20世纪60年代以来,通过"职业教育法"等几十个法案,投入大量资金,发展职业技术教育。

知识窗

职业教育与青年人的发展

第三届国际职业技术教育大会于2012年5月14日至16日在上海举行。此次大会是进入新世纪以来召开的首届国际职业技术教育大会,也是人类面临着经济、资源、环境、气候与社会诸多严峻挑战,职业教育必须做出反应与调整的时刻召开的重要会议。会议围绕"弥合差距:把青年的技能与工作相衔接"的主题,以创新及比较的视角展开了政策、制度及实践层面的探讨。

阿曼将促进职业教育发展视为战略选择,通过设立新职业院校和培训中心,开展职业教育与培训,使年轻人掌握就业技能、获取证书,从而帮助寻求工作的人员。印度认为职业教育与培训是"改进教育体系的基石"。印度重视多方参与,建立了由20多个部门参加的国家职业技术教育与培训发展集团;重视管理,制定了质量标准;兼顾正式与非正式教育,开发了两种形式的课程,致力于解决青年就业问题。

澳大利亚注重高中后教育与培训,提供多通道的灵活的教育机会,如学徒制、学校内的职业教育与培训以及受训者制度,学生可以一边学习,一边工作。芬兰专家认为,政府要倾听年轻人的意见,因为这"意味着释放年轻人的潜力并教他们

新技能";让学习者产生学习兴趣,使他们能够自学;形成激励机制并且给予建议,为学生进入职业生涯铺设道路。

欧盟为解决青年失业问题,已经出台了职业技术教育学分认证制度、欧洲质量保障体系以及欧洲资历框架 EQF。国际劳工组织执行主任 Jose Manuel Salazar-Xirinachs 先生提出,成功解决全球青年失业问题需要三大条件,即学徒制、创业家精神和提供好的就业服务。他认为,丹麦与瑞士的学徒制,能够将政府、雇主、公会及培训机构结合,提供工作场所与学校相结合的培训,有效解决青年人就业经验不足的问题,并且能够提高学生就业率。通过这种方式的培训,雇员还能够获得一些软技能,如团队合作能力。此外,将创业家精神融入培训内容,对学生进行精神激励,能够帮助解决职业教育与培训吸引力不强的问题。提供好的就业服务,如加强公共就业信息服务,能够鼓励青年人更多地参加职业技能教育。

(资料来源:第三届国际职业技术教育大会综述 http://www.cnsaes.org/homepage/html/resource/res09/res09_3/7781.html.)

五、高等教育出现多级层次,学校类型多样化

在新技术革命浪潮的推动下,高等教育获得了空前发展,打破了传统高等教育的结构与体制。大多数国家形成了高等学校的三级体制:初级层次是学习时间为2～3年的初级学院,美国叫社区学院,日本叫短期大学,联邦德国叫高等专科学校,这类学校学制短,教育投资少,发展快,职业性强,受到产业部门的欢迎,它在高等教育发展中占较大比重。中级层次是学习时间为4～5年的综合大学及文、理、工、商、医等各种学院,是高等学校的基本部分,保持学术上严格要求,培养科技与学术的高级专门人才。高级层次指大学的研究生院设置硕士博士学位课程,分别攻读三年或两年,授予相应学位,培养科学研究的高级人才。近年来,一些著名大学设立高级研究生院,为已经获得博士学位的人继续开设研究课程,称为"博士后教育",是高级层次教育的进一步发展,表明高等教育已形成多级层次。

高等学校随着数量的迅速增加,类型日益多样化,除有学生全日制在校学习的普通高等学校外,还有学生不固定在学校的广播电视、函授、夜大学等多种形式,这种开放式的大学在发展高等教育中也发挥着越来越大的作用。

同时,高等学校和社会、生产、科学技术以及社会生活的各个方面的联系也越来越紧密,大学开始走向社会,以进一步满足经济社会发展的需要。许多发达国家都把大学作为经济发展的主要后盾,建立起大学与新兴产业多种形式的联系,推动产学一体化。如建成联合协调机构,或在对方互设研究与教学实体;通过合作进行某些研究或技术开发;大学向企业转让先进的科技成果;大学为社会和企业提供定期咨询与技术指导,输送毕业生或开展继续教育,进行学术交流等。

六、倡导终身教育

1965年，在法国巴黎召开的第三届联合国教科文组织成人教育会议上，终身教育首次由时任联合国教科文组织教育局继续教育部长的法国教育家保罗朗格朗正式提出。他认为，数百年来，社会把个人的生活分成两部分，前半生受教育，后半生工作，这是毫无科学根据的，教育应当贯穿每个人的一生，在每个人需要的时候，随时以最好的方式提供必要的知识。因此对于终身教育的解释是，人在一生中所受的各种教育培养的总和。它具有民主性、形式多样性、所受教育的连贯性与一致性、尊重个人发展的自主性等特征。显然，终身教育并非终身学校教育，在时间和空间上，它承认社区中所有的学习结构、过程和人员，因而它强调的是学习者在一生的任何阶段、任何场合都可以接受教育，也注重教育的连续过程和不同阶段之间的联系。①

1972年联合国教科文组织国际教育发展委员会发表的报告《学会生存》将朗格朗的主张进一步系统化。联合国教科文组织不遗余力地宣传和倡导终身教育，对终身教育在全世界范围内的推行起了重要作用。许多国家调整教育结构、改革学制，都以终身教育思想为指导。

日本进行教育体制的第三次改革，明确宣布以终身教育为前景，规定中小学教育要成为"终身教育的基础"。1990年6月，日本制定了《终身学习振兴法》，将建立终身教育体系置于法律的保障范围内。1995年，韩国总统提出了"新教育构想"十大课题，其中第一条就是建设一个人人终身都可以进行学习的社会，保证国民可以根据自己的意愿在工作单位和学校间自由地进出学习。瑞士、法国等国家也以立法的形式贯彻终身教育思想。

知识窗

学习型社会

学习型社会（learning society）就是有相应的机制和手段来促进和保障全民学习、终身学习的社会，其基本特征是善于不断学习，形成全民学习、终身学习、积极向上的社会风气。学习型社会是时代发展和社会进步的产物，他对学习的要求比以往任何时候都更强烈、更持久、更全面，全社会的人只有不断地学习才能应对新的挑战。学习型社会不是自然而然地形成的，需要人们根据实践发展的要求，努力建设学习型家庭、学习型组织、学习型企业、学习型社区和学习型城市等。学习型社会是20世纪60年代由美国学者罗伯特哈钦斯首先提出的。20世纪70年

---

① 郑金洲.教育通论[M].上海：华东师范大学出版社，2000：225-226.

代,联合国教科文组织提出:人类要向着学习化社会前进。此后,许多国家相继开展了学习型社会创建活动。

(资料来源:张凌鸿,汪国新.学习,城市前行的推力[J].杭州(生活品质版),2010,(2):19-21.)

我国2010年颁布的《国家中长期教育改革和发展规划纲要(2010—2020年)》中提到,构建灵活开放的终身教育体系,搭建终身学习立交桥,促进各级各类教育纵向衔接,横向沟通,提供多次选择机会,满足个人多样化的学习和发展需要。健全宽进严出的学习制度,办好开放大学,改革和完善高等教育自学考试制度。建立继续教育学分积累与转换制度,实现不同类型学习成果的互认和衔接,使现代国民教育体系更加完善,终身教育体系基本形成,促进全体人民学有所教、学有所成、学有所用。

复习与思考

1. 我国现代学制建立的依据有哪些?
2. 当代学校教育制度发展的一般趋势是什么?
3. 义务教育有哪些特点?
4. 试分析、比较我国学制与发达国家学制的结构及其特点。

拓展阅读

三种类型学制的比较及其发展趋势(资料来源:黄胜.教育学新编[M].成都:西南交通大学出版社,2015:108.)

第三章
小学教育的功能

※ **学习目标：**

1. 了解并掌握小学教育在教育体系中的地位和作用。
2. 了解小学教育功能的历史发展与演变过程。
3. 了解并区分小学教育的社会功能和本体功能。

案例 3-1

辛格博士挽救狼孩

1920年，辛格博士在印度加尔各答西南部森林的狼穴中救出了两个裸体小女孩。她们中大的约八岁，小的约两岁，分别被取名为卡玛那和阿玛那。辛格博士把她们带到米德纳坡尔孤儿院抚养。刚入孤儿院时，她们每天晚上像狼一样嚎叫许多次，并竭尽全力寻找出路以便回到丛林。起初，她们用四肢爬行，慢走时用手掌、膝盖着地；快走时半屈着腿，用手掌和脚掌着地。她们害怕强烈的光亮。在黑暗中却很自在，也会辨别方向。她们寻觅食物时，凭嗅觉追踪。她们常常撕破衣服，摆脱毛毯，扔开被子，即使天气寒冷也不怕。但是她们怕水、火，给她们洗澡时，她们竭力挣逃。她们用舌头舔饮生水和流汁，只吃放在地板上的生肉，从来不吃任何人手里的东西，啃骨头也能不用手来帮忙。

卡玛那对阿玛那怀着深厚的感情。她们俩像小狗一样互相偎依着睡在一块儿。一年后，阿玛那死去了，卡玛那流了眼泪，而且两天两夜不吃不喝。十天过后，她还经常嗅阿玛那生前常到的那些地方。但是卡玛那对其他人却怀有敌意。要是有人在她吃食时靠近，她就咆哮起来，显出凶狠的样子。其他的孩子也引不起她的兴趣。

辛格博士下了很大功夫，可是使卡玛那"恢复人性"的工作仍然拖得很久。不

过,总还是有了一点儿成绩。两年以后(即 1922 年),她学会了直立,但还得有人扶着。到 1926 年她已经能够单独直立行走了,但还不会跑,当她想走得快些的时候,就会仍像从前一样,四肢并用。至于在学习语言方面,几乎没有任何成效。四年以后,卡玛那只能听懂几句简单的话,仅仅学会了 6 个词;七年过后,她学会了 45 个词,并勉强学了几句话。在她生命的最后三年中,卡玛那喜欢并开始适应人类社会了。人类文化的习惯取代了以前的野兽生活习惯。她已经习惯于晚上睡觉并开始害怕黑暗;她吃东西用手拿着,喝水也使用杯子;也能把时钟报时理解成作息的信号;她整天喜欢和辛格夫人在一起,还能从晾好的衣服中拣出自己的去熨平……但是在智力发展的水平上,卡玛那根本不能与同年龄的正常孩子相比。在刚被发现(8 岁)的时候,她的智力只相当于 6 个月的婴儿;快到 15 岁时,相当于 2 岁婴儿;她在 17 岁那年死去。当时的智力才相当于正常 4 岁小孩的水平。①

第一节 小学教育的重要性

一、小学教育的基础地位

邓小平同志在 1985 年全国教育工作会议上指出:"现在小学一年级的娃娃,经过十几年的学校教育,将成为开创二十一世纪大业的生力军。中央提出要以极大的努力抓教育,并且从中小学抓起,这是有战略眼光的一着。如果现在不向全党提出这样的任务,就会误大事,就要负历史的责任。"小学教育是整个教育事业的基础,要提高整个教育事业的质量,必须从小学教育做起。小学教育的基础地位具体表现如下:

(一)小学教育在义务教育实施中的基础地位

1986 年颁布的《中华人民共和国义务教育法》规定:"国家实行九年义务教育。"义务教育是国家用法律形式予以规定,要求适龄儿童必须接受,国家、社会、学校、家庭必须保证的,强制、免费和普通的国民基础教育。义务教育是面向全体公民的教育,是面向未来的事业。义务教育的普及程度、质量优劣,直接关系到我国经济和社会发展所需的亿万劳动者的素质和各级各类人才的质量,关系到社会全面进步的程度和我国的国际声誉及形象。小学教育是九年义务教育的第一阶段,在实施义务教

---

① 程正方.野兽哺育的孩子与隔离人世的儿童[A].瞿葆奎主编,雷尧珠,王佩雄选编.教育与人的发展[C].北京:人民教育出版社,1989:593-594.

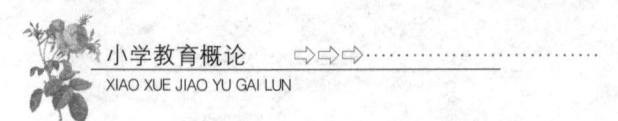

育中负有直接的重大责任。小学教育的健康发展将有利于从根本上杜绝新文盲的产生,直至最终消灭文盲,从而保证接受教育这一每一个人的权利和义务目标的实现。

(二)小学教育在整个教育体系中的基础地位

一个国家的学校教育体系大都分为若干阶段。我国的学校教育体系三大阶段,一般包括初等教育、中等教育、高等教育。其中初等教育(小学教育)和中等教育(中学教育)都属于普通基础教育,其连贯性很强,但每个阶段又有其独立的性质和任务。"九层之台,始于垒土。"小学教育是各级各类教育的基础。从个人来讲,完好的小学教育,为其身心健康发展奠定了基础,同时也为其接受中等教育提供了条件。从一个国家来看,只有小学教育普及和提高了,中等教育、高等教育才能逐级普及和提高。从这个意义上讲,小学教育具有为高一级学校打基础、为培养各类人才打基础的性质。

二、小学教育的奠基作用

从广泛的意义上看,小学教育可以发挥多种多样的功能,但是从根本上说,小学教育在教育结构中所处的地位,以及教育结构与社会结构的紧密关系,决定着小学教育的基本功能是奠定基础,主要表现在为教育发展奠定基础和为社会发展奠定基础。

(一)为教育发展奠定基础

最初,人类社会的初等教育或具有初等教育性质的基础教育,一直是以启蒙教育和宗教价值教育的定位出现的。后来随着资本主义政治、经济以及社会等方面的发展,人们才逐渐开始有意识地规划建立具有近代意义的小学,为普通大众的子弟提供基本的学习机会,以便他们能够有效地适应当时的社会生产和生活。当时的小学教育并没有考虑到与中等教育和高等教育的衔接问题,仅是一个独立的教育阶段。

但是随着社会的发展和义务教育年限的延长,绝大部分小学生读完小学之后并没有立即进入社会,而是进入中等教育阶段,继续接受学校教育。而且时至今日,终身教育不再仅仅是一种宣传的理念,它已经随着学习社会化与社会学习化进程的加快变成了现实。这样小学教育作为学生接受正规学校教育的第一个阶段,成为整个国民教育体系的基础环节,发挥着为整个教育发展奠基的作用。

在传统意义上,初等教育和中等教育都作为基础教育而存在,但是现在世界各国的教育体系都出现了大众化的走向。在我国,从20世纪90年代末开始的高校扩招使高等教育也从精英教育向大众教育转化。高等教育大众化必然建立在中等教育大众化的基础上,而中等教育大众化又建立在初等教育,也就是小学教育大众化的基础上。从根本上说,中等教育和高等教育的发展必须以小学教育的发展为基础和前提,只有具备了普及的、优质的、发达的小学教育,中等教育和高等教育才可能获得一流的生源。反之,如果没有普及的、优质的、发达的小学教育,中等教育和高等教育的发展就无从谈起。当代教育体系的连贯性和连续性,使小学教育的基础功能得到前所未有的增强,从这方面来看,当代小学教育是基础教育中的基础。

(二) 为社会发展奠定基础

教育主要通过培养人来促进社会的发展。小学教育是个体一生发展的基础阶段,推动社会发展的人力资源需要经由小学教育为其奠定一生发展的基础。一个非常形象的比喻是"童子功"。我国武术讲究童子功,这蕴含着两层含义:一是说很多功夫要从孩提时代开始练,长大了才练,很难弥补,不能取得显著的效果。二是说从小练童子功的人,绝大多数都能成为武林高手。具体而言,小学教育对个体发展的奠基功能主要表现在以下几个方面:其一,小学教育阶段是儿童道德品质发展的基础,小学时期正是儿童社会化的一个重要阶段,小学生进入小学学习,随着生活范围和空间的扩大,不可避免地要遇到各种各样的道德问题,因此形成道德观念、养成道德行为习惯是小学教育的一项重要任务,也是儿童道德发展的基础。其二,小学教育阶段是儿童智慧品质发展的基础。小学时期正是智慧潜力逐步显现并迅速发展的时期,小学教育的一项重要任务,就是启迪儿童智慧的发展,即便是知识的教学,也应该为智慧发展服务,而智慧发展也应该促进知识的学习。其三,小学教育阶段是儿童人格品质形成的基础。小学阶段是儿童个体倾向性开始显露的时期,也是养成良好人格品质的重要时期。其四,小学教育阶段是儿童身体发展的基础。小学是少年儿童身体发育的时期,应当使少年儿童养成锻炼身体的良好习惯,掌握锻炼的基本技能技巧。总的来说,小学教育是首先为人的发展奠定基础,进而为社会发展奠定基础。没有良好的小学教育为人的发展奠基,社会发展将大打折扣。

近代以来,西方各国综合实力的提升、政治的发展、经济的腾飞、社会的进步等无不与小学教育普及紧密联系在一起。例如,德国进入19世纪后,初等教育加速发展,全面实行义务教育,到19世纪末,德国初等教育的入学率已经达到100%,初等教育的发展使德国的国民素养得以整体提高,国家实力得以显著增强。德国著名将领毛奇元帅,曾经把普法战争的胜利归于初等教育的成功。而日本在明治维新之后国家的强盛,也与初等教育的迅速发展密切联系在一起。国家的强盛与小学教育发展之间的高度相关,在各国发展的历史上都有过实例。正是在这个意义上,"文化大革命"结束不久,我国即使在财力和人力相当紧张的情况下,也依然启动了普及九年义务教育的浩大工程。我国普及小学教育,实际上是要为数以亿计的一批又一批小学生的全面发展打下基础,为全民族文化素养的提高打下基础,进而为社会的整体发展奠定坚实的基础。①

三、小学教育的启蒙作用

从人生发展历程来看,小学阶段是十分重要的,是一个人长身体、长知识最旺盛

---

① 黄甫全,曾文婕.小学教育学(第二版)[M].北京:高等教育出版社,2011:41.

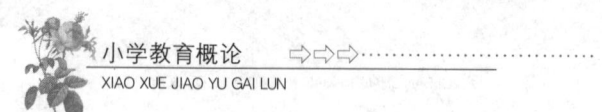

的时期。小学生好奇心强,求知欲旺盛,思维敏捷,对什么问题都要问个为什么,他们像海绵吸水那样,不断地吸收各种知识。小学生记忆力强,善于背诵,对感兴趣的事物,能够牢记在心。小学生模仿力强,容易做到习久成性,在儿童时代养成的好习惯,可以牢固地保持一辈子;相反,小学阶段养成的不良习惯,到中学和大学时纠正起来就很困难。因此,在小学阶段,不仅要让学生学到知识,发展智力,还要在学习上对他们进行严格的训练,养成良好的学习习惯;在思想品德上要有严格的要求,养成良好的行为习惯。小学的基础打得好,会十分有利于学生以后的学习和成长,甚至会影响到他们的一生。

知识窗

我国古代童蒙教育

我国古代对童蒙教育十分重视,许多教育家主张"养正于蒙"。《周易》蒙卦的象辞中就有"蒙以养正,圣功也"的记载,成为以后家教和蒙学的指南。历代教育家都重视蒙学教材的编写。最具代表性的蒙学教材有"三、百、千、千"(即《三字经》《百家姓》《千字文》《千家诗》)等。其中,王应麟所编的《三字经》,总共一千余字,从识数到识字,从常识到历史,从典故到人物,无不具备,而且用三字韵语写成,朗朗上口,易读易记,是一本典范的儿童教材,为中国封建社会后期的启蒙教育长期采用。另外,朱熹所编的《童蒙须知》也有一定影响。该书共分"衣服冠履""语言步趋""洒扫涓洁""读书写字""杂细事宜"五个部分,对学生的行为都有具体的要求和规定。这些教材对我们今天编写小学教材仍有重要参考价值。在童蒙教法上,我国古代也有比较丰富的经验,如注意从儿童实际出发,提出了以身作则、文道结合、潜移默化、防微杜渐、长善救失、因材施教、教学相长等原则和方法,还出现了王守仁的《训蒙大意》、王筠的《教童子法》等童蒙教育专著,给后人留下了宝贵的教育遗产。

(资料来源:黄济,劳凯声,檀传宝.小学教育学[M].北京:人民教育出版社,2001:25.)

小学教育是儿童接受学校教育的开端。在这个阶段,儿童将发生三个方面的具有人生启蒙意义的转化:一是由随意游戏活动向有目的、有计划的学习活动转化;二是由个体和松散的群体活动向有组织、有规律的集体活动转化;三是由口头言语向书面言语转化。这些转化可以使儿童突破时间和空间的限制,拓宽认识范围,从而对于促进全面发展产生重大影响。由此可见儿童思想品德的形成、知识能力的发展和身体素质的增强,都将在小学教育阶段正式起步。

总之,小学阶段是儿童发展最易受影响的时期,是儿童向少年过渡,从不成熟到逐步成熟,身心发展的关键时期。因而这一时期的教育,在人的一生发展中起着重要的启蒙作用。

(一) 在身体素质方面的启蒙作用

小学是儿童身体迅速发育的时期,儿童的身体比起幼儿来虽强健得多,但与繁重、持久的学习任务相比还是弱的,因此,关心儿童的身心健康,增强儿童的体质在小学教育中十分重要。

在儿童进入小学的最初一年,尤其要注意不要使儿童一进入学校就产生惧学、厌学的心理。对儿童健康的关注、保护以及增强儿童体质的意识与措施应贯穿于小学教育乃至各级学校教育的全过程。这一任务在儿童时期之所以尤其重要,是因为儿童还不懂也不会意识到要保护自己的身体和各种器官,小学教育工作者在这方面的责任就更为重大,稚嫩的身体可以锻炼得结实,也容易受到损伤。近些年来,我国小学生近视率的增多、心血管、神经性疾病的出现是不可轻视的问题。在小学期间,教育儿童养成良好的作息习惯和清洁卫生习惯是对身体健康的积极保护。

(二) 在学习知识方面的启蒙作用

小学时期的儿童正处在智慧潜力逐步显现并迅速发展的时期,小学教育的一个重要任务应当放在启迪儿童智慧发展上。除教学内容外,读、写、算和手工操作的技能技巧的训练对儿童智力的发展和今后学习能力的提升具有重要的意义。儿童手工操作往往被忽视,然而具有发展创造能力的人一般在小学期间就有种种表现,动手能力的训练错过了这一关键时期,收效就较慢。另外,最为重要的是培养学生熟练掌握、运用书面语言的能力。在学习过程中,教师应着重培养学生的学习自主性,包括合理安排学习时间,独立完成作业,检查、订正作业错误,努力克服学习中的困难。小学生自信心的发展是与能否克服困难密切相关的,也与教师的评价相关。因此,小学教师在指导、帮助学生学习的过程中,对他们进步与独立性的关心和鼓励十分重要。教师要相信学生能成功,并善于通过多种方法使儿童在学习中逐渐学会运用自己的力量去获取成功。

创新是一个民族进步的灵魂,是国家兴旺发达的不竭动力。创新成果的产生依存于创新思维和创新能力,而这种思维和能力,必须从小培养,从学生时代开始养成。因此,小学教育在培养儿童的好奇心、求知欲,帮助儿童自主学习、独立思考,保护儿童的探索精神、创新思维,以及开发儿童的潜能等方面都具有重要的启蒙作用。

(三) 在思想品德方面的启蒙作用

进入小学的儿童,随着生活范围的不断扩大,会遇到越来越多的道德问题。小学生道德品质的发展关键是要认真做到言行一致、校内外一致。言行不一致的存在,是因为小学生缺乏坚强的意志,以及习惯或道德行为的形成需要一定数量与强度的实践训练。因此小学思想品德教育的重点是培养小学生良好的道德观念和行为习惯,即文明行为的养成教育。我们如果能够长期地对小学生进行严格要求、反复训练,就

会在他们的头脑中建立起一系列的条件反射,形成道德行为上的高层次的动力定型,做到习惯成自然,为小学生日后的学习和工作奠定坚实的基础。

小学中组织与安排好儿童的课外、校外活动,发挥班级、儿童组织的作用,可以培养儿童较宽广的认知兴趣和关心集体、关心他人、团结协作的精神,可以为儿童提供展现个性才能和进行主动选择的机会,可以使儿童形成健康愉快的心理状态和自主能力。

对于我国今天的小学教师来说,我们面对的是新一代的儿童,从事的是神圣的社会主义教育事业,我们一定要把所肩负的神圣任务完成好。面对正在发展的小学生,我们不仅要了解他们的年龄特征和个性特点,而且要具体地掌握儿童在小学阶段的身心发展规律,针对每一个具体的儿童其身心在不同阶段的特点,做细致而艰苦的教育工作,并且把学校教育与家庭教育和社会教育密切结合起来,为社会主义建设培养合格的各类人才,为祖国的未来造就全面发展的一代新人。①

第二节　小学教育功能的历史演变

小学教育功能是指小学教育在与人的发展及社会发展相互影响中所发挥的作用。小学教育功能是由小学教育的性质及其相关(政治、经济、文化)制约因素共同决定的,是小学教育性质及其结构特点满足主体需要的表现形式。②

小学教育功能主要包括社会功能和本体功能两个方面,前者是小学教育对社会政治、经济、文化等方面的作用和价值,后者则包括小学对教育对象——儿童以及对整个教育事业的作用和价值。这两方面功能的内涵在不同社会历史阶段和教育条件下是不同的。

一、原始社会教育的功能

在人类社会的早期存在着一种原始形态的教育。人类这种最初的教育存在于两个过程之中:一是为了满足生产生活实践需要的教育,使每个社会成员都学会如何制作必要的工具和按照明确规定的方式做好每件事情,从而取得所期望的结果;二是为了熟悉礼拜步骤和宗教仪式的教育,使每个社会成员都通过礼拜或宗教,尽力抚慰灵魂世界、培养伦理行为准则与善良勇敢之心。这种形态的教育没有与人类的生活和生产实践相区分,但从性质上说,那时也有类似当前小学教育中一些特定的儿童活动

---

① 黄济,劳凯声,檀传宝.小学教育学[M].北京:人民教育出版社,2001:25-31.
② 阮成武.小学教育概论[M].上海:华东师范大学出版社,2011:54.

第三章 小学教育的功能

与生活。这两个过程都蕴含着针对儿童的基本的技能训练和原始的伦理教育。

二、古代小学教育功能

在我国,从夏商时代开始就有小学教育。小学教育的早期学校化阶段,无论是中国还是西方,在教育目的上,象征性的形式目的占据着主导地位,而功用性的实用目的不被重视。学生接受教育的主要目的不是为了获得实用知识,而是为了塑造和谐的身心,养成完美的品德和行为规范,成为社会的楷模。

在孔子看来,基本的教育目的是为了培养能志道、宏道和行道的士与君子,教育就是为了宣传自己的政治主张和促进儿童品行的成长。在苏格拉底(前469—前399)看来,教育是为了帮助学生寻找人类的善与勇敢的品质。汉魏六朝时代,由于政治上尊儒,并且在选拔官吏上强调通习儒经的水平,小学教育基本上没有脱离为经学学习,从而为谋取一定的官职打基础的套路。因此,尽管在理论上我们可以将那时的小学教育职能归结为知识技能训练,但这种知识技能训练却不是从儿童的合理需要出发,而是出于求取功名的需要。自宋代开始,理学把"修身、齐家、治国、平天下"置于一个非常重要的地位,特别是元代以后,各类小学的道德教育职能都得到了强化。

知识窗

小学教育的"成人"功能

朱熹将"小学"教育的功能定位于"成人",他提到:"古者小学已自养得小儿子这里定,已自是圣贤坯璞了,但未有圣贤许多知见。"所谓"成人",就是养成人的文化性与社会性。孟子所谓"人之所以异于禽兽者几希"(《孟子·离娄下》),而恰恰就是这个"几希",使人能够摆脱自然的原始性、野蛮性,而形成社会性和理性。少年儿童虽然还"未有圣贤许多知见",但"小学"阶段的教育应以发现"圣贤坯璞",并最终"成人"为矢的。从强调教育的社会性功能来说,朱熹的小学教育思想与杜威的"教育即生活"和"学校即社会"不乏共同旨趣。

《礼记·冠义》中提到"凡人之所以为人者,礼义也。……故曰:冠者礼之始也。……已冠而字之,成人之道也。"朱熹在《朱子家礼·冠礼》中开宗明义:"所以责成人之礼。盖将为人子、为人弟、为人臣、为人少者之行于其人。"朱熹从"成人"的角度来定位"小学"的教育功能,从一定角度上来说,是与"成人"以后的"成智"教育相对而言的,"目的在于将古代人类之生成史转化为当今每个个体的成长史。"换言之,小学阶段的教育功能主要在于养成道德行为习惯,在养成道德行为习惯的基础上,再进行智力教育。朱熹强调小学阶段的教育,强调"成人"教育,一方面是认识到少年儿童时期是人从自然属性向社会属性转变的关键时期,教育能帮助人顺利并完整地经历这一阶段。另一方面是认识到道德教育是智力教育的基础，只有树立牢固的道德信仰、明确"价值理性"，才能够在智力教育上有所根底，做到"吾日三省吾身"，从而实现"物物而不物于物"，不至于成为"工具理性"的奴隶。换言之，道德教育是"成人"的根本所在。

（资料来源：戴红宇.朱熹"小学"教育思想刍议[J].成都师范学院学报，2017，33(11)：15-18.）

在国外，最早是在距今约5000年左右的前希腊时期，书写以及有文字记载的社会制度的建立，产生了西方教育史上一般认为的超越了生活化教育形态的新教育，即"人类历史上第一次出现了学校"。两河流域早期的苏美尔人，为了训练寺庙的书吏学习文字与符号，设立了专门教学用的"泥板书舍"。在尼罗河流域，古埃及设立了宫廷学校，为皇室子弟和少数权势人物的孩子提供学习书写、阅读、宫廷习俗和仪式的教育教学；寺庙学校由祭司执教，为执行宗教职责而训练学生熟练的书写技能；书吏学校由政府部门掌管，训练儿童将来从事国家行政管理工作的相关技能。"所有这些初等教育都是职业性质的"，分别承担不同的教育职能，对不同的对象实施教育。

直至中世纪，世俗的小学或初等教育被中断，教会教育取得了绝对的主导地位。修道院、主教学校和堂区学校都对低年龄儿童实行教育，让他们学习《圣经》与七艺，同时会进行简单的读写算和最简单的世俗知识的教学。在世俗教育方面，占据主导地位的骑士教育的整个过程都是通过家庭教育来完成的，其基础阶段早期由母亲来完成，内容涉及宗教知识、道德教育。

总的来说，古代小学教育的基本功能在于：一是蒙养，进行道德品格的培养、行为习惯的训练、读书、识字、习武和算术等知识技能的学习；二是进行社会道德伦理和文化礼仪的教化。

三、近代小学教育功能

随着13—15世纪文艺复兴运动的展开，以及欧洲资本主义的萌芽与迅速发展，随着人性对神性、科学理性对蒙昧主义、个性解放对封建专制、平等友爱对等级观念、现世生活对来世及天国幸福的胜利，教育发生了重大的变化。与之相应，小学教育也出现了革命性变革。随着各国世俗政权的确立，近代科学知识的积累与资本主义经济的发展，宗教教育内容已经完全不能满足小学教育的需要，小学教育的功用性目的逐渐占据了主导地位。近代小学教育主要是为大工业生产培养具有基本的读、写、算知识和技能的熟练劳动者，同时进行劳动纪律和道德教义的灌输，使劳动者既能为统治者创造更多的剩余价值，又不惊扰他们的悠闲与安宁。19世纪以来，随着民族主义解放运动的高潮和民族国家的独立，国家兴办小学教育的一个新的目的，是向儿童灌输民族意识和国家观念。如当时日本的小学教育，更是成为军国主义和法西斯统治的工具。1870年时任英国教育署长的福斯特指出:"无知的选民是不能处理政治问题的。我们的未来取决于小学教育的迅速发展。"①

这里需要特别指出的是,马克思十分重视小学教育(初等教育)的功能。他认为初等教育虽不是完全的教育,却具有重要的政治意义、经济价值和人的发展价值,是工人阶级争取教育利益、获得自身解放的重要目标与手段。他提出小学教育最好不到9岁就开始,作为一种最必要的抗毒素,可以抵制资本主义制度和意识形态的侵蚀。同时,马克思重视小学教育对社会生产和人的发展的重要作用。他认为工厂法把初等教育宣布为劳动的强制性条件,这虽然是从资本那里争取来的最初的微小让步,但它"第一次证明了智育和体育同体力劳动相结合的可能性,从而也证明了体力劳动同智育和体育相结合的可能性"。这种工厂制度"萌发出了未来教育萌芽,未来教育对所有已满一定年龄的儿童来说,就是生产劳动同智育和体育相结合,它不仅是提高社会生产的一种方法,而且是造就全面发展的人的唯一方法"。②

中国近代小学教育自20世纪初开始确立,注重其社会功能,同时兼及本体功能。1903年《奏定初等小学堂章程》规定:"设立初等小学堂,令凡国民七岁以上者入焉,以启其人生应有之知识,立其明伦爱国家之根基,并调护儿童身体,令其发育为宗旨。"③1912年中华民国颁布的《教育部公布小学校令》则进一步凸显了小学教育的本体功能,同时,教育的社会功能除注重原先的修身、读经外,更加重视国民道德的培养和生活必需的知识技能:"小学教育以留意儿童身心之发育,培养国民道德之基础,并授以生活所必需之知识技能为宗旨。"在革命战争年代,毛泽东就重视小学教育的推行与实施。在1938年中国共产党第六届中央委员会扩大的第六次全体会议上,他提出一切为着战争的文化教育政策,就包括"办好义务的小学教育,以民族精神教育新后代"。④ 在《陕甘宁边区施政纲领》中,他提出要"健全学制,普及国民教育,改善小学教员生活",要求小学的设立应当由一个乡一所进一步发展到一个村办一所。

知识窗

新教育运动的七项原则

1921年,新教育联谊会提出了新教育运动的七项原则:

1. 一切教育的根本目的是保持和增进儿童内在的精神力量;
2. 教育应该尊重儿童的个性教育;

---

① 吴文侃,杨汉青. 比较教育[M]. 北京:人民教育出版社,1999:394.
② 马克思. 资本论[M]. 上海:人民出版社,2004:556—557.
③ 舒新城. 中国近代教育史资料(中)[M]. 北京:人民教育出版社,1981:411.
④ 边彦军,王莉,倪花. 毛泽东邓小平江泽民论教育[M]. 北京:中央文献出版社,2002:18.

> 3. 教育应使儿童的天赋兴趣自由施展;
> 4. 鼓励儿童自制;
> 5. 培养儿童为社会服务的合作精神;
> 6. 发展男女儿童教育间的协作;
> 7. 要求儿童尊重他人,并保持个人尊严。
>
> (资料来源:张斌贤.外国教育史[M].北京:教育科学出版社,2008:338.)

四、现代小学教育功能

近代教育在形成国民教育义务制度的同时,也暴露出一些弊端,特别是高度的制度化特性和对社会功能的偏重,使人在教育过程中丧失个性和自由,与儿童的生活相隔离。如何促进教育的科学化、民主化,彰显儿童的主体地位,培养适应和能够改造社会发展需要,具有公民素质、民主理想和民主生活能力的人,成了现代教育革新的历史使命。

20世纪初期,欧洲兴起的新教育运动和美国的进步教育运动遥相呼应,形成合流,确立了现代小学教育的功能取向。新教育运动强调通过自由的教育发展儿童内在的潜能,尊重儿童个性,鼓励儿童自主地活动、自发地学习,反对体罚,注重培养儿童适应现代社会需要,进一步确立了儿童在教育中的中心地位,促使其成为具有主动精神和创新精神的人才。同样,进步主义教育思想在批判传统教育忽视儿童的基础上,也确立了儿童在教育中的中心地位,同时关注儿童的一切能力。

20世纪60年代以来,政治民主化也促进了教育民主化进程,小学教育的功能有了进一步拓展。小学教育在促进教育机会均等、促进国际理解和交流等方面发挥了重要作用。在此基础上,儿童的学习权以及受教育权得到了政府和国际组织的承认和确立。

新中国成立后,以毛泽东同志为核心的党和国家第一代领导人对中小学教育给予高度重视,重在维护和实现工农大众的教育利益。1949年12月23日召开的第一次全国教育工作会议上,毛泽东同志提出,新中国教育是新民主主义的教育,是"民族的、科学的、大众的教育"。会议提出,新中国"教育工作的发展方针是普及与提高的正确结合。在相当长的时间内以普及为主"。毛泽东同志还明确提出要发挥人民群众的积极性,限期普及小学教育。周恩来也提出,中小学教育的发展是一个重要而艰巨的任务,"这就要求大家眼光向下,从大学看到中学、小学。在落后的中小学教育的基础上,是不能把大学教育办好的。教育要大众化,首先要办好中小学教育。"①

邓小平强调抓教育要"从小学抓起"。首先,他重视小学教育的社会功能,认为现

---

① 中央教育科学研究所.中华人民共和国教育大事记(1949—1982)[M].北京:教育科学出版社,1984:3-8.

代化目标的实现,"根本大计是要从教育着手,从小学抓起,否则赶超就变成了一句空话"。一方面,"抓科技必须同时抓教育。从小学抓起,一直到中学、大学。我希望从现在开始做起,五年小见成效,十年中见成效,十五年二十年大见成效"。1986年,他在会见香港知名人士包玉刚等人时指出:"教育是一个民族最根本的事业。四化建设的实现要靠知识、靠人才。人才也不是一天两天就能培养出来的,这就要抓教育,要从娃娃抓起。"另一方面,他认为:"革命的理想、共产主义的品德,要从小开始培养。"他针对十年动乱造成的不良社会风气指出:"现在我们的青少年中,有些人有坏的风气。改变这种风气,要从小学教育开始。"其次,他重视教育的本体功能,他认为:"培养人,中心是把基础打好,然后干哪一行都行。"再次,他重视教育在教育事业发展中的基础功能。他提出:"我们要在科学技术上赶超世界先进水平,不但要提高高等教育的质量,而且首先要提高中小学教育的质量","高等院校学生来源于中学,中学学生来源于小学,因此要重视中小学教育"。①

第三节 小学教育的社会功能

一、小学教育的基础功能

作为现代教育最基本的一级,小学教育的普及和发展对工业化社会的建立做出过重要的历史性贡献。在日益发展和完善的现代教育制度体系中,小学教育对社会政治、经济、文化、科技等方面的发展发挥着更加重要的基础性功能。也就是说,小学教育功能与中等教育、高等教育相比,具有自身的特殊性质和方式。简言之,小学教育是现代教育功能得以发挥和实现的重要基础和前提,我们不能以后者的标准来衡量小学教育功能的大小。

现代教育是一个庞大而复杂的系统结构,这个系统结构的不同层次、阶段和类型有着各自特定的功能。这种特定功能既是对于系统的其他部分和结构而言,也是对于社会而言。过去,人们一般只看到小学教育对于现代教育自身的基础功能,而忽视小学教育特定的社会功能。小学教育相对于现代教育的其他层次、阶段和类型而言,它的特定功能在于提高全民身体、心理、知识、道德等基本素质,为各级各类人才培养和社会发展奠定坚实基础。

---

① 中共中央文献编辑委员会.邓小平文选(第二卷)[M].上海:人民出版社,1994.

二、小学教育的经济功能

教育作为一种社会现象，从产生开始就同人类谋取物质生活资料的过程联系在一起，与人类的经济活动不可分割。教育是经济秩序的保障，是经济规则正常运行的前提和基础。有效率的教育还可以较好地节约正规约束的运行成本。教育通过生产知识技能与劳动者的结合，可提高劳动者的素质，实现对劳动力的培养，从而完成劳动者从可能劳动力向现实劳动力的转化。教育经济学的研究表明：当代经济发展已由依靠物质、资金的物力增长模式转变为依靠人力和知识资本增长的模式；人力资本是经济增长的关键，而教育是形成人力资本的重要因素。教育通过提高人力资本的水平，促进国民的收入和经济的增长。随着社会的发展教育在经济增长中的作用越来越明显。

（一）教育通过把可能的生产力转化为现实的生产力及培养和提高劳动力素质，促进经济增长

教育担负着培养劳动力的任务，是社会再生产的必要条件，也是经济增长的必要条件。社会再生产主要依靠劳动力再生产而实现。劳动力再生产的最基本要素是教育和训练。教育与社会再生产的关系主要表现为通过教育培养、训练，生产所需要的熟练劳动者和各级专业人才。教育正是通过向各种生产部门输送经过培训的更加熟练的劳动力和专门人才以促进经济发展，实现经济的增长。

在传统落后的社会观念中，教育被认为是一种纯粹的消费事业、福利事业。历史的进步和科技的发展，促使更多的人认识到抓好教育是一个国家发展经济的长久之计。作为劳动力的人是社会生产力的最重要构成因素，其整体素质的高低直接影响到一个国家生产力发展水平和劳动生产率的高低。教育承担着培养劳动力的任务，是劳动力再生产的重要手段之一，因此也是发展社会生产力、保持和促进经济增长的重要基础。

教育能把可能的生产力转化为现实的生产力，是劳动力再生产的重要手段。马克思主义认为，人是生产力中最基本的因素。这里所说的人，是指具有一定的生产经验、生产知识和劳动技能的人，当人还没有任何生产经验、生产知识和劳动技能时，他只是一种可能的生产力，要把这种可能的生产力转化为现实的生产力，就需要依靠教育。通过教育，可以使人掌握一定的科学知识、科学经验和劳动技术，即把可能而尚未掌握科学技术的人变为掌握科学技能的现实的劳动力，从而形成新生产能力，提高劳动生产率，促进社会生产的发展。在古代社会，劳动能力的生成与发展，主要表现为农业和手工业技艺的掌握和提高。这个过程是子承父业方式的世代相传和劳动实践经验之积累过程。也就是说，古代社会对劳动者的训练，主要是在生产过程中进行的。从近代资本主义社会开始，由于劳动过程和技能的复杂化、知识化对劳动者的素质要求不断提高，要求学校教育要直接为培养未来的劳动者服务。人只有通过教育掌握了相应的科学知识、技术之后，才能适应现代生产的需要，从可能的劳动力变为

现实的劳动力。

劳动力指劳动能力,劳动能力是由体力和智力组成的。在现代生产中,由于科技知识的大量运用,使得劳动的智力化程度大大提高。要从事这种生产,必须将劳动者与科技知识内在地联系起来。按照现代生产要求,劳动力是指具有一定科学知识、生产经验和劳动技能的使用生产工具、实现物质资料生产的人。今天,由于现代科学技术的日新月异,生产设备的更新、生产工艺的变革都非常迅速,劳动者只有具备较高的科学文化水平、较高的生产经验和先进的劳动技能,才能在现代化生产中发挥更大作用。科学技术是知识形态的生产力,是一种生产的精神潜力。要使人的天然潜在能力变成现成的劳动能力,要使科技知识摆脱潜在状态,成为直接现实的生产能力,必须靠教育对未来的劳动者进行有意识地培养。在科学技术迅猛发展的今天,不仅是人们科学文化知识的掌握、生产技能的形成离不开教育的系统训练,而且劳动经验的传递也要靠教育,这样才能实现周转的高速度与高效率。所以马克思在考察生产劳动过程及研究其发展规律时,盛赞教育对生产力的重大作用,指出"教育会生产劳动能力"。

知识窗

人力资本理论

20世纪60年代,以美国舒尔茨为代表的一些西方经济学家提出了人力资本理论。所谓人力资本是指凝聚在劳动者身上的知识、技能及其所表现出来的可以影响从事生产性工作的能力。人力资本是相对于物力资本而提出的,它是人的资本形态。它体现在人身上,属于人的一部分,同时它又是未来薪金、收益的源泉。人力资本理论认为人力资本也是一种生产要素资本,对生产起促进作用,是经济增长的源泉。

倡导人力资本理论的学者,尤其重视教育投资的作用,认为教育的财政支出是国民生产的要素之一,是人力资本的投资。它通过提高受教育者的生产能力,成为重要的生产性投资,具有促进经济增长的巨大经济效益。人力资本理论的创立者舒尔茨经过科学测算认为,美国1929—1957年间经济增长中有33%是教育的贡献率。1998年世界银行的报告也指出:"美国1929—1982年间人均GDP的增长中,25%可以由受教育年限的增长来解释。"从国际教育发展的一般情况看,小学教育的社会收益率和个人收益率都是所有教育层次中最高的。一般来说,提高小学教育入学率和成人识字率与提高人均收入和经济上更加平等之间有着密切的联系。研究表明,在所有各级教育中,(相对于费用而言)小学教育具有最高的经济效益。在发展中国家,小学教育的投资收益率在25%左右,而高等教育的投资收益率则为12％;在相同环境下,接受过教育的农民的生产力比没有接受过教育的农民高。

（资料来源:阮成武.小学教育概论[M].上海:华东师范大学出版社,2011:61.）

（二）教育通过科学知识的再生产和知识创新,促进经济发展

科技革命深刻影响着现代社会,同时也将继续深刻地影响着未来社会。从"科技是第一生产力"的观点来看,现代科学技术的迅猛发展首先促进了现代经济的迅猛发展,同时也有力地促进了现代社会各领域和各层面的变化。科技革命为何能如此持续推进社会的发展? 显然,这依赖于教育的贡献。

科学知识是教育的重要内容,教育对科学知识的作用主要表现在两方面:一是对科学知识进行再生产,二是生产新的科学知识。教育是传播科学知识的最为有效的途径。教育对科学知识的再生产作用具有三个特点。首先,它是一种无限永恒的再生产,它源源不断地对劳动者进行科学知识的传递。其次,它是一种扩大的再生产,使原来由少数人掌握的科学知识为更多的人所掌握,不断扩大传播范围,形成原子裂变式的辐射。最后,它是一种简捷、高效的再生产,通过学校教育的有效组织缩短了其传递时间。学校中的知识传授是在教师的精心安排下,对浩如烟海的科学知识进行反复筛选,从中挑选出人类经验的精华,通过有效的教育形式、科学的教学方法和先进的教学手段,在特定的教育过程中完成这种再生产的任务。它避免了人类在获得这些知识时所经历的漫长而曲折的道路,以最短的时间、最高的效率、最简便的途径帮助年轻一代完成认识的任务。可以说,由教育所进行的科学知识再生产的效率是任何其他活动形式都无可比拟的。

教育不仅承担着传授知识的任务,在生产新的科学知识进行知识创新方面也发挥着重要的作用。世界著名高校的共同点是都具有较强的科学研究的能力和优势,如雄厚的理论储备、高级科研人才的集聚、研究梯队的强大、比较齐全的学科和实验室条件等。它们是各国从事科学研究和进行科学实践的重要基地。通过科学研究,一方面生产出新的科学知识,发挥精神生产方面的作用,一方面形成科学—技术—生产体系,在实验室里研制创造出许多新的生产工艺,直接参与物质生产过程,推进生产力的发展。

党的十六大报告指出:"教育是发展科学技术和培养人才的基础,在现代化建设中具有先导性全局性作用,必须摆在优先发展的战略地位。"十七大报告进一步提出,"优先发展教育,建设人力资源强国"。《国家中长期教育改革和发展规划纲要（2010—2020年）》进一步指出:"百年大计,教育为本。教育是民族振兴、社会进步的基石,是提高国民素质、促进人的全面发展的根本途径,寄托着亿万家庭对美好生活的期盼。强国必先强教。优先发展教育、提高教育现代化水平,对实现全面建设小康

社会奋斗目标、建设富强民主文明和谐的社会主义现代化国家具有决定性意义。"小学教育作为我国现代国民教育体系的重要一级，促进全民尤其是全体儿童少年科学知识和能力的提高，把沉重的人口负担转变为巨大的人力资源优势，为培养数以亿计的高素质劳动者、数以千万计的专门人才和一大批拔尖创新人才，奠定坚实的基础。

三、小学教育的政治功能

在教育的多种社会功能中，最早被人们所认识的就是教育的政治功能。中国古代四书之一的《大学》里写道："大学之道，在明明德，在亲民，在止于至善。"意思是通过教育灌输政治思想，培养统治人才，最终达到理想社会的境界。在封建社会里，一些教育家认为，教育可以"化民成俗"，达到"修身、齐家、治国、平天下"的目的。在西方资本主义国家里，很多政治家和教育家都希望通过教育实现"民主、自由、平等"等政治理想。在新中国成立后的很长一段时间里，我们所认识的教育的社会功能，也只是教育的政治功能，即所谓"教育必须为无产阶级政治服务"、"教育是阶级斗争的工具"等。在现代社会，人们对教育功能的认识已经趋于全面，但也并未因此而否定教育的政治功能，只不过在与传统教育所理解的教育的政治功能相比，有一些重大的差异，表现为：首先，传统教育的政治功能是教育的核心功能，甚至是唯一功能；而现代教育的政治功能是教育的多种功能之一。其次，传统教育的政治功能只担负着完成少数人的政治社会化任务；而现代教育的政治功能则担负着使整整一代人的政治社会化任务。最后，教育的政治功能体现在培养和选拔政治人才方面。传统教育是建立在世袭和等级的基础上，而现代教育则越来越重视个人的政治倾向和各方面的素养及才能。我们在此所要探讨的是现代教育的政治功能。[①] 教育通过传播意识形态强化一定的政治制度，进而影响社会的政治稳定。具体来说有三种形式：其一是设立学生必修的政治教育课，并加大民族史和革命史课程的比例。其二是通过教师和教育集体，将社会政治意识贯穿于其他教育内容和各个教学环节中。其三是指导学生参加一定数量的校内外政治活动，在活动和交往中调整和强化学生的政治思想体系和道德观念。

（一）教育维系社会政治稳定

教育是维护社会统治、维系社会稳定的基本途径，其维护社会稳定的功能主要通过两方面体现：

1. 教育能为一定社会的政治培养所需要的人才

通过培养人才，作用于政治制度，这是教育对政治制度积极作用的一个主要方面。自古以来，任何一种政治制度的建设、巩固和发展，都离不开一定的人才作为支柱。而这些人才的培养，主要依靠学校教育来实现。我国古代所谓的"学而优则仕"，

[①] 蔡宝来.现代教育学理论和实践[M].上海：上海教育出版社，2011：127.

就表明了学校与国家机器之间的关系。教育通过为社会培养各种政治人才、领导人才,直接为社会政治服务。任何一个社会政治秩序的稳定或社会政治的变革除了通过学校教育使受教育者形成一定共同的政治观点、政治原则和政治态度以外,还需要培养一批专门的政治人才、领导人才。古往今来,各种政治人才、领导人才绝大多数都是通过学校教育培养造就的。学校教育传授给受教育者统治经验,参与国家政事的知识和经验,使其具备治人之术和领导才能以维护国家的稳定和巩固社会统治。例如,我国古代教育就是典型的"养士"教育,东汉时期的太学、唐代所办的各级各类学校培养了从朝廷到地方的大大小小的官员。在现代社会,由于科技的发展和政治活动的日趋复杂,要求专门从事政治活动的人必须具备较高的科学文化水平和政治素质,通过系统的学校教育的方式来培养政治人才的趋势日益明显。有相关资料显示,世界各国的领导人,普遍具有较高的学历,并且许多毕业于名牌大学。如英国历史上50多位首相中有30位以上毕业于牛津大学、剑桥大学,美国历代的高级政治领导人中的绝大多数毕业于哈佛、耶鲁等名校,我国的清华大学、上海交通大学、中国人民大学等培养了众多的高层领导人。他们的思想意识、政治观点的形成受到学校教育潜移默化的影响,他们的一言一行左右着国家的政事。

2. 通过宣传统治阶级的思想意识,制造一定的社会舆论为政治服务

教育也是宣传思想的工具。教育既可以通过学校这块阵地,通过师生的言论和行动,利用教材内容,向受教育者灌输一定的政治、哲学、道德等思想,形成一定的阶级意识与品质。同时,教育也能够利用社会上的一切宣传机构和媒介,宣传统治阶级的思想,造成一定的社会舆论,对社会风尚、道德面貌以及政治思潮产生影响,借以影响群众,争取群众,从而达到维护社会政治经济制度的目的。在任何阶级社会中统治阶级总是要通过学校教育向受教育者传播一定的政治观点、意识形态和法律规范,使他们具备社会所倡导的人生观、世界观和政治观,从而自觉地维护社会统治。实质上,这一过程就是促进年轻一代政治社会化的过程,即个人逐步学会适应现有社会的政治制度和规范,并表现出相应的态度和行为的过程。个体政治社会化的状况直接关系到一定社会政治制度和政治秩序的稳定。从这一意义讲,学校教育在建设一个社会特定的政治文化和政治意识形态的过程中,培养具有一定政治态度和思想意识的社会公民以维持社会的稳定,从而发挥着特殊的作用。

(二) 教育促进社会政治民主化

民主是现代政治的核心与实质,是社会进步和文明程度的重要标志,政治民主化是现代社会政治发展的必然趋势,一个国家的政治民主程度直接取决于国家政体,也依赖国民受教育程度,因此教育是推进政治民主化的重要力量,主要表现为:

1. 传播科学真理,启迪人的民主观念和培养人的民主意识

在古代社会,教育是统治阶级愚弄人民的精神鸦片,现代社会通过教育传播科学,启迪人们的民主观念,提升人们的民主观念。因为人的民主意识和民主观念与人的科学意识、科学观念密切联系,在国民愚昧、文盲充斥的国家,很容易形成专制独裁

政治、个人崇拜和官僚主义的氛围,可以说一个国家教育普及程度和国民文化素质的高低是推进政治民主化的重要前提与保障。

2. 教育通过传播思想、形成舆论作用于一定的政治制度

教育是传播思想、形成舆论的重要阵地。学校教育不仅向在校学生传播一定的思想观点,培养一定的阶级意识;而且它的影响和作用,远远超出学校以外。学校是知识分子集中的地方,他们思想活跃,通过发表见解,宣传思想来影响社会。同时,学校年复一年向社会输送按照社会政治制度需要培养出来的学生,他们走向社会后,对于社会舆论、风气、道德风尚和政治思想潮流产生巨大的影响。正因为如此,历代统治者都十分重视教育这个阵地。如我国汉代的董仲舒就认为,倡导美风,防止"乱民"莫重于教化,而施行教化的场所,莫重于学校。

3. 民主的教育有助于加快社会政治民主化的进程

一个国家的政治是否民主,由该国的政体所决定,但与人们的文化素质和教育事业发展的程度也有很大的关系。一个国家普及教育的程度越高,人的知识越丰富,就越能增强公民的民主意识。认识民主的价值,推崇民主的措施,在社会生活和政治生活中履行民主的权利,推动政治的改革与进步。在一个文盲充斥的国家,是推行不了政治民主的,而只能实行专制统治、宗教迷信和官僚主义。列宁曾说:"文盲是站在政治之外的,必须先教他们识字,不识字就不能有政治,不识字只能有流言蜚语、传闻偏见,而没有政治。"我国现在还处于社会主义初级阶段,公民的文化素质和教育事业的发展程度还不高。这就要求我们必须大力发展教育事业,充分提高人民群众的文化水平,把我国建设成为富强、民主、文明的社会主义现代化强国。①

为使教育的政治功能发挥更好的作用,小学教育的作用不可忽视。小学教育在提高全民科学知识和能力素质的同时,通过开展积极有效的思想道德教育、丰富多彩的学校生活和教育活动,促进全民尤其是儿童少年的思想道德素质和身心健康。这是我国社会主义政治文明和精神文明建设最广泛的基础。

四、小学教育的文化功能

所谓教育的文化功能,就是教育对文化的保存和发展所起的促进作用。立足于现代社会的教育,不仅仍然具有保存和发展文化的作用,并且以其时代性特点履行着崭新而丰富的文化功能。② 教育通过选择、整理文化来影响文化的传承和创新,教育对文化的传承功能在一定程度上是由教育内容决定的,选择文化是教育进行文化传承与创新的前提。现有文化包括民族文化与外来文化,人们选择何种文化进入教育内容,是以一定的价值观作为选择的标准的,最终按照一定社会的经济、政治要求选择文化。一般来说,教育选择文化的标准有两点:一是按照统治者的需要来选择主流

---

① 闫祯.教育学学程模块化理念的教师行动与体验[M].北京:北京大学出版社,2010:50.
② 张光丽.教育本质新论[M].呼和浩特:远方出版社,2005:87.

文化,二是按照学生的需要选择系统、科学、基本的文化。

(一) 教育对社会文化的传承功能

文化传承是文化在时间上的延续、空间上的扩展和代际的传递。文化是人类创造的社会性信息,因而也是人类的独有信息。它与动物生存信息的最大不同之处是:文化独立于人体之外,不能靠生物遗传方式获得,而只能通过"社会遗传",特别是教育的方式使其得到延续和发展。由此,教育成为文化传承的主要手段。

教育通过教育者和受教育者的共同活动实现文化的传承。传递文化、培养人才是教育的基本职能,也是教育的本质所在。自教育从人类的其他活动中分化出来成为一种独立的社会活动以来,它就承担了传递文化的任务。在教育活动中,教育者将人类积累起来的文化,经过选择、加工成教育语言和文字的形式,在与受教育者的共同活动中传递给受教育者。文化既是人类社会活动的产物,又是新生一代生存与发展的必要基础和条件。人类社会的延续和发展从某种意义上讲就是文化的延续和发展,而文化的延续和发展要靠教育进行代代相传。尤其是现代社会,由于文化的丰富多样,文化的传递就更需要教育来进行。人类社会早期没有文字,文化的传递与保存只能靠口耳相传;有了文字以后,文化的传递与保存更多地依赖文字的记载和授受,以传授人类社会生产知识和社会生活知识的学校应运而生。人类通过教育和其他高科技手段传递和保存文化,教育需要从大量文化中选取最基本的内容传递给年轻一代。教育的传递和保存文化的功能又有了新的特点,它表现为"教育的重心逐渐从大量接受知识转移到帮助人们从浩瀚文化海洋中获取最基本的要素,选取、使用、储存创造文化的基本手段与基本方法。"

(二) 教育对社会文化的选择功能

根据培养人的客观教育规律进行文化选择。这个客观教育规律是:人的培养既要符合社会发展需要,也要符合人的发展需要。符合社会发展需要主要体现在教育目的,即被选择的文化必须符合社会政治经济制度的要求,有利于培养符合一定社会需要的人才。符合人的发展需要主要体现在适应人的身心发展特点上,即被选择的文化还必须符合人的身心发展的客观规律。这个规律要求教育不能简单地用现成的文化对青少年进行文化传递,而必须把教育内容加工成青少年易于接受的形式。

(三) 教育对社会文化的交流功能

文化传播是一种民族文化向另一种民族文化传输的过程。文化交流是将文化从一个区域向另一个区域扩散,是文化在空间上的流动。文化交流是两个或两个以上民族文化相互传输的过程。文化的传播交流既是文化自身发展的需要,也是人类社会发展的需要。由于文化的传播与交流,才使得各民族的文化不断地互相学习和发展,从而使得整个人类的文化不断发展和繁荣,社会文化的传播、交流有多种途径和手段,教育的文化间的传播和交流是文化发展的主要动力。这是因为不同文化的交融和碰撞不仅可以开阔人的视野,增进对不同文化的接触和了解,同时,在文化的交流中会诞生新的观点、智慧、理论,从而推动文化的创新和发展。所以,文化的交流与传播是吸收异域文化精华,借助异域文化发展自己的一条捷径。历史上,文化交流与传播的途径有迁徙、贸易、教育、战争等,教育是其中一个十分重要的途径。一方面,学校教育的专门性使得文化传播交流的效率更为有效。另一方面,教育在吸收、传播其他民族的文化中都要进行选择,去劣存优,以吸取精华、去其糟粕,使得文化的传播交流与时俱进。此外,当今社会已进入信息化时代,民族文化的交流十分活跃,因此,文化交流、传播作用显得更为重要。

(四)教育具有创造文化的功能

教育不仅具有传承、选择和交流文化的功能,还具有创造文化的功能。教育在数量上和质量上培养了一支文化建设的生力军,为文化的创造提供了可能性。

人是文化的主体,人不仅是文化的承担者,同时又是文化的创造者。文化一旦为人所掌握,就会成为人们解释自然、社会现象,进行各种社会实践活动的方法与手段,成为创造新文化的动力。教育作为形成人、发展人的手段,可以利用人类已有的文化成果去影响人,塑造人的个性,把社会文化转化为个体文化,外在文化转化为内在文化,使人由愚昧的野蛮人成为开明的文化人。从这个意义上说,教育无限地发掘了人创造文化的潜能,增强了人创造文化的力量。教育对文化的创新和更新作用表现在以下几方面:一是教育为社会文化的更新与发展培养出大量的具有创新精神和创造能力的人。人是社会文化的产物,同时又是社会文化的创造者。一个民族的文化要获得发展,就必须培养一大批具有创造性的新人去创造、发明。任何民族的文化都不是个别人创造的,但只有那些既掌握大量文化知识又具有创新精神和创造能力的人才可能对文化的发展做出较大的贡献。正因为这样,现代社会的教育才把创造型人才的培养当作核心目标,创造性也已成为教育的一种价值取向和基本特征。二是教育本身也能创造新的文化,发挥其文化创造功能。这表现为两个方面:一方面,新的教育思想、理念、学说是社会总体文化创新的一个有机组成部分。古今中外的许多教育家及教育工作者提出了丰富的教育思想和方法,成为人类文化宝库中光芒耀眼的部分,对人类文化的发展做出了巨大贡献。特别是在20世纪50年代后,教育在人类文化中的作用显得更加重要,层出不穷的教育思想、教育理念更显示出教育在社会文化中灿烂夺目的一面。另一方面,现代学校特别是大学作为一种教育机构,不仅承担着培养人才的职能,也承担着科学研究的职能,由大学所创造发明的新的科学技术成果更是在充实、更新、发展着社会文化。[①]

小学教育在受文化影响和制约的过程中,也不是消极被动、无能为力的。相反,小学教育在社会文化系统中对文化的传承、交流、改造和创新,促进民族文化传统的现代转化,形成和发展社会主义先进文化方面发挥着不可或缺的作用。这个过程正

---

① 张光丽.教育本质新论[M].呼和浩特:远方出版社,2005:89.

是人类的文化财富内化为个体的精神世界,成为其生命活动的一部分,使人类文明薪火相传、生生不息。

首先,儿童通过语言的学习尤其是对母语的学习和掌握,通过继承人类文化宝库中最基本、最精粹的文化因子,形成一种民族和国家的认同感和归属感。这是因为各民族所形成的母语,负载着民族的行为方式、价值观念、情感态度和思想内容。母语的学习和掌握,有利于儿童成为具有本民族行为方式、情感态度和思想的人。

其次,小学教育在进行文化选择和引导的同时,还促进不同文化之间的交流和融合,文化具有地域性和民族性,文化的发展和强盛,总是在与其他不同种类和民族文化的主动交流和融合过程中实现的。通过对异域文化的学习、借鉴和引进,我们创造出新的民族文化。闭关自守、抱守残缺的狭隘的民族主义、地方主义,必然导致文化的自我窒息,走向没落。现代教育在促进文化的交流和融合方面,发挥着十分重要的作用,而且在社会文化交流和传播的各种途径和方式中,教育是最积极和最有效的途径和方式。他不是对异域文化简单盲目的"拿来"和复制,而是一种主动的分析、选择和重构的过程,去其糟粕,吸取精华,实现不同文化间的融合,从而促使本土和原有文化的发展和创新。

随着现代教育的国际化、全球化,教育在促进文化的交流、融合和共同发展,促进国际理解和多元文化的发展等方面,将发挥更加重要的作用。正如1947年联合国通过的《联合国教科文组织宪章》的前言宣称:"战争既发动人心,故和平之堡垒须建筑于人心。"小学教育正是要使各国人民尤其是新生一代了解、理解和接受其他国家,建立一种对人权、主权国家的尊重、宽容和团结的态度,消除偏见、猜疑、失信和敌意,消除种族、宗教和文化的隔阂和冲突,培养一种和平和民主的文化精神。

再次,小学教育对促进传统性向现代性转化、形成与现代化相适应的先进文化能够发挥重要作用。虽然小学教育的主要任务不是科学研究和技术开发,直接生产新的科学成果、新的文化产品,但它可以通过培养和开发新生一代的创造力,造就具有创新精神和实践能力的人才,在根本上促进一个国家和民族的创新能力和国际竞争能力的提高。同时,小学教育对全民的人口、环境、可持续发展概念的形成,改善和提高全民的生活质量,都有着重要的促进作用。据研究表明,在绝大多数发展中国家,由于成人文盲较多,尤其是女性文盲多而小学教育又不普及,整体人口的文化水平低,因而这些国家的人口出生率往往保持持续高水平。然而,发达国家与此相反。世界人口理事会主席卡尔松认为:"在一些有多生孩子传统的国家里,受过小学以上教育的妇女比没有受过教育和受教育不多的妇女(只有1至3年)平均少生三个孩子。"[①]

---

① 赵中建.教育的使命[M].北京:教育科学出版社,1996:7.

第四节 小学教育的本体功能

关于小学教育的本体功能,一方面是要分析小学教育对于现代国民教育体系建立和发展的作用,另一方面是要发挥小学教育对于教育对象——人的作用。

小学教育作为现代教育的重要阶段和组成部分,对现代教育的整体和其他阶段、层次和组成部分有着不可或缺的重要作用和功能。

一、对现代国民教育体系的建立和完善有着重要作用

现代国民教育体系是指国家通过法规确定的,为本国提供教育服务的组织体系,包括各级各类的学校和教育行政机构。在现代国民教育体系的建立和发展中,小学教育具有独特的、不可替代和不可或缺的作用和价值。只有充分普及并具有高质量的小学教育,才能为中等教育、高等教育以及终身教育奠定更为坚实的基础,才能使全体适龄儿童在此基础上更有效地实现教育机会的均等。

知识窗

现代国民教育体系

现代国民教育体系指由五方面教育和三项保障机制所构成的现代教育事业总体。五个方面教育是:义务教育、基础教育、高等教育、职业教育和成人教育。三项保障机制是:国民教育经费保障机制、国民教育教师保障机制和国民享受教育权利保障机制。《中共中央关于构建社会主义和谐社会若干重大问题的决定》提出:要"建设现代国民教育体系"。现代国民教育体系以终身教育思想为导向,以普通教育和职业教育为基础,以初等、中等、高等教育为层次,以成长教育和继续教育为阶段,以提高全民族思想道德素质和科学文化素质,形成全民学习、终身学习的学习型社会为目标。

(资料来源:http://cpc.people.com.cn/GB/134999/135000/8105502.html.)

(一) 在普及九年义务教育和扫盲中发挥重要作用

从世界各国的实践看,九年义务教育的普及和实施,普遍是从小学教育阶段入手的,并以知识的普及和扫盲作为实现目标的。义务教育是国家用法律形式规定的,对适龄儿童和青少年实施一定年限的普及的、强迫的、免费的学校教育。因为教育的普

及程度、质量优劣,直接关系着国民整体素质和各级各类人才的培养质量。小学教育是义务教育的第一阶段,在实施义务教育中负有重大责任并能发挥重要作用。同时,小学教育的实施和完善,对扫除文盲和杜绝新文盲的产生,保证全民教育的实现和每个人都享受基本均等的教育机会,发挥着重要作用。

(二)小学教育是各级各类学校教育的基础和准备

小学教育作为现代学制的第一阶段,是中等教育和高等教育的重要准备。也就是说,小学教育在实现并轨以及与中等教育沟通和衔接以来,就不再是一种终结性教育,而是主要为高一级学校提供合格生源,即为儿童进一步接受高一级教育做好准备、打好基础。这种基础包括良好的知识基础、能力基础、道德基础、体质基础以及心理基础。赞科夫在《论小学教学》中研究指出:"造就新人的基础正是在小学里奠定的,进一步掌握知识和技巧的基础,也是在小学里建立的。学生在以后是否能卓有成效地掌握知识和技巧,其发展的速度与质量究竟怎么样,在许多方面都取决于如何安排小学阶段的教学及教育工作。"①

随着我国九年义务教育的基本实现和小学升初中考试的取消,小学教育作为基础教育,它的任务已由先前的"双重任务"(为社会主义建设事业培养劳动后备力量,为高一级学校输送合格新生)转变为"单一任务"——为儿童进一步接受高一级教育做好准备、打好基础。应当重视的是,由于应试教育过于强烈的就业性的教育动机,使得很多儿童渴望学习和满足好奇心的教育动机萎缩和降低。正如《学会生存——教育世界的今天和明天》一书指出的:"我们发现了这样一种近乎荒唐的情况:在有些地区,全部儿童只有一半能进入学校,而这一半中又有一半儿童不适应这样的学校。即使在小学教育阶段,这些儿童已经心灰意懒了。"②这种小学教育虽然为中等教育和高等教育奠定了一定的知识和能力基础,但对中等教育和高等教育质量的提高造成深刻的不良影响,严重阻碍了小学教育功能的发挥。

(三)具有自身独立的价值和功能

教育功能具有培养和选拔两个基本功能。其中培养功能是基本的、永恒的,选拔功能是派生的、附属的。在九年义务教育尚未普及和小学升初中考试未取消的情况下,小学教育同样具有这样两方面的功能。今天,小学教育的选拔功能已经取消和终结,而回归为一种真正意义的培养功能。这使得小学教育越来越凸显其自身的一种独立价值。这种独立价值和功能,意味着小学教育不是作为中等教育和高等教育的依附,或是以高一级教育的标准(如升学率)来衡量小学教育的优劣得失。小学教育作为全民教育和基础教育,它的独立价值和功能表现在:促进全体儿童、青年和成人接受机会均等的基本教育,满足所有人的"基本学习需要"。它不是开展一种专业的

---

① [苏联]赞科夫著.论小学教学[M].俞翔辉译.北京:教育科学出版社,2001:1.
② 联合国教科文组织国际教育发展委员会.学会生存——教育世界的今天和明天[M].北京:教育科学出版社,1996:11.

或是职业的教育,也不是为了培养和选拔少数专门人才,而是着眼于整个民族素质的提高。

二、对人的生命发展具有重要作用和功能

在现代国民教育体系日益完善和终身教育不断兴起的当代,小学教育的崭新功能是进一步回归到为儿童生命发展奠基这个"元点"上。这也是我国新时期全面建设小康社会,坚持"以人为本",促进人的全面发展所要求的。

教育是人的生命的心路历程,它基于生命,通过生命活动,并促进生命发展和生命质量的提高。教育对于生命的价值,表现在焕发和提升人的生命、创造人的精神生命的意义上,即对于生命潜能的开发和发展需要的满足。小学教育对于人的生命发展的作用和功能主要表现在两个基本方面:

(一)为人的生命发展创造快乐幸福的童年

马克斯·范梅南说:"儿童不只是一个未来的存在,他更是一个当前的存在。我们的教师不仅要为儿童的未来做准备,更要关心他们的现在。关心儿童的现实,就要关心儿童的兴趣、需要,从他的需要兴趣出发,造就一个适合他们的教育,而不是削足适履,使他们适合教育。"小学教育不是一味地为儿童未来做准备,模仿成人的生活,而是以现实为基础,关心儿童的现实,回归儿童的现实生活,积极创造条件,去激活、去展示儿童生命的灵动与飞扬,促进每个儿童创造性地、富有个性地发展。

(二)为人的生命发展孕育潜力、注入动力、奠定基础

童年期是人生发展的黄金时期,这一阶段的可塑性和可接受性很大。他们在这一时期所形成的生活经验、态度和情感,对日后的发展有着深刻影响,而且此时儿童的道德、人格、智力和体质发展处在关键期。《教育——财富蕴藏其中》一书指出:"将伴随一个人一生的对待学习的态度,正是在家庭中,广而言之也是在基础教育(其中尤其包括学前教育和小学教育)阶段培养形成的,在此阶段,人的创造性思想火花可能光芒四射,也可能渐渐熄灭,接触知识可能成为现实,也可能无法实现。在这一时期,每个人都在获取有助于提高推理能力和想象力、判断力和责任感的手段,也都在学习如何对周围世界产生浓厚兴趣。"[①]因此,小学教育的功能不单是为人的发展奠定基本的能力基础,更不只是传统上的"双基",而是促进每个学生潜能的开发、健康个性的发展、为适应未来社会发展变化所必需的自我教育、终身学习的愿望和能力,为人的终身发展提供动力和奠定基础。

---

① 联合国教科文组织国际21世纪教育委员会.教育——财富蕴藏其中[M].北京:教育科学出版社,1996:105.

复习与思考

1. 简述小学教育在现代国民教育中的基础地位和在儿童发展中的启蒙作用。
2. 小学教育主要有哪些功能？
3. 怎样理解小学教育的本体功能？
4. 联系实际谈谈在现代教育中如何发挥小学教育的本体功能？

拓展阅读

1. 我国古代童蒙教育（资料来源：黄济,劳凯声,檀传宝.小学教育学[M].北京：人民教育出版社,2001:25.）
2. "小学"教育的功能定位于"成人"教育（资料来源：戴红宇.朱熹"小学"教育思想刍议[J].成都师范学院学报,2017,(11):15-18.）

第四章
小学教育的目标

※ 学习目标：

1. 掌握教育目的的含义、功能和类型。
2. 了解历史上关于教育目的的价值取向的主要观点。
3. 了解国外小学教育目标，认识和理解我国小学教育目标。
4. 根据相关理论和结合小学教育实践，对我国小学教育目标进行评析。

第一节　小学教育目标概述

一、小学教育目标的含义

在教育领域，"目标"一般指教学或教育活动应达到的最终结果。[①] 用形象的比喻来说，"目标是教育之船的灯塔，指引着那些充满美好向往的孩子驶向学习成功的彼岸！"

在小学教育发展的前期，其教育目标主要是根据政治、经济和文化等社会因素制定的，考虑人本身的需要和发展的规律比较少。例如，英国在小学教育形成初期，带有慈善性质的星期天学校或称"主日学校"，主要进行的就是宗教和道德合一，结合学习一些粗浅的读写知识。传教士罗伯特·瑞克斯（1781—1811）创办主日学校的目的在于"在早期形成关于义务和纪律的概念"，以拯救灵魂、保护财产和安息日的社会秩

---

① 顾明远.教育大辞典(增订合编本)(上卷)[M].上海：上海教育出版社，1998：1119.

序,以及使劳动阶级养成"严守时刻、遵守纪律、诚实、顺从和自制等习性"①。而这些习性不仅是现代生产所需要,更是资本家所需要的人的基本品质。

进入20世纪尤其是两次世界大战期间,随着义务教育年限的延长和国民教育体系的不断完善,中等教育的发展使小学教育的基础性不断拓展和深化。小学教育不再是为儿童直接参加社会劳动、成为合格公民而准备,而是为了在此基础上进一步接受普通教育或职业教育打基础。因而小学教育目标的制定开始考虑到儿童自身发展和进一步学习的需要。② 如1931年英国教育部在关于《小学教育》的报告中提出的小学教育目标是:① 发展儿童的基本才能;② 鼓励儿童对文明的兴趣和关心;③ 帮助儿童树立责任感,启发他们的理想,培养他们的情感,使他们理解并效法生活中最优秀的范例。

第二次世界大战后尤其是进入五六十年代以来,各国教育经历了大发展、大改革,尤其是高等教育的发展和逐步大众化、终身教育的兴起,使小学教育成为基础的基础。小学教育目标更加着眼于儿童自身发展的全面性和可能性。

从20世纪以来,人本主义教育思想反对现代化尤其是西方工业化造成对人的异化,要求维护和恢复人的生命价值和尊严,倡扬主体精神,坚持以人为本,培养人的独立性、个性的自由和谐发展,满足人的发展需要。

一般来说,小学教育目标,指小学教育应达到的预期学习结果。具体来说,小学教育目标又分别表现为官方、学校、教师、学生、家长和学者的小学教育目标。

(1) 官方的小学教育目标,由国家机关公布的教育方面的规范性文件加以规定和表述。如2006年修订通过的《中华人民共和国义务教育法》规定:"义务教育必须贯彻国家的教育方针,实施素质教育,提高教育质量,使适龄儿童少年在品德、智力、体质等方面全面发展,为培养有理想、有道德、有文化、有纪律的社会主义建设者和接班人奠定基础。"

(2) 学校的小学教育目标,指每一所小学自己提出的教育目标。如北京第二实验小学提出的"以爱育爱",倡导爱不仅是教育的手段,同时也是教育的目标,强调教师要以爱的情感、爱的行为、爱的能力和爱的艺术启迪孩子爱的心灵。

(3) 教师的小学教育目标,指每一位小学教师心目当中的教育目标。对此,有些教师是有清晰意识的,有些教师是不自觉的。如王崧舟老师提出的"让语文教育成为生命的诗意存在",也有老师认为"小学教育的目标就是让学生在考试中获得高分"。

(4) 学生的小学教育目标,指每一位小学生心目中的教育目标。绝大部分小学生对此仅有朦胧的感受。如"认真完成教师布置的各项任务"和"快乐成长"等。

(5) 家长的小学教育目标,指每一位家长心目中的教育目标,如"增长知识"和"进入好的初中继续学习"等。

---

① 戴本博.外国教育史[M].北京:人民教育出版社,1990:168-169.
② 阮成武.小学教育概论[M].上海:华东师范大学出版社,2011:87.

（6）学者的小学教育目标，通常由学者以教育观点和理论等的形式予以表述，如"培养全人"(whole child)等。[①]

针对以上各种表现形态的小学教育目标，需要把握以下几个方面：

首先，它们之间既有一致性，也有差异性。比如，有些教师心目中的小学教育目标与官方和学校的小学教育目标是一致的，有些则未必一致。又如，有些学校的小学教育目标与官方的小学教育目标一致，有些也未必一致。正是如此，也就有了"全面发展教育轰轰烈烈，纯粹应试教育扎扎实实"的尴尬局面。

其次，它们之间相互影响。比如，官方的小学教育目标，在一定程度上引领和制约着学校的小学教育目标，学校的小学教育目标也在一定程度上影响着教师的小学教育目标等。

再次，每一种形态的小学教育目标的具体表现都是千姿百态的，不能一概而论。比如，教师的小学教育目标既有追求考试考高分的，也有追求学生全面发展的，还有追求对学生进行情感和智慧双重培育的，所以不能由于一位或多位教师是追求考试考高分的，就说小学教师都是唯分数论的。

最后，每一种形态的小学教育目标的形成，都受多种因素影响。比如，教师的小学教育目标的形成，既受官方、学校、学生、家长、学者的小学教育目标的影响，也受自身事业能力修养和境界等多种因素的作用。

二、小学教育目标的特点

小学教育在整个教育体系中的基础地位，决定了小学教育目标主要具有"全面性""个体性"和"升学性"等特点。

（一）全面性

小学教育目标，与中学和大学教育目标相比，具有全面性的特点。中学教育目标存在着"分流"的特点，通过中学教育，一部分学生得以继续升学，另一部分学生则进入社会就业。而大学教育属于培养高层次专门人才的"专业"教育，其教育目标强调专业性，教育活动也是分专业来进行的。为了增强普通高校本科专业与时代的适应性，使其更好地为社会发展服务，教育部对《普通高等学校本科专业目录》进行第四次修订并于2012年颁布，新《专业目录》分为基本专业（352种）和特设专业（154种）。[②]

小学教育目标，旨在对每一位学生进行"养身育心"，以实现小学生体、德、智、美等诸方面的全面发展。概括来说，在体质发展方面，要促进小学生身体的健康生长发育，增强小学生的体质，并使小学生掌握初步的体育基础知识和技能、技巧，养成自觉锻炼身体的习惯以及自我保护的意识与能力；在品德发展方面，要促使小学生形成基本的道德品质和行为规范，建立良好的价值观，树立起值得追求并可能实现的理想；

[①] 黄甫全，曾文婕.小学教育学（第二版）[M].北京：高等教育出版社，2011：136.
[②] 《招生考试之友》编辑部.普通高等学校本科专业目录（2012年）[J].招生考试之友，2012，(22).

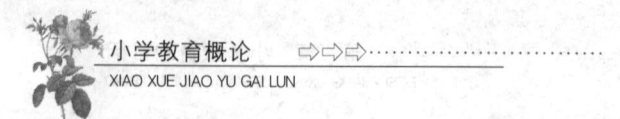

在智力发展方面,要让小学生掌握基础知识与基本技能,对小学生的智力进行训练与开发,促使小学生养成对科学文化的热爱、追求和探索的精神以及良好的学习习惯;而在审美发展方面,要促使小学生初步形成感受美、鉴赏美和创造美的能力。

小学教育向全体小学生实施全面发展教育,以便为小学生奠定学习、生活和进一步发展的基础。从某种程度上讲,全面性是专业性的预备,也是职业性的保障。只有保证小学教育的质量,才能确保高一级学校的教育质量,也才能确保为社会输送的各级各类人才的质量。

(二)个体性

由于小学教育所具有的特殊性,其目标主要呈现出"个体性"的特点。因为在小学教育阶段,社会并不需要小学生为从事相应的职业或成为相应的专门人才做直接的准备,社会对小学生的要求就是他们能够获得基础性的发展,进而为成长为适应时代要求的、全面和谐发展的社会公民奠定坚实基础。充分尊重"个体性",要求小学教育以小学生的个体需要为基本价值观,以小学生个体的身心整体需要为基本价值取向,进而以丰富多彩的教育活动来实现小学生的全面发展。

(三)升学性

在当代,义务教育一般都覆盖了小学和初中阶段。小学生的毕业定位是明确而唯一的,就是升入初中继续学习。所以,这样的发展,决定了小学教育目标的基本特性是升学性。另外,无论是小学教育目标注重小学生的全面发展,还是小学教育目标强调以小学生个体的身心整体需要为基本价值,小学教育的成效最终都需要落实到学习结果之上。也就是说,小学教育需要以学生的学习结果,来彰显自身的价值。就小学生的学习结果而言,其中较为直接与显著的表现,就是能够达到进而超越各项准许升入初中的基本标准。据此,小学教育目标就体现出"升学性"的特点,亦即小学教育需要满足小学生小学毕业后升入初中的基本需要。当然,在当下对"应试教育"的一片质疑与批判声中,似乎不应该突出小学教育目标的"升学性"这一特点。但是,我们需要清楚地看到,人们质疑与批判的并不是考试与升学本身,而是"片面"追求升学率这一现象。换句话说,由于对升学率的"片面"追求而导致了对小学生的全面发展的极端忽视这一现象,才是人们质疑与批判的问题所在。在对这二者加以严格区分的前提下,可以说,我们需要为提高和追求升学率"正名"。具体而言,小学教育活动,既需要避免与防止"片面"追求升学率进而促使小学生全面发展,也需要努力提升小学生的学习结果进而为其升入初中学习深造打下坚实的基础。而这两个方面的目标并不是矛盾的,而是并行不悖,可以同时实现的。

三、小学教育目标的功能

美国学者迈克唐纳(MacDonald,J.B.)指出,教育目标的具体功能随目标水平的不同而各异,但却有着共同的一般功能:明确教育进展的方向、选择理想的学习经验、界定教育计划的范围、提示教育计划的要点、突出评价的重要基础。① 泰勒（Tyler, R. W.）也指出："如果要设计一种教育计划并不断地加以改进，那么就极其需要对所要达到的目标具有某些概念。这些教育目标是选择材料、勾画内容、编制教学程序以及制定测验和考试的准则。教育计划的各个方面，实际上只是达到基本教育目标的手段。"② 小学教育目标的功能，是其特殊结构对社会和儿童所产生的作用和影响。

（一）标准功能

小学教育目标是开展小学教育活动和评价小学教育状况等的基本标准。标准功能是小学教育目标最基本的功能。首先，小学教育目标是小学课程研制各个环节的基本依据。小学课程内容和教学方法的选择、小学课程与教学组织、小学课程与教学的实施以及小学课程与教学的评价等，都以目标作为基本依据和基本标准。其次，小学教育目标是衡量学生学习成果的基本标准体系，以及测量和评价学生学习是否达到所应该达到的要求和水平的依据，从而为进一步的"教—学"活动提供证据。再次，是对教师教学活动、教学表现和工作业绩进行检查和评价的基本标准体系。一般在小学课程与教学实践中，对教师进行评价通常从两个维度进行：一是直接对教师备课、上课以及辅导学生的基本行为表现进行评估，二是通过学生的学业成就的评价间接地评定教师的业绩。但是无论哪一种评价，都应该以小学教育目标作为基本的和主要的依据。

在小学教育目标的标准功能基础上，衍生出另外两个间接的功能：导向功能和激励功能。

（二）导向功能

所谓导向功能，指的是小学教育目标一旦确定之后，所有的小学教育活动和"教—学"进程都以目标的达成为导向，通过不断的信息反馈，随时矫正教育活动和"教—学"进程中的偏差，以提高它们的效能。简而言之就是目标引导教育和"教—学"。

美国教育心理学家马杰（Mager, R. F.）指出："假如你不清楚要去的目的地，那么很可能你会抵达另一个地点，而且还不知道已经走错了地方"。"除非你知道你的目的地，否则你就无法选择通向目的地的最有效途径。"可见，小学教育的目标规定了小学教育的方向，奠定了小学教育的基调，对小学教育起着导向作用。小学教育的内容选择、环境开发以及活动开展等，都以小学教育目标的达成为导向，人们通过不断的信息反馈，随时矫正小学教育进程中出现的各种偏差，以提高小学教育的效能，进而顺利有效地实现小学教育目标。

（三）激励功能

所谓激励功能，指的是当小学教育目标指向学生的"最近发展区"时，可以有效地

---

① 钟启泉.现代课程论[M].上海：上海教育出版社，1989：299.
② [英]泰勒著.课程与教学的基本原理[M].施良方译.北京：人民教育出版社，1994：1.

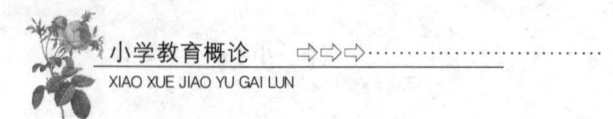

满足学生的探究欲望和学习需求,从而激发其学习动机。对教师而言,目标的适切性也有相应的激励作用。当一个目标教师根本就无法理解,或者是目标太高,教师根本无法通过自己的活动帮助学生达成,那么这时的教学活动就会失去对教师的吸引力。反之,当教师通过自己的活动能够有效帮助学生不断地达成目标,获得成长,教师也就能够获得成就感,从而激发出教学的热情,学生在整个过程中也获得了发展。

第二节　小学教育目标体系

为了使小学教育目标更好地发挥标准、导向和激励功能,使小学教育活动更有效地实现小学教育目标,使小学校长、教师和学生更清楚地明白和感受自身的任务、责任和使命,小学教育目标被分解为不同层次和不同类别的一系列具体目标,形成教育目标体系。在教育目标体系中,小学教育目标由教育目的、培养目标、课程目标和教学目标四个层次构成。从教育目的到教学目标,各层次之间是由抽象到具体的关系,上一层次目标是下一层次目标的依据和方向,对下一层次目标起制约和指导作用,下一层次目标是上一层次目标的具体化;反之,从教学目标到教育目的是由具体到抽象的关系,每一节课、每一单元教学目标的实现,保证着课程阶段目标和总体目标的实现,每一门课程总体目标的实现,保证着各教育阶段培养目标的实现,进而保证着教育目的的实现。因此,把握小学教育目标,既需要有宏观视野,也需要有具体考量。

一、教育目的

(一) 教育目的的概念

目的是人们对希望达成或获得的活动结果的一种主观上的设定。教育目的是教育工作中的根本目的,是整个教育活动的出发点和归宿,是探究教育理论和教育实践中一个极为重要的方面。

教育目的具有广义和狭义之分。广义的教育目的是指存在于人们头脑之中的对受教育者的期望和要求,即人们希望受教育者在身心诸方面发生什么样的变化,或者产生怎样的结果。狭义的教育目的是指由国家提出的教育总目的和各级各类学校的教育目标,以及课程与教学等方面对所培养的人的要求。① 按照马克思主义的全面发展的基本原理和时代发展的要求,我国教育目的应为:培养德智体美等适度全面协

---

① 王道俊,郭文安.教育学[M].北京:人民教育出版社,2009:83.

调发展,个人优势潜能和兴趣、爱好充分发展的社会主义事业的建设者和接班人。①

(二) 教育目的确立的依据

小学教育目的是小学教育的出发点和归宿,它贯穿小学教育活动的全过程,对小学教育活动具有指导意义。小学教育目标的制定从主要依据社会因素,逐步向社会因素与人的因素兼重的方向发展。总体而言,小学教育目标从一开始培养熟练劳动者,到培养具有一定知识和技能、道德和社会责任感的合格公民,再到当代为满足全民"基本学习需要",成为每个人"走向生活的通行证"。

1. 特定的社会政治、经济、文化背景

小学教育的目的就其本质来说,是要培养社会所需要的人。但是,由于社会制度、经济条件、文化历史背景的不同,小学教育目的的内涵也不尽相同。社会政治、经济、文化的发展水平是制定小学教育目的的客观依据。

不同的国家、不同时代的教育目的的制定都受到当时的社会政治、经济、文化等因素的影响。首先,不同的社会发展阶段有不同的教育目的。教育目的随时代、社会条件的变化而变化。不同的社会,社会生产力的发展水平不一,对社会成员的教育目的就会有所不同,万古不变的教育目的是没有的。其次,不同的社会政治制度有不同的教育目的。资本主义制度和社会主义制度从维护各自的社会制度角度出发而确立相应的教育目的。我国社会主义社会的小学教育的基本目的是培养全面发展的人,培养社会主义事业的接班人和建设者。再次,不同国家的文化背景也使教育培养的人各具特色。例如,世界上有的国家比较重视文化素养,教育的目的强调陶冶学生的人格,注重培养有教养的人;有的国家注重科学技术教育,要求培养具有创新精神和开拓精神的人。这些取向不同的教育目的,反映了这些国家不同的文化背景与传统。

2. 少年儿童身心发展的规律

小学教育阶段,其教育对象是6~12岁的儿童,而这是一个人一生中发展最关键的时期,这段时期的身心发展对他们今后的发展有重大的影响。小学教育要适应并促进儿童的身心发展。因此,小学教育目的的制定受制于儿童的身心发展规律。

少年儿童的身心发展是有一定的客观规律的,在他们身心的发展的不同阶段,其生理、心理各方面的水平是不同的,他们的身心发展有其基本特征。这些发展特征在生理上主要表现在形体、骨骼系统、肌肉组织、神经系统、心血管等,在心理上主要表现在认知、情感、意志、个性等方面。

但同时,由于遗传、环境、教育及个人主观能动性的不同,少年儿童的身心发展又具有个别差异性。这种个别差异性主要表现在:第一,不同的少年儿童的同一方面,其发展的速度和水平各不相同;第二,同一年龄阶段少年儿童的不同方面的发展状况及其相互关系上有差异性;第三,不同的少年儿童具有不同的个性心理倾向。

---

① 傅维利. 新教育目的观如何确立[J]. 基础教育论坛:文摘版,2015,(11Z):4-5.

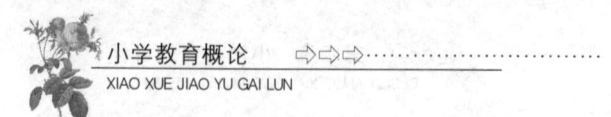

制定小学教育目的,要充分考虑在校学生的身心发展水平,要注意小学生年龄发展的阶段特征,尊重他们的兴趣与需要;在考虑小学生身心发展特征的共性时,还要注意到发展的差异性。

3. 人们的教育理想

从根本上说,教育目的是存在于人的头脑中的一种观念性的东西,它反映的是教育者在观念上预先建立起来的关于未来新人的主观形象,因此,教育目的是一种理想。这种理想同政治理想、社会理想等紧密结合在一起,从不同的哲学观点出发就有不同的教育目的,如实用主义教育目的、要素主义教育目的、永恒主义教育目的、存在主义教育目的等。

在教育实践漫长的历史进程中,人们从各自的理想出发赋予了教育所要培养的人以不同的内涵。如柏拉图把教育的最高目的限定在培养治理国家的哲学家上,他们是"心灵的和谐达到完美的境地"的人;人文主义者拉伯雷心目中理想的人能读、能写、能唱、能弹奏乐器,会说四种至五种语言,会写诗作文,勇敢、知礼、健壮、活泼,爱做什么就做什么。而启蒙运动的先锋卢梭心目中的理想人是一个自然天性获得了自由发展的人,他身心协调和谐,既有农夫或运动员的身手,又有哲学家的头脑;他心地仁慈,乐于为善,感觉敏锐,理性发达,爱美,既富于情感,更富于理智,还掌握了许多有用的本领。我国近代梁启超主张培养的人应具有的特征是:公德、国家思想、进取冒险、权利思想、自由、自治、进步、自尊、何群、生利分利、毅力、义务思想、尚武。马克思主义创始人心目中理想的人是个性全面发展的人,即精神和身体、个体性和社会性得到普遍、充分而自由发展的人。马克思主义关于人的全面发展的理论确立了科学的人的发展观,指明了人的发展的必然规律,是我国制定教育目的的理论基础。

(三) 教育目的的价值取向

教育目的的价值取向是指教育目的的提出者或从事教育活动的主体,依据自身的需要对教育价值做出选择时所持有的一种倾向。在不同的社会历史时期,不同的价值主体所处的社会地位、经济地位,不同的价值态度和观念都会影响教育目的的价值取向。人类历史上长期存在着两种不同的教育价值观:一种是从个人发展出发,依据内在需要来确定的;另一种是从社会发展出发,依据外在需要来确定的。依据这两种不同的教育价值观,也就有了两种不同的教育目的的价值取向:个人本位论和社会本位论。

1. 个人本位的教育目的论

个人本位的教育目的论是以人为中心的教育目的论,在价值取向上强调个人首位,主张教育目的应以个人价值为中心,应主要根据个人自身完善和发展的精神性需要来制定教育目的和建构教育活动。在这种理论看来,首先,人生来具有健全的本能,教育的职能是使这种本能不受影响地得到完善和最理想的发展,因此,他们否定社会制度的权威,反对社会对个人的约束,强调个人自由,权利至高无上,认为按照社会的要求培养出来的人本性就会被抹杀掉。他们主张教育的首要目的不在于谋求国家利益和社会发展,而在于发展人的理性和个性,使人真正成为人。其次,个人的价值高于社会的价值。他们认为,有利于个人发展的教育就一定有利于社会的发展,但有利于社会发展的教育不一定有利于人的发展,评价教育价值也应当以是否有利于个人的发展为标准。个人本位论的价值取向主要反映在自然主义和人文主义的教育思想中,其主要代表人物是法国的卢梭、瑞典的爱伦·凯、瑞士的裴斯泰洛齐、德国的康德、美国的马斯洛和法国的萨特等。

教育目的的个人本位论至少包括三种类型:① 以卢梭为代表的个人本位论最为极端,具有明显的反社会倾向,但在当时是具有很大进步意义的,尤其对于揭露和抨击现实的腐朽,促进人们的思想启蒙有着重要的意义。② 以瑞典爱伦·凯为代表的个人本位论热衷于颂扬儿童的真善美的天性和自助个性,强调在教育过程中不能对儿童进行压制,而应该促使他们自由自主地发展。③ 新人文主义性质的个人本位论,他们并不拒绝教育的社会目的,也不把教育的个人目的与社会目的完全对立起来,而只是认为个人价值高于社会价值,社会价值要以个人价值来实现,社会的完善要通过个人的完善才能实现,因此,教育必须以培育理想的人性为首要目的。

知识窗

教育的意义

我并不愿意把那些人们称之为学院的可笑机构所提供的教育视为一种公共教育,也不愿意把它视为社会教育,因为这种教育想追求两个相反的目的,结果却一个也达不到。它只能培养出一些虚伪阴险之人,他们表面上是在时时为他人,骨子里却处处为自己。我们从我们自己身上都能不断感受到这种教育的矛盾。由于被自然和人牵引向不同的方向,我们便采取中间道路或混合的办法。然而,这个办法并未使我们达到任何一个目标。我们终生未能解决这两个目标之间的矛盾,而始终处于一种混乱和犹豫状态,既未能对我们自己有所善待,也未能对别人有所贡献。

现在要谈一谈家庭教育或自然的教育了。如果一个人完全只是为了他自己而受教育,那么,他对别人有什么意义呢?如果能把这两种教育目的在单一个体身上合而为一,从而消除他主张中的冲突和矛盾,那么,这也就消除了他的幸福生活中的一大障碍。不过,在对这种人进行判断之前,首先必须了解这种人的发展,看他成人以后是怎样的,也就是说,我们首先必须了解自然人。这就是本书的探索主题。

要培养这样一个难得的自然人,我们必须要做些什么工作呢? 实际上,我们所要做的就是阻止去做某些事情(让自然说话)。当逆水行舟时,你只需调整航

> 向、迂回行驶就可以了,但是,当海面上波涛汹涌,而我们又想停在原地的时候,那就要抛锚。
>
> 在一个所有社会地位都已固定的社会秩序中,每个人都应该为取得他的地位而受教育。如果一个人是为了他先定的地位而接受教育,那么,他就不再适合其他的地位。只有在命运同父母的职业一致的时候,教育才是有用的,而在其他的情况下,教育常常是因为给了学生偏见,反而对他有害无益。在埃及,儿子是不能不依从他父亲的身份,所以教育至少还有一个确实可以达到的目标,但是在我们这里,尽管社会等级依然存在,但是等级中的人却是在不断地变化,谁也无法确定为特别的地位而教育自己的儿子是不是反而在危害他。
>
> 在自然秩序中,所有的人都是平等的,他们共同的天职,是取得人性,不管是谁,只要在这方面受了很好的教育,就不至于忽视履行自己与这种天职相关的职责。我的学生是做军人,还是做教士,抑或是做律师,我并不关心。在从事他父母的职业以前,大自然就已经教他认识人生了。生活,这就是我要教他的技能。从我的门下出去,我承认,他既不是文官,也不是武人,也不是僧侣;他首先是一个人:一个人应该怎样做人,他就知道怎样做人,他在紧急关头,而且不论对谁,都能尽到做人的本分,命运无法使他改变地位,他始终将处在他的地位上。
>
> (资料来源:(法)卢梭(Rousseau, J.)著.爱弥儿(精选本)[M].彭正梅译.上海人民出版社,2011:4-5.)

在人类历史的发展进程中,特别是在文艺复兴以后,个人本位的价值取向高扬人的个性自由解放的旗帜,对于打破宗教神学和封建专制对人的束缚,促进人的解放,提升人的价值和地位,起了重大的历史奠基作用,直到今天,仍有合理之处。人本主义特别是激进的人本主义者,常常离开社会来思考人的发展,在提出教育目的的时候,无视人发展的社会要求和社会需要,甚至把满足人的需要和满足社会需要对立起来,把教育的个人目的和社会目的看成是不可调和的,这种倾向很容易在现实中导致个性、自由和个人主义的绝对化。因此,个人本位的价值取向在社会发展中带有明显的片面性。

2. 社会本位的教育目的论

社会本位的教育目的论是以社会为中心的教育目的论,在价值取向上强调社会首位,把满足社会需要视为教育的根本价值,主张教育目的应以社会价值为中心,应主要根据社会发展需要来制定教育目的和构建教育活动。这种观点认为,教育的目的在于把教育者培养成符合社会准则的公民,使教育社会化,保证社会生活的稳定与延续,在他们看来,社会价值高于个人价值,个人的存在与发展依赖并从属于社会,评价教育的价值只能以其对社会的效益来衡量。这一理论代表人物有迪尔凯姆、凯兴斯坦纳、涂尔干、那托普等。

社会本位论至少有两种类型：一是，以迪尔凯姆为代表的"社会学派"较为温和，并未把个人与社会对立起来，只是认为社会是目的，个人是手段。二是，以凯兴斯坦纳为代表的社会本位论非常极端，与其说是社会本位论的教育目的，不如说是国家主义的教育目的。国家主义的实质是：国家利益在任何时候、任何情况下都高于一切。当个人利益与国家利益、本国利益与他国利益发生矛盾和冲突时，都须无条件地以国家利益为重。为此，可以不惜牺牲个人利益和他国利益。国家主义教育具有明显的狭隘性和排他性，是一种具有危险倾向的教育。

社会本位的价值取向重视教育的社会价值，强调教育目的从社会出发，满足社会的要求，具有一定的合理性。实际上，人的存在和发展是无法摆脱一定的社会现实，离开社会人也就无法获得其发展的社会条件。人获得发展的社会条件，客观上是需要每一个人遵循并维护社会要求来实现的。从这一意义上说，社会本位的价值取向具有积极的意义。但它过于强调人对社会的依赖，把教育的社会目的绝对化、唯一化，甚至认为个人不可能成为教育的目的。这种极端的主张，完全割裂了个人与社会的关系，忽视人的个体差异和基本需要，把人当作社会工具，造成对人本性发展的严重束缚和压抑。

3. 全面发展的教育目的论

由于"社会本位论和个人本位论各有利弊，为解决单一取向偏颇，出现了一种中间形式的调和目的观，试图平衡和考虑个人需要和社会需要"①。这种目的观认为个人价值和社会价值二者都重要，教育的根本价值是既满足个人需要又满足社会需要。

马克思吸收了以往任何时代关于人性、人的本质的理论观点，从哲学、经济学和社会学的角度历史地考察了个人发展与社会发展之间的关系，提出了个人发展与社会发展是对立统一的历史过程的观点。夸美纽斯寄希望于教育实现他的社会理想，同时强调教育要为个人一生幸福做准备。实用主义学派杜威认为"对于个人主义和社会主义的理想都予以应有的重视。它是个人主义的，因为它承认某种品格的形成是合理生活的唯一真正基础。它是社会主义的，因为它承认这种好的品格不是由于单纯的个人的告诫、榜样或说服所形成的，而是出于某种形式组织的或社会的生活施加于个人影响"②，主张教育应"使个人特性与社会目的和价值协调起来"。

实际上，我们应该从社会需要与人的发展需要辩证统一的视角，来理解个人本位价值取向和社会本位价值取向的关系。一方面，教育总是按社会的需要来培养人，个人的发展应当立足社会的需要；另一方面，社会是由个体的人组成的，社会需要并不排斥个人自身兴趣、爱好、才能的发展。因此，制定教育目的应体现社会需要和个体发展之间的辩证统一关系。

---

① 吕西忠. 从教育价值观的历史演进看终身学习的教育价值取向[J]. 河南大学学报：社会科学版，1999，(5)：85-87.
② [美]杜威(J. Dewey). 我的教育信条[M]. 彭正梅译. 上海：上海人民出版社，2013：9.

（四）个人本位论与社会本位论产生及对立的根源

1. 个人本位论与社会本位论产生的社会根源

个人本位论与社会本位论是不同教育学家为解决人的发展与社会发展的矛盾而给教育开出的不同"处方"。他们之间的争论，实际上是两类"处方"孰优孰劣、孰更合理、孰更有效的争论。

个人本位论的全盛时期是在 18 世纪和 19 世纪上半叶，当时正值资本主义自由竞争时期，是资本主义与封建主义的矛盾十分尖锐的时期。作为启蒙运动的思想家卢梭，他在教育方面的批判矛头直接指向封建社会和封建教育。面对理想的个人与现实的社会的矛盾，他只能用抽象的个人去反对他所处的那个具体的社会，只能以颂扬个人的价值去反对社会的价值，只能以顺乎人的天性的主张去反对压制人的天性的社会，其实质，是从教育的角度为它所向往的社会鸣锣开道。卢梭的许多主张表面上看是教育主张，实质上却是社会主张。他用个人去反对社会，只不过是他批判当时社会的一个手段罢了。在当时个人与社会的矛盾十分尖锐且具有对抗性的情况下，从反封建的角度看，进步思想家肯定个人价值、贬低社会价值是必然的也是合理的。

社会本位论盛行于 19 世纪下半叶，社会状态已与卢梭时代有了很大不同。当时资本主义制度已经确立，资本主义社会日益繁荣，但其矛盾也日渐显露。社会本位论肯定社会需要与社会价值，主张教育所培养的人应与社会合作，应为社会服务，其实质，是从教育的角度寻求资本主义社会秩序的稳定与巩固。在当时社会与个人矛盾虽也存在但在维护现存社会制度的人看来并不具有对抗性的情况下，资产阶级思想家肯定社会价值，反对个人主义，也是必然的、合理的。

由此可见，任何社会的任何教育家，包括个人本位论者，都不是超社会的，他们的教育观点，从根本上讲都是他们所处社会时代的产物，所不同的是他们对所处时代的态度与选择各不相同。

2. 个人本位论与社会本位论的产生以及争论的理论根源

二者之所以在个人与社会的关系问题上顽固地各执一端，其理论根据就在于它们都并未真正理解个人和社会以及个人发展与社会发展的内在关系。个人本位论者强调个人价值，强调个人能动性，强调具体的社会现实对个人的压抑和残害，是有道理的。但是，他们没有如实地把个人看作具体社会中的现实的人，没有看到人的社会制约性，而是从人的抽象的先天本性去解释人的发展和人的教育，企图通过顺应和发展人的先天本性的教育去抵抗和改变不合理的社会现实，导致片面夸大了人的能动性和教育的社会改造功能。社会本位论者强调人的发展和人的教育对社会的依赖性，强调社会的价值和社会秩序的稳定性，强调教育应使个人认同社会、服务社会，一般来说，这也是有道理的。但是，他们不愿承认社会还有待变革和超越，忽视个人能动性在社会变革中的巨大作用，企图通过维护社会陈规的教育使个人消极适应现实社会，从而否定了个人能动性和教育的社会改造功能。

其实，人是社会实践的主体，既受社会制约，是社会的生成物，又改造社会，是社会历史的创造者。而且，改造和创造是更为根本的，适应的目的在很大程度上也是为了改造和创造。人在其社会生活中，一方面要适应现实社会，另一方面又不断产生高于社会现实的需要，谋求对社会现实的一定超越。只有这样，社会才能保持一种既有稳定又有发展，既有秩序又有活力的态势和张力，从而把社会稳定和社会变革辩证有机地联系在一起。教育的任务在于既立足社会现实又瞄准未来趋势，既主动适应社会又积极超越社会，引导个人成为社会生活的主体和社会历史的创造者。当然，这是就一般情况而论的，应该说，在社会处于没落、倒退的时期和社会处于上升、进步的时期，教育的任务和目的是有所区别和侧重的。但是，不管社会处于何种时期，从社会发展的连续性来看，从社会变革和社会发展总是需要起码的稳定和秩序来看，人的发展和人的教育在任何时候都不能完全排斥对现存社会的适应。此外，我们所说的人和教育对社会的适应，应当是一种有批判有选择的适应而不是盲目地追随。

二、培养目标

（一）培养目标的概念

培养目标是各级各类学校对受教育者身心发展所提出的具体标准和要求。它是教育目的在各级各类学校中的具体体现，同时是学校课程和教学目标的直接依据。确立具体、科学、合理的学校培养目标，用来指导学校的整个教育过程，这是学校教育工作者的一项重要任务。确立培养目标是一项具有创造性的工作，而不是对"培养德、智、体、美、劳全面发展的人"这一要求的简单推衍。学校制定的培养目标是为学生甚至整个社会服务的，因此根据学校的历史传统、所处地区的状况以及对应的受教育者的不同需求，学校设置的培养目标也不同。各个学校具有了独具特色的培养目标，逐渐形成自己的办学特色。

（二）我国小学阶段的培养目标

在小学教育目标体系中，培养目标处于仅次于教育目的的地位。当教育目的指向特定的学校或特定的教育阶段时，它就得到了具体化，变成了目标。对我国的小学教育来说，培养目标随着时代的发展和社会的演进不断变化。

1992年我国规定小学阶段的培养目标是：① 初步具有爱祖国、爱人民、爱劳动、爱科学、爱社会主义的思想感情，初步养成关心他人、关心集体、认真负责、诚实、勤俭、勇敢、正直、合群、活泼向上等良好品德和个性品质，养成讲文明、讲礼貌、守纪律的行为习惯，初步具有自我管理以及分辨是非的能力；② 具有阅读、书写、表达、计算的基本知识和基本技能，了解一些生活、自然和社会常识，初步具有基本的观察、思维、动手操作和自学的能力，养成良好的学习习惯；③ 初步养成锻炼身体和讲究卫生的习惯，具有健康的身体，具有较广泛的兴趣和健康的爱美的情趣；④ 初步学会生活自理,会使用简单的劳动工具,养成爱劳动的习惯。①

2001年新提出的包括小学教育在内的义务教育阶段的培养目标是:① 全面贯彻党的教育方针,体现时代要求,使学生具有爱国主义、集体主义精神,热爱社会主义,继承和发扬中华民族的优秀传统和革命传统;② 具有社会主义民主法制意识,遵守国家法律和社会公德;③ 逐步形成正确的世界观、人生观、价值观;④ 具有社会责任感,努力为人民服务;⑤ 具有初步的创新精神、实践能力、科学和人文素养以及环境意识;⑥ 具有适应终身学习的基础知识、基本技能和方法;⑦ 具有健壮的体魄和良好的心理素质,养成健康的审美情趣和生活方式,成为有理想、有道德、有文化、有纪律的一代新人。②

这一培养目标的表述,在本质上与1992年的规定是一致的。所不同的是在新的时代精神的感召下,终身学习能力、创新精神和环境意识等对现代素养的培养被凸显出来了。

三、课程目标

在培养目标之下,是分领域或分科目的课程目标。课程目标主要用来描述和规定一门课程的预期学习结果,主要涉及特定科目、学科或学习领域在各个学段所达到的基本要求。课程目标,是培养目标的具体化,通常由课程专家制定,一般包括"课程总体目标"和"课程学段目标"两部分。

我国2001年开始实施的新课程方案,按照学习领域来设置小学教育的课程,并坚持九年一贯制的课程设计,使小学课程与初中课程衔接。每一学习领域都研制了课程标准,既规定了该课程的总目标,也规定了相应的学段目标。如《全日制义务教育数学课程标准(2011年版)》,规定了义务教育阶段的数学课程总体目标,即通过义务教育阶段的数学学习,学生能:

(1) 获得适应社会生活和进一步发展所必需的数学的基础知识、基本技能、基本思想、基本活动经验。

(2) 体会数学知识之间、数学与其他学科之间、数学与生活之间的联系,运用数学的思维方式进行思考,增强发现和提出问题的能力、分析和解决问题的能力。

(3) 了解数学的价值,提高学习数学的兴趣,增强学好数学的信心,养成良好的学习习惯,具有初步的创新意识和科学态度。

在此基础上,《全日制义务教育数学课程标准(2011年版)》分别从两个维度对小学"1~3年级"和"4~6年级"的数学课程学段目标做出了规定。一是,从"知识与技能""数学思考""问题解决"以及"情感态度"四个方面进行规定;二是,从"数与代数"

---

① 国家教委关于印发《九年义务教育全日制小学、初级中学课程计划(试行)》和二十四个学科教学大纲(试用)的通知[R].教基[1992]24号,1992-8-6.

② 中华人民共和国教育部.教育部关于印发《义务教育课程设置实验方案》的通知[R].教基[2008]28号,2001-11-19.

"图形与几何""统计与概率"以及"综合与实践"四个领域进行规定。

四、教学目标

教学目标,是课程目标的进一步具体化,表现为学年教学目标、学期教学目标、单元教学目标和课时教学目标。学年和学期教学目标,主要由学校的教学科组(如语文科组或数学科组等)集体审议确定;单元和课时教学目标,主要由任课教师根据课程目标、学年和学期教学目标等,针对具体的教育教学内容,结合学生的学习能力与速度以及自己的教学特质与进度等拟定。

教育目的需要具体化为培养目标,培养目标需要具体化为课程目标,课程目标又需要依次具体化为学年教学目标、学期教学目标、单元教学目标和课时教学目标,从而真正得到落实。课时教学目标的确定和实现,直接影响着单元、学期和学年教学目标,课程目标乃至培养目标和教育目的的实现。所以,每一课时的教学目标的有效确定和落实,具有非常重要的意义,值得引起充分的重视。

然而,教学目标拟定需要进行不断训练。现在许多小学教师不太关注教学目标的确定,一些教师撰写的教学目标,仅仅是为了"凑齐"教案的基本结构,假、大、空痕迹明显,在很大程度上"形同摆设",很难发挥小学教育目标的导向、激励和标准功能。比如,一次教学观摩活动中,一位教师执教小学三年级数学"年、月、日"时拟定了这样的目标:① 使学生认识时间单位年、月、日,了解它们之间的关系;② 培养学生独立探索及合作交流的能力,在独立探索中发现年、月、日的知识;③ 对学生进行爱国主义精神和环境保护意识的养成教育。但是,这样的表述有些含糊,缺乏学科特性,如果进一步具体化和明晰化,则更有利于"教学"和"评"的展开。这一目标可调整为:① 以了解每个月的天数为载体,通过手势演示等方式,识记每月天数;② 以计算全年的天数为载体,通过自主尝试、全班交流的方式,在算法多样化基础上合理优化;③ 以大月、小月、平月的区分为载体,通过观察、比较、分析的方式,体会分类思想;④ 以理解2月份的特殊性为载体,通过自然常识、历史资料介绍的方式,了解数学文化。

需要注意的是,虽然上述将小学教育目标区分出四大层次八小层次,这样有利于实现目标的具体化,增强目标的可操作性,但是各层次间和各层次内需要做到交融整合、形成合力,特别要避免陷入孤立地确定每一课时教学目标的误区,力争实现课时教学目标之间的前后呼应,课时教学目标与单元、学期、学年教学目标以及课程目标、培养目标和教育目的之间的融会贯通,使每一课时的教学活动都成为促进学生全面发展的基本步骤。

第三节 小学教育目标的比较分析

一、国外小学教育的目标

(一) 美国的小学教育目标

美国小学教育目标各州没有统一规定,小学教育在使每个人都能适应社会与国家的生活,进而达成为一个自治及自我指导的公民。①

就具体的小学教育目标来说,美国全国教育协会下属的视导和课程研究协会撰写了《我们需要的小学》一书,书中提出了现代小学教育的六项目标,在美国具有广泛影响。这六项目标是:

第一,增进儿童健康和发展儿童体格。小学的教育计划应该适应儿童体格的需要,应该使身体有缺陷的儿童能够参加正规教育计划。

第二,增进儿童的心理健康和发展儿童的人格。小学的活动要能帮助儿童形成全面的自我概念。注意给儿童提供机会,使他们对所做的事情有成功的经验和成就感。努力创造一个把儿童的紧张程度减到最低的环境。

第三,形成儿童对社会和科学世界的认识。改进教育教学内容,帮助儿童理解环境,把儿童由眼前世界带入未来的世界,让他们更好地理解遥远和抽象的东西。基本技能和知识的教授应能有利于儿童进一步的学习和今后更有效地生活。

第四,发展儿童有效参与民主社会的技能。注意引导他们及早参与集体生活,为儿童学习和参与民主社会生活的责任心创造情境,提供多样化的机会,培养他们的责任心,学习自我引导和有效地与他人沟通。

第五,发展儿童符合民主生活的价值观。这些价值观是诚实、尊重个人人格、个人的和社会的责任心、思想言论自由、学习以及使用智慧的方法。社会争端、社会所关切的事情是课堂经验的一部分,重点放在帮助儿童形成成为人类有价值的成员的内在动机的培养上。

第六,通过创造性活动激发儿童的创造性。创造性的课堂应对使用各种各样办法解决问题、发表意见、与他人沟通发挥激发和支持的作用。②

---

① 林进材.教育理论与实务.课程与教学[M].台湾:商鼎文化出版社,1995:101.
② 王长纯,梁建.初等教育[M].吉林:吉林教育出版社,2000:11.

知识窗

美国小学教育的目标

幼儿园毕业能识别数字,能用小石头、小纸片、小木棍等具体的物体,表达抽象的数学概念;认识26个英文字母,区别元音和辅音;区别不同职业的人大致做什么事,譬如,医生、教师、邮递员、警察、消防人员……了解生物生命的演变过程,包括人的生、老、病、死,毛毛虫变蝴蝶;从地球仪、拼图上学习地理,了解地球上有很多居民,很多国家,不同的肤色;懂得人要住在房子里,孩子要上学,成年人要上班。

一年级能够从1数到100,能数双数或者5的倍数,知道奇数和偶数,会简单的加减法;学会观察,对不同的事物和物品分门别类;能例证生命的演变过程,了解自然界动植物之间相互依存的关系;学习使用图片和照片来表达文字以外的意思;懂得衣、食、住之于一个家庭的必要性;明白家庭成员之间、邻里之间的关系。

二年级会读、写三位数的数字,从随意取的五个数中,能够从小数到大或从大数到小;熟练运用两位数的加减法,会用英寸或厘米等度量单位测量长度,看懂钟表上的时间;坚持写读书笔记或日记,学会写总结,懂得区别诗、散文、小说、传记等不同的文学形式,了解虚构作品与非虚构作品之间的区别;开始学习独立研究动物,诸如,昆虫、生态等问题。

三年级学会如何把资料做成曲线图;会比较10万以内数字的大小及加法,熟练三位数的加、减、乘、除法;能够从周围的环境就地取材,搜集、组织材料,了解人如何保持健康,明白青蛙、蝴蝶、小鸡、小白鼠等小动物的生命演变过程;懂得如何使用字典;能够明白自己所喜爱的作家、书画家透过作品所表达的思想,善于阅读不同文化背景的文学作品。

四年级用计算器运算很大的数字,比较100万以内的数字大小,学习小数和分数,画图表;能通过地图、照片、图表来解释世界上各地区气候的不同;通过阅读,进一步了解不同的文学形式,譬如,科幻作品、传记等。

五年级会列、读各种表格,熟练分数的加、减、乘、除运算;能够利用图书馆的系统和资料进行研究;通过做笔记对各种信息进行比较和综合;开始撰写非虚拟的报告和五段体式的短文;学会写正式、非正式,以及朋友间的书信;懂得对不同类型的书籍进行分门别类,能掌握一本书的主要内容,并针对其构思、背景、人物塑造、表达方式、语言艺术进行评论。

(资料来源:施雨.美国小学教育的目标[J].文学少年:小学,2007,(10):31.)

(二) 英国小学教育的目标

在英国,由于社会传统和教育体制的原因,长期以来政府既未通过官方文件也未经由立法的形式来对初等教育的目标做出明确的阐述或规定,但社会各界对初等教育目标的解释和探讨始终未停止过。英国教育家帕西·能(Percy Nunn)在1920年发表的原则是"个性""自由"和"成长"。这一提法在英国教育委员会1927年发表的《给教师的建议手册》中得到了反映。1931年教育委员会发表的关于初等教育的报告,对心理学家苏珊·艾萨克斯(Susan Isaacs)在教育和心理实验基础上提出的活动教学和发现学习的主张予以认可。在教育委员会的咨询委员会同年发表的《初等学校》报告中,提出了初等学校课程的目的主要是发展儿童的基本能力,激发他们的兴趣和想象力,进行道德和情感训练等。1944年《教育法》是英国战后教育制度的立法基础,但该法并未提到初等学校的教育目标,只是提出初等教育要适应儿童的发展需要。由于在60年代之前英国实施的是多轨的中等教育学校体系,初等教育的一项重要的任务就是对学生进行分流和筛选。就具体的教育目标而言,在初等教育阶段,特别是低年级的学校中,教育的目标几乎全都偏重于追求所谓的"全面教育"(All-round education),在具体的实践中偏重开展开放式的活动教学,进步主义教育色彩极为深厚。

1976年至1986年是英国历史上罕见的所谓"教育辩论"时期。辩论的焦点之一就是对中小学的教育目标和课程进行重新探讨,于是到了1977年就有了对教育目标的明确阐述。这年工党政府领导的教育和科学部发表了题为"学校教育"的咨询文件(绿皮书),其中列举了英国中小学教育的八大目标。1980年和1981年,保守党政府相继发表了《学校课程的框架》和《学校课程》两份重要的文件,对八大目标进行了一些修改和简化,重新定义后剩下六大目标,它们分别是:① 帮助学生愉快发展,开启心智,获得探寻、理性争辩和专心工作的能力和体力方面的技能;② 帮助学生掌握成人生活和在迅速变化的就业领域相关的知识和技能;③ 帮助学生有效地使用语言和数;④ 灌输对宗教及道德价值观的尊重,对别的种族、宗教和生活方式的认可;⑤ 帮助学生了解他们所生活的这个世界以及个人、群体和国家的相互依存性;⑥ 帮助学生珍惜人类的成就和期望。上述对教育目标的阐述虽不具备立法的约束力,但带有极为浓厚的官方色彩,对学校具有直接的指导意义。

对初等学校的教育目标同样具有重要影响的是皇家督学团(HMD)的阐述。它在1977年发表的关于课程的红皮书中倾向于以"经验领域"而不是以"学科领域"来组织教学,具体提出要围绕学生在八大领域经验的学习来实现教育目标。这些"经验领域"分别是:美与创造、伦理、语言、数学、身体、科学、社会和政治、精神。到了1985年,皇家督学团又发表了《5~16岁课程》的文件,对上述提法略加修改,建议初等学校教学应要覆盖的九大"经验领域",即美与创造、语言与读写、数学、体力、人类与社会、科学、道德、精神、技术。这些虽然主要是针对课程的实施而言的,但也反映了对学校教育目标的认识。另外,这一时期一些对教育具有影响的社会团体和组织,如教师工会、家长教师协会等也纷纷提出初等学校的教育目标。比较有影响的是学校委员会(Schools Council)于1981年向英格兰和威尔士地区所有学校散发的题为《实际课程》的小册子,其中明确提到了初等教育的更为具体的目标,倾向于以儿童的活动为中心来开展教学。由此可见,在政府部门、民间团体以及教师之间对初等教育目标的认同存在不一致性,实际上这也正是各地学校教育目标多样性的一种体现。

1988年教育改革法的颁布虽不能解决人们对教育目标认识的差异问题,却可以在很大程度上改变在实践中教育目标混乱的状况。教育改革法的具体条款中虽未明确提出各级学校的教育目标,但其中对义务教育阶段全国统一课程的明确而具体的规定显然是以有了明确的教育目标为前提的。据此,我们可以清楚地看到初等教育的目标是围绕着以下三个方面展开的。第一,促使小学阶段的儿童在校期间获得全面、均衡的发展。这一目标可以在教育改革法所阐述的课程原则中得到充分的印证。今后义务教育阶段课程设置最为突出的特点就是要体现宽广性和平衡性,以此为重要目标,促进学生在精神、道德、文化、心智、身体等方面全方位的发展。这就充分体现教育目标的整体性和综合化。第二,既强调学生掌握必备的基本知识和基本技能,又重视发展学生的智力和能力。第三,既强调要考虑到适应学生的个性发展需要,满足他们的兴趣和爱好,同时也十分重视国家和社会的整体需要,力图将二者融入教育目标之中统一起来。例如,1987年发表的《5～16岁全国统一课程》文件就明确指出政府的目的是在于开发学生的潜力,把他们培养成合格的公民以便迎接未来世界职业的挑战。改革法也强调全国统一课程的目的是为学生成年生活的机会、责任和经验做准备。[1]

刚刚进入21世纪,英国就针对初等教育进行了系统的研究,拉开了新世纪教育改革的序幕。2001年,英国教育部提出了《植基于成功之上的学校》的教育方案,并在其中指出英国初等教育在进入21世纪之后要达到三个目标:第一,在2002年之前,全国80%的11岁小学生要在英文方面达到国家规定的第二关键阶段第四级或者之上的标准,同样,学生在数学方面达到同样标准的比例为75%;第二,在2004年全国11岁的小学生当中,要有85%的学生在英文和数学方面达到政府为他们所定的标准,同时要有35%的学生在每一个科目都达到第五级;第三,确保国家所有的小学生都能接受全方位的、丰富的教育,以及接受一个广域课程的教育,从中他们可以参加运动、艺术、公民教育等课外活动。[2]

(三)法国小学教育的目标

18世纪末的法国革命从根本上消灭了法国的封建制度,确立了资产阶级政权,先后执政的资产阶级党派,纷纷从发展资产阶级政治、经济需要出发,积极改革封建传统教育,提出了许多具有资产阶级特色的教育方案。如作为大商业资产阶级利益

---

[1] 许明.英国初等学校教育目标简述[J].外国中小学教育,1996,(6):1-3.
[2] 闫闯.21世纪初英国初等教育改革进程及其启示[J].基础教育研究,2012,(20):103-105.

代表的数学家、思想家孔多塞认为,一个自由的宪法,必须有与之相应的公民教育。通过教育,每个人的才能方能得到充分发展,从而满足需要、保全幸福,懂得应享受的权利,明确应尽的义务。在他所提出的公共教育方案中,要求为一切儿童提供普及、义务、免费的小学教育。旨在授予一切儿童可保证其"独立"的各种知识,培养其道德行为,并使其能够从事一定的职业,以享受自由平等的权利。19世纪末,法国工业革命完成,资产阶级共和政权日益确立和完善。此时,小学教育完全实现了国家化,小学教育目标进一步通过国家法律的形式颁布实施。1881年法国颁布了著名的《费里教育法》,提出国民教育的"义务、免费、世俗化"的三原则。①

(四)日本小学教育的目标

明治初年,日本《关于奖励学事的布告》中表明教育目的是个人本位的,是基于立身、治产、昌业的功利主义和个人主义,到了明治中后期,教育目的开始偏向于国家主义性质,在于为国家培养有用之才。"二战"后日本开始重视基本人权和人格的完善,如1947年3月颁布的《教育基本法》,前言中说明要培养"注重个人尊严并追求真理与和平的人",并在第一条中揭示了如下教育目的:"教育必须以人格的完善为目标,以期培养出和平的国家和社会的建设者,成为酷爱真理与正义、尊重个人价值、重视勤劳与责任、充满独立自主精神的身心健康的国民"。②

二、我国小学教育的目标

1995年3月18日第八届全国人民代表大会第三次会议通过《中华人们共和国教育法》,9月1日开始实行,《教育法》第五条规定:教育必须为社会主义现代化建设服务,必须同生产劳动相结合,培养德、智、体等方面全面发展的社会主义事业的建设者和接班人。由此可以看出我国教育目的的精神实质:① 坚持教育目的的社会主义方向;② "培养劳动者"是社会主义教育目的的总要求;③ "使受教育者在德、智、体等方面全面发展"是社会主义教育目的的教育质量标准;④ 注重全民族素质的提高。

近几年,随着我国经济的发展与社会的进步,传统的教育形式发生了改变,素质教育的实行使我国的教育水平上到一个新台阶,也促进了现阶段教育体制改革的有效实施。对于素质教育,国家很早就明确指出,应全面贯彻党的方针,在教育教学过程中,应坚持育人为本,确保德育为先,实施素质教育,关注学生德智体美劳全面发展,为现代化社会发展贡献力量。不仅如此,对于教育工作者,要求其与时俱进,打破传统的教学模式以及教学观念,树立创新观念,改善教育方式,深化教育改革的内容,以完善教育教学工作,使学生的综合素质能够有效提升。

总的来说,现阶段素质教育的主要目标包括以下几个方面:首先,注重学生素质的培养。通过素质教育提高学生的学习能力,令其学会做人、学会创造等。其次,注

---

① 阮成武,江芳,蒋蓉.小学教育概论[M].上海:华东师范大学出版社,2011:84.
② 饶从满.当代日本小学教育[M].太原:山西教育出版社 1999:38.

重学生理想、道德的全面教育。通过素质教育,能够令学生充分认识到德育教育的优势,使其成为遵纪守法的社会公民。最后,在开展素质教育过程中,不仅要完善文化教育,还应加强学生各方面能力的教育,包括兴趣、爱好、身体素质等。①

根据我国教育现状的基本事实,有学者提出素质教育的七大目标:第一目标是身体发育的健壮性;第二目标是促进心理成熟化;第三目标是造就平等的公民或国民;第四目标是提供个体适宜的生存能力、基本品质的训练,使个体在基础教育结束之时,具有初步的进入市场经济而独立生存的本领和品质,尤其是适应多样环境生存所需的本领和品质;第五目标是培养学生自我学习的习惯、爱好和能力;第六大目标是培养学生依法规范自己行为的意识和习惯;第七大目标是要培养学生的科学精神和态度。② 从这七个目标来看,素质教育是针对我国教育现状的弊病提出的,素质教育的实质在于使我国的基础教育能够真正成为个体发展的基础,培养合格的、高质量的国民。

复习与思考

1. 教育目的有哪些价值取向?
2. 我国小学教育的目标是依据什么制定的?
3. 现阶段我国教育目的的精神实质是什么?
4. 素质教育的基本目标有哪些?
5. 试分析各国小学教育的目标,通过比较分析有哪些不同?

拓展阅读

1. 吴洪成.清末新式小学教育改革述论[J].河北大学学报(哲学社会科学版),2005,(03):29 - 36.
2. 戴红宇.朱熹"小学"教育思想刍议[J].成都师范学院学报,2017,(11):15 - 18.
3. 饶从满.当代日本小学教育[M].太原:山西教育出版社,1999.

---

① 邹大江.论素质教育目标指导下学生教学管理工作的开展[J].新校园(上旬),2015,(10):158.
② 单鹰.论素质教育的目标[J].当代教育论坛,2003,(5):50 - 52.

第五章

小学教师及其专业发展

※ 学习目标：

1. 了解小学教师的作用和地位。
2. 了解小学教师的权利与义务。
3. 掌握当代小学教师应具备的专业素质。
4. 理解小学教师专业发展的主要路径。

第一节 小学教师的作用和地位

一、教师职业的沿革

教师这一职业，是人类社会最古老的职业之一，受到社会历史和经济文化变迁的影响，教师职业经历了一个漫长的产生和发展过程，为人类文明的传承和创造做出了重大的贡献，它将伴随着人类社会的产生而存在。

早在原始社会，部落中有经验的长者、能人，包括部落的首领，在生产劳动和日常生活中，有意识地把当时人们赖以生存的生产知识技能、生活经验、风俗习惯、部落文化等传授给年轻的一代，于是人类社会最初的、与生产生活密切相关的教育便出现了。有教育活动就有教育活动的承担者。承担教育活动的长者、能人、部落首领，自然成为最初的"教师"。如传说有燧人氏授人取火之术，伏羲氏授人捕猎之术，神农氏授人耕种之术，包牺氏授人结网捕鱼之术，巢氏教民构木为巢等。值得注意的是，原始社会的教育者还不是今天意义上专门以从事教育活动为主的教师，一般被认为是教师职业的萌芽。

随着生产知识的积累和生活经验的丰富，一部分人开始具备了从事文化教育，管理生活和公共事务的才能，于是在生产劳动内部逐步出现了分工。当生产力发展到一定阶段，便产生了剩余产品，这让一部分人从社会生产中分离出来成为可能，于是脑力劳动便和体力劳动分离，教育逐步从生产中脱离出来。在奴隶社会初期形成了学校教育，教师也随之出现，从此教师就成为一种独立的社会职业。

在学校产生后一段相当长的时间里，教师并不是专职的，更不是经过专门训练的。中国奴隶社会很长时期是"政教合一""以吏为师"。即学校由官府控制，学校中没有专门的教师，官府中的官吏同时兼任学校的教师，学校教师也是官府的官吏。这样就形成了"学在官府"的局面，这也是西周时期教育的典型特征。

到了封建社会，出现了私塾先生及书院讲学的学者，他们虽然是以教师为职业，但也只是掌握较多的文化知识，并未接受从师的专门训练，可见在古代社会教师的专业化程度并不高。进入现代社会，生产力快速发展，为满足社会发展需要，国家实行九年义务教育制度，普及中小学教育，教师无论在数量上，还是在质量上都急需提高，因而便产生了专门培养教师的教育形式——教师教育。随着教育水平的提高，师资培养的标准也得到相应提高，各国纷纷通过立法规定教师资格。在1995年3月颁布的《中华人民共和国教师法》第三章"资格和任用"中第十条明确规定："国家实行教师资格制度"，也就是说作为教师必须具备教师资格证。随着教师待遇和地位的提高，越来越多的人参与教师资格考试以获取教师资格证。当然取得教师资格证是从师的第一步，国家也通过完善职前教育、职后培训等措施，不断推进教师的专业化程度，使教师职业的发展进入一个新阶段。

二、小学教师的作用

随着人类社会进入知识经济时代，教育在社会发展中发挥着举足轻重的作用。教师作为社会群体中的一个特殊阶层，即作为知识、思想、价值观念、意识形态等的构造者、阐释者与传播者，一般而言，其知识、思想与价值观念在社会的各个阶层中处于领先的与引导的地位。[1] 古往今来，教师职业的作用在于三个基本方面：

(一) 传承、创造人类先进文化

年轻一代掌握人类文化是一个人类文化传承的过程，学校是进行人类文化的代际交接和传承的场所，教师则是进行人类文化的代际交接和传承的执行者。[2] 教师传递人类文化并不是简单地对知识文化进行解释传授，而是在传承文化中对其有所创造。"所谓提升和创造就是指教师对教科书的知识的说明、解释和论证，要结合自己的体验，去阐发和弘扬人类优秀文化传统，引导和鼓励学生追求真善美。教师对教科书上的知识的说明、解释和论证，还要与人类科学文化的最新发展相结合，并进行

---

[1] 赵炳辉.教师学[M].北京：中国科学技术出版社，2007：178.
[2] 黄济，劳凯声，檀传宝.小学教育学[M].北京：人民教育出版社，2001：93.

自己的创造,去阐发它的最新的内涵和意义,把它提升到新的境界。"

(二) 教书育人,促进人的发展

教师通过向受教育者传授文化知识,培养和发展人的素质,促进其德、智、体、美等全面发展,为社会主义现代化建设培养合格的新人。

(三) 通过传递文化和培养人全面推动人类社会发展

世界上的一切物质财富和精神财富都是人类自己创造的。人类的一切活动都是文明和应用文化的活动,人类创造的一切都是人类知识的物化或客观化。因此,教师通过传递文化知识和培养人才就可以全面推动人类社会的发展。例如,教师在教育活动中培养的有知识懂技术的劳动者,能利用自己的知识、技术制造物质产品;教师通过教育培养的科学技术专家,可以利用自己的创造活动发现新的科学原理或发明新技术,从而创造新产品,或通过改进工艺提高产品质量。[①]

教师不仅以自己的教育教学活动提升和创造文化,而且还通过传播文化培养科学文化研究人才,推动科学文化事业的发展。

案例 5-1

据中国之声《央广新闻》报道,最近在湖南娄底市一中,英语老师谭胜军不知道为什么在教室里给学生下跪。详细的情况来连线湖南电台新闻频道潇湘之声记者易湘钰。

主播:首先来给我们介绍一下这件事情是怎么发生的?

记者:事发在学校高二263班。现场的同学们告诉记者,在上英语课的时候一名姓白的同学和另外一名同学在纸上下五子棋。授课的谭老师发现他们没有认真听课,便上前制止。在制止过程中学生和老师发生了冲突。最让人意外的是,白姓同学竟然反过来抢走谭老师手中的教鞭,对谭老师动起手来。事后,这个班的班主任通知了家长并叫该同学在教室当众道歉。在他毫无诚意的道歉后,班主任又叫谭老师说几句,于是有了惊人的一幕——谭胜军老师突然下跪。

主播:为什么谭胜军老师要给这位同学下跪呢?谭老师是怎么说的呢?

记者:记者采访了当事人谭老师。谭老师说,当白同学与他发生肢体冲突的时候很多学生都是无动于衷,甚至有学生鼓掌。作为一名老师在自己认为没有错的情况下向学生道歉,居然换来的是学生们的唏嘘声。这些现象促使谭老师做出下跪的决定。他希望通过自己的这一行为,震撼和唤醒孩子们。谭胜军老师下跪的时候还说:"我谭胜军,是个顶天立地的男子汉。我这双膝,上跪天,下跪地,中

---

① 黄济,劳凯声,檀传宝.小学教育学[M].北京:人民教育出版社,2001:94.

间只跪我的父母,我今天当着大家的面,向你们下跪认错了。"

（资料来源:檀传宝,班建武.绿色教育师德修养:做一个配享幸福的教育家[M].北京:北京师范大学出版社,2014:230.）

三、小学教师的社会地位

（一）教师的社会地位的含义

所谓地位,是指人在社会结构体系中所处的位置。教师的社会地位主要指社会给予教师的政治、经济待遇以及对教师职业的认可程度。"它事关教师队伍的稳定,教师素质的提高,教学质量的好坏和人才培养质量的高低等一系列重要教育问题的解决,因此教师的社会地位历来广受世人的瞩目。"[1]随着知识经济时代的到来,教育在促进社会发展方面越来越起着举足轻重的作用,而教育大计,教师为本,因此提高教师社会地位势在必行。

（二）衡量教师社会地位的指标

教师职业的社会地位指的是教师职业在社会中发挥的作用和所占有的地位资源,衡量一个人的社会地位时,经济收入、社会权力和职业声望等基础性要素是主要指标。因此教师的社会地位可通过以下几项指标予以衡量:教师职业的社会功能,教师职业的经济待遇,教师职业的社会权利以及教师职业的社会声望。[2]

1. 教师职业的社会功能

职业的社会功能是指某种职业对于社会发展的作用,是该职业社会地位的客观基础。一种职业对社会发展的作用越大,越能推动社会的整体发展,其社会地位一般也会越高。显而易见,教师职业对于人类社会发展的作用是巨大的。教师是人类世代积累的科学文化知识的传播传递者,是人类文明的播种机。教师被誉为人类灵魂的工程师,肩负着培养一代新人的社会重任。教师是人类物质文明和精神文明的传递者和创造者,在人类社会发展中起着桥梁和纽带的作用,以至教师职业被夸美纽斯称为"太阳底下最光辉的职业"[3]。

2. 教师职业的经济待遇

经济待遇是指社会给予教师的工资收入和物质利益的水平,它主是由教师劳动的性质所决定的。教师职业的经济待遇是评判教师社会地位的最重要的指标,它决定了教师职业是否具有吸引力,它在保证教师队伍的稳定的前提下,进而保证了教育

---

[1] 曲铁华,周晓红.教师学与教学论[M].长春:东北师范大学出版社,2006:5.
[2] 蒋礼,张平海.教育学新编[M].北京:北京师范大学出版社,2011:36.
[3] 蒋礼,张平海.教育学新编[M].北京:北京师范大学出版社,2011:37.

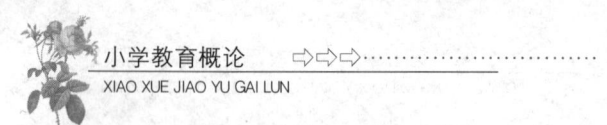

质量。目前我国实施的教师绩效工资制度也使得教师的工资待遇有所提高。①

3. 教师职业的社会权利

教师职业的社会权利是指相关法律赋予教师在履行教育教学职责时所拥有的专业权利，它是教师履行职责的法律保障。其规定得越是具体详细，表明其专业性越强，社会地位也越高。这种专业权利是指教师在学校和教学活动中获得的一种相对独立于学校和教育管理部门的行政权力之外的专业自主权，如教师在教育活动中拥有对课堂和教学内容的选择和决策权，对于学生学习情况评价的决定权，在教学活动中的组织权和控制权，使用有关教育资源、自由发表科研成果、获得进修机会、参与学校管理等权利。教师的专业权利一方面受教师自身因素的影响，即随着教师活动的专业性以及教师的专业化水平的提高而提高；同时，在知识经济的现代社会，教师的专业权利随着教师所掌握的文化资本在社会中发挥的作用而进一步扩大。

4. 教师职业的社会声望

职业的社会声望是指社会对某种职业的意义、功能、重要性、声誉等综合评价，它既与职业本身的特征有关，也与社会的价值取向有关。教师的职业声望是指人们对教师职业的社会评价，进一步讲是指"他人和社会对教师职业的有利评价和承认，如公众的认可和称道，尊敬和钦佩，荣誉和敬意等"②。研究表明，现代社会教师的职业声望具有两个突出的特点，即教师的职业声望通常处在社会职业的中上地位，并且高于教师的经济地位等其他方面；另一点是教师的职业声望在现代社会具有逐步提高的发展趋势。

我国于1993年颁布的《教师法》中明确提出："各级人民政府应当采取措施，加强教师的思想政治教育和义务培训，改善教师的工作条件和生活条件，保障教师的合法权益，提高教师的社会地位。全社会都应当尊重教师。"并且"教师的平均工资水平应当不低于或者高于国家公务员的平均工资水平，并逐步提高。"近年来，虽然教师职业的社会地位有了明显的提高和改善，但是提高教师职业的地位任重而道远，仍然需要政府、社会、教师等多方面做出努力。

随着知识在经济发展中的作用越来越大，各个国家越来越重视教育，但不同国家教师的社会地位还是有些差距的。

知识窗

全球教师地位指数

以提升全球中小学教学质量为目标的瓦尔基环球教育集团旗下的一个致力于通过鼓励孩子入学、全球教师培训计划和相关宣传活动提高贫困孩子的教育水

---

① 阮成武. 小学教育概论[M]. 上海：华东师范大学出版社，2011：157.
② 曲铁华，周晓红. 教师学与教学论[M]. 长春：东北师范大学出版社，2006：8.

平的非营利组织——瓦尔基环球教育基金会,首次试图对全球中小学教师地位状况进行调查研究,并最终发布了《2013年全球教师地位指数》(以下简称《指数》),旨在通过对21个国家的中小学教师地位的研究,引起各国政府和教育管理者的注意,提升对中小学教师的地位状况的重视程度,进一步促进各国基础教育的发展。为了更好地展示21国中小学教师的职业地位状况,本文从洲际、国别两方面进行比较。

1. 洲际差异

《指数》中,欧洲除希腊(73.7分)和土耳其(68分),其他10国得分不足40分,洲平均不足31分。美洲只有美国(38分)和巴西(2.5分)参与调查。亚洲5国分数差异较大。及格线上的只有中国(100分)和韩国(62分),新加坡、日本、以色列的分数呈直线下降趋势,洲平均45.3分。排除样本过少的大洋洲和非洲,亚洲的中小学教师地位最高,欧洲第二,美洲第三。

2. 国别差异

为了对中小学教师职业地位,有一个更明确的定位,基金会慎重挑选了包括中小学校长、医生、护士、图书管理员、地方政府管理者、社会工作者、网页设计师、警察、工程师、律师、会计、管理顾问这12个职业与中学、小学教师相比较。数据分析结果显示:中小学教师的地位处在中等水平,中学教师略高于小学教师。

受访者还被要求选出与中小学教师地位最为相似的职业,其中社工、护士、图书馆员、当地政府管理者、医生排名靠前。三分之二的受访国(德国、意大利、西班牙、瑞士、荷兰、希腊、芬兰、捷克、新西兰、新加坡、韩国、以色列、埃及)的中小学教师地位与社工相当。受访者给出的原因如下:第一,教师被视为公务员;第二,养老金的性质;第三,工作合同的形式;第四,职业保障;第五,假期津贴。且由此可以看出不同文化对教师地位看法不同,同时反映了不同国家教师职业所属工作类型的差异明显。由于儒家尊师重道思想的根深蒂固,教师在我国颇受尊重,社会地位大致等同于救死扶伤的医生。而在美国、巴西、法国、土耳其,其社会地位仅与图书管理员相当。

(资料来源:王雪城:中小学教师地位的国际比较研究——基于瓦尔基环球教育基金会《2013年全球教师地位指数》[J].青春岁月,2015,(1):180-181.)

第二节 小学教师的权利和义务

一、小学教师的权利

教师的权利,是指教师在教育教学活动中依法享有的权益,是国家对教师能够做出或不做出一定行为,以及要求他人相应地做出或不做出一定行为的许可和保障。

教师的权利可以分为两个部分:一是教师作为公民所享有的各种权利;二是作为教师所享有的权利。作为普通公民,教师享有《中华人民共和国宪法》所规定的公民的基本权利,如公民的政治权利、宗教信仰自由、社会经济权利、文化教育权利等。作为专业人员,教师在从事教育活动中有其特殊的权利,这是一种职业特定的法律权利。

《中华人民共和国教师法》第二章第七条规定,教师享有六方面的权利:

(1) 进行教育科学活动,开展教育教学改革和试验;

(2) 从事科学研究、学术交流,参加专业的学术团体,在学术活动中充分发表意见;

(3) 指导学生的学习和发展,评定学生的品德和学习成绩;

(4) 按时获取工资报酬,享受国家规定的福利待遇以及寒暑假期的带薪休假;

(5) 对学校教育教学、管理工作和教育行政部门的工作提出意见和建议,通过教职工代表大会或者其他形式,参与学校的民主管理;

(6) 参加进修或者其他方式的培训。

值得一提的是,在强调尊重学生、维护学生权利的今天,一些地方和学校也出现了教师特别是班主任不敢管学生、不敢批评教育学生、放任学生的现象。2009年8月12日教育部印发了《中小学班主任工作规定》,第十六条明确规定:"班主任在日常教育教学管理中,有采取适当方式对学生进行批评教育的权利。"这就保证和维护了班主任教育学生的合法权利,使班主任在教育学生过程中,在坚持正面教育为主的同时,不再缩手缩脚,可以适当采取批评等方式教育和管理学生,使班主任有更多的空间来开展相应工作。

但是,需要注意的是,《中华人民共和国教师法》规定,教师如果"体罚学生,经教育不改的",可由所在学校、其他教育机构或者教育行政部门给予行政处分或者解聘。

二、小学教师的义务

教师的义务是指教师依法应尽的责任。《中华人民共和国教师法》第二章第八条对教师应当履行的义务做了六方面的规定：

（1）遵守宪法、法律和职业道德，为人师表；

（2）贯彻国家的教育方针，遵守规章制度，执行学校的教学计划，履行教师聘约，完成教育教学工作任务；

（3）对学生进行宪法所规定的基本原则的教育和爱国主义、民主团结的教育，法制教育以及思想品德、文化、科学技术教育，组织、带领学生开展有益的社会活动；

（4）关心、爱护全体学生，尊重学生人格，促进学生在品德、智力、体质等方面的全面发展；

（5）制止有害于学生的行为或者其他侵犯学生合法权益的行为，批评和抵制有害于学生健康成长的现象；

（6）不断提高思想政治觉悟和教育教学业务水平。

第三节 小学教师的专业发展

一、小学教师专业发展的含义

职业有一般职业和专门职业之分，专门职业简称为专业。作为专业，一方面享有较高的社会地位和经济地位，另一方面要求从业者有更高的素质。成熟专业的代表是律师和医生专业，而教师职业专业化是国际性的时代趋势。早在20世纪60年代，国际劳工组织和联合国教科文就在《关于教师地位的建议》文件中对教师职业的专业性做了明确界定："应把教育工作视为专门的职业，这种职业要求教师经过严格的、持续的学习，获得并保持专门的知识和特别的技术，它是一种公共业务。另外，对于在其负责下的学生的教育和福利，要求教师具有个人和集体的责任感。"[①]

知识窗

美国教育协会曾提出一套作为一门专业的指标体系，以引导教师专业化的努力方向：

（1）属于一种高度的心智活动；

（2）要求拥有一套特殊的知识技能体系；

（3）需要经过较长时间的专门职业训练；

---

① 陈永明.现代教师论[M].上海：上海教育出版社，1999：174.

> (4) 要求不断地在职进修;
> (5) 提供一种可终身从事的职业活动和永久的成员关系;
> (6) 制定专业自身的标准;
> (7) 倡导服务社会高于个人私利的精神;
> (8) 拥有强有力的、紧密联系的专业组织。
> (资料来源:陈永明.现代教师论[M].上海:上海教育出版社,1999:176.)

教师专业发展有广义和狭义之分。广义的教师专业发展包括教师群体的专业发展和教师个体的专业发展两个方面。从职业群体的角度看,指教师在整个职业层面上逐渐达到专业标准的过程,关注教师群体的社会地位改善和提升;从个体角度看,指教师个体的专业成长或教师内在专业发展结构不断更新、演进和丰富的过程。强调教师个体专业素质的提升,即教师通过不断的学习和探究,提高专业素养,促使自己从新手型教师逐渐成为专家型教师的过程,更注重贯穿教师职业生涯的持续发展。

二、小学教师的专业素养

随着社会的发展,教师职业已经发展到专业化的程度和水平,专业本身对从事教师工作的人员提出了更高的专业素养要求。教师专业素养是从事教育教学工作的教师所必须具备的基本的理念、知识、技能等。所谓教师专业素质,就是教师拥有和带往教学情境的知识、能力和信念的集合,它是以一种结构形态而存在的[①]。对教师素质结构的分析、研究有很多,其中有代表性的研究见表5-1。

表5-1 教师素质结构的代表性研究

研究者	教师素质结构
叶澜	1. 专业理念;2. 知识结构;3. 能力结构。
艾伦	1. 学科知识;2. 行为技能;3. 人格技能。
林瑞钦	1. 所教学科的知识;2. 教育专业知能;3. 教育专业精神。
饶见维	1. 教师通用知能;2. 学科知能;3. 教育专业知能;4. 教育专业精神。
姚志章	1. 认知系统;2. 情意系统;3. 操作系统。
唐松林	1. 认知结构;2. 专业精神;3. 教育能力。

基于上述多位专业的研究可以看出,小学教师应具备的专业素养主要包括:

(一) 职业道德

每一种职业都有着特定的职业道德规范。尤其是作为一种专业,更有着一套严

---

① 薛晓阳,蔡澄,马兰芳.教育原理与策略[M].镇江:江苏大学出版社,2010:66.

格的专业理论和专业道德。教师的职业道德有自己的职业特点,即教师职业道德必须建立在教师作为一种"普通人高尚的社会公德之上"。教师职业道德的重要方面是为人师表。教师自己良好的思想品德、人格精神,对于学生具有巨大的教育力量,也是教育工作取得成功的必要条件。同时,建立在教师职业动机基础上的教师事业心,是教师整体素质结构中的核心和关键要素,是教师做好教育工作的根本前提,是教师其他方面素质提高的基础和根本保证,是推动教师具有革新意识和能力的重要动力。2008年,教育部、中国教科文卫体工会全国委员会对中小学教师职业道德规划作了最新的修订并颁布实施。《国家中长期教育改革和发展规划纲要(2010—2020年)》提出:要加强教师职业理想和职业道德教育,增强广大教师教书育人的责任感和使命感。

教师职业道德是教师在从事教育教学工作中应遵循的行为准则和规范。具体如下:[①]

1. **热爱教育事业**

教师热爱教育事业,是搞好教育工作的前提条件。因为只有热爱教育事业,才能对教育事业抱有执着的追求,才能摆脱名利的困扰,在当前"追求经济利益最大化"的环境中保持一颗平常心,甘于寂寞,甘为人梯,才能在平凡而伟大的教书育人的过程中寻找到人生的价值、生活的意义。教育事业需要的是教师对他的忠诚和无私奉献的精神,需要的是以献身教育为荣、为乐的思想情怀,教师只要有了这些,就能把自己的聪明才智充分发挥出来,在平凡的岗位上创造出不平凡的业绩。

2. **热爱学生**

热爱学生是教师热爱教育事业的直接体现,是师德的核心内容,是被许多优秀教师的成功经验所证明了的重要教育选择。热爱学生就是要尊重和信任学生,在人格上平等相待,做学生的知心朋友,全面关心学生的健康成长。教师热爱学生,要面向全体学生,要客观、公正。当然,热爱学生并不是没有原则的溺爱和迁就,而是尊重信任与严格要求的有机统一。只有在尊重学生的基础上提出严格要求,并通过教育帮助其达到目标,才能使学生获得良好的发展。

3. **热爱教师集体,尊重学生家长**

处理好教师之间、教师与家长之间的关系是师德的又一重要内容。现代人才的培养是一个系统的整体工程,学生在学校里获得德、智、体等诸多方面的发展,都不是单个教师的劳动所能奏效的,而是教师集体齐心协力、家长密切配合共同教育的结果。因此,每位教师从职业角度来讲,要有集体主义精神。在工作上要互相尊重、支持,团结协作。教师要主动与家长取得联系,认真听取家长对教育工作的意见和建议,并对其中合理的建议予以采纳和实施,从而使学校教育和家庭教育形成合力,共同做好育人的工作。

---

① 曲铁华,周晓红.教师学与教学论[M].长春:东北师范大学出版社,2006:49-50.

4. 以身作则,为人师表

教师必须严于律己,以身作则,为学生做出表率。凡是要求学生做到的,自己必须首先做到;要求学生不能做的,自己更不应该做。

知识窗

《中小学教师职业道德规范》

教育部中国教科文卫体工会全国委员会颁布的《中小学教师职业道德规范》(2008年修订)全文如下:

1. 爱国守法。热爱祖国,热爱人民,拥护中国共产党领导,拥护社会主义。全面贯彻国家教育方针,自觉遵守教育法律法规,依法履行教师职责权利。不得有违背党和国家方针政策的言行。

2. 爱岗敬业。忠诚于人民教育事业,志存高远,勤恳敬业,甘为人梯,乐于奉献。对工作高度负责,认真备课上课,认真批改作业,认真辅导学生。不得敷衍塞责。

3. 关爱学生。关心爱护全体学生,尊重学生人格,平等公正对待学生。对学生严慈相济,做学生良师益友。保护学生安全,关心学生健康,维护学生权益。不讽刺、挖苦、歧视学生,不体罚或变相体罚学生。

4. 教书育人。遵循教育规律,实施素质教育。循循善诱,诲人不倦,因材施教。培养学生良好品行,激发学生创新精神,促进学生全面发展。不以分数作为评价学生的唯一标准。

5. 为人师表。坚守高尚情操,知荣明耻,严于律己,以身作则。衣着得体,言语规范,举止文明。关心集体,团结协作,尊重同事,尊重家长。作风正派,廉洁奉公。自觉抵制有偿家教,不利用职务之便谋取私利。

6. 终身学习。崇尚科学精神,树立终身学习理念,拓宽知识视野,更新知识结构。潜心钻研业务,勇于探索创新,不断提高专业素养和教育教学水平。

(资料来源:教育部 中国教科文卫体工会全国委员会关于重新修订和印发《中小学教师职业道德规范》的通知_教育部门户网站

http://old.moe.gov.cn//publicfiles/business/htmlfiles/moe/moe_2391/201212/xxgk_145824.html.)

(二) 教育理念

教育理念是教师通过教育理论学习和教育实践,形成的对教育事业的理性认识,是教育教学实践中教师心中坚守的原则、信念或追求的理想,是实现所追求的教育目的思想保证。现代教师的专业理念包括宏观和微观两方面。[①] 从宏观上看主要指教师的教育观、学生观、教育活动观、质量观、评价观；从微观上看，主要有关于学习者和学习的信念、关于教学的信念、关于学科的信念、关于自我和教学作用的信念等。

（三）专业知识

教师的专业知识是教师职业区别于其他职业的理论体系与经验系统。教师的知识素质对于教师职能和作用的发挥、教师职业专业性的形成，有着举足轻重的作用。关于教师的专业知识，不同的人有不同的观点，教师的知识结构分类大致如下：

1. 本体性知识

本体性知识即教师所教的特定学科的专业知识，这是教师教学活动的基础。一个合格的教师，对于所教学科的专业知识，应包括四个方面：一是对该学科的基础知识有着广泛、深刻而准确的理解，熟练掌握学科的基本概念、基本知识和基本技能。二是对本学科相关的学科知识，尤其是相关点、相关性质、相关的逻辑关系有基本的理解，以利于知识教学和运用时必要的综合和拓展。三是了解本学科的发展历史和未来趋势，了解学科的价值以及与社会、与人类、与现实生活的密切关系。四是能够把本学科知识变成自己的一种学科（学术）造诣，并能够清楚地表达出来。教师的本体性知识是取得良好教学效果的基本保证，与学生的成绩之间存在显著的正相关，但不存在统计上的"高相关"，尤其是在达到一定的水准以后，教师的本体性知识与学生的成绩之间不再呈现统计上的相关性。

2. 基础文化科学知识（通识知识）

教师具有本学科专业以外的广博而丰富的一般文化科学知识，能够满足学生的好奇心和求知欲，扩展学生的精神世界，赢得学生的尊重和爱戴。这对于小学教师来说尤为重要。

3. 条件性知识

教师掌握的学科知识与一般的学者和科学家所掌握的学科知识是不同的，教师只有将学科知识进行"心理学化"，才能便于学生理解和掌握。对这种"心理学化"过程的研究便构成了另一门学问，即教育科学和心理科学，如关于学生身心发展的知识、教与学的知识、课程的知识、学科教学法的知识、学生管理和心理辅导的知识、教育研究的知识等。这种知识是教师成功教学的重要保障，故称为条件性知识。这是教师工作成为一门"专业"不可缺少的学科基础。

4. 实践性知识

教师的成功教学，除了要通过教育学科的学习，掌握教育教学规律和原理，具备丰富的条件性知识，还应当通过教育实践活动，获得一种经验性的教育知识。这种知识不是在书本上或通过教师直接的传授就能获得的。它往往蕴涵在教育实践

---

① 卢晓中.新编教育学[M].北京：北京师范大学出版社，2012：133.

之中，并与具体的教育情境相联系的，是一种隐性的、缄默化的知识，只有通过教师个人的实践反思和行动研究，才能够逐步积累和获得。① 即具体的教育教学情景知识，体现教师个人的教育教学技巧、教育智慧、教育风格，包括课堂提问、课堂互动、批评与表扬学生等技巧。陈向明认为，实践性知识是教师专业发展的知识基础。

知识窗

教师专业知识的分类

曾任美国教育研究协会（American Educational Research Association）会长的舒尔曼（Shulman, L. S.）以"教师必须知道，如何把他所掌握的知识转化为学生能理解的知识表征形式，才能使教学取得成功为指导"，认为教师专业知识包括七类。这一分类的主要价值在于提出并凸显了"课目教育学知识"及其重要性。

1. 课目知识（content knowledge）包括所教课目的具体概念、规则、原理及其之间的联系。既包括"是什么"的知识，也包括"为什么是这样"的知识。

2. 通用教育学知识（general pedagogical knowledge）指不依赖于特定课目内容的班级管理与组织的一般性原则和策略。

3. 课程知识（curriculum knowledge）指精熟教学材料和教学计划等。

4. 课目教育学知识（pedagogical content knowledge，简称PCK）又译"学科教学知识"或"教学内容知识"。这类知识是教师专业特有的一类知识形态，由课目知识、通用教育学知识以及教育实践知识整合与转化而成。

5. 学生及其特征的知识（knowledge of learners and their characteristics）包括个体发展与个体差异方面的知识。

6. 教育情境的知识（knowledge of educational contexts）包括小组或班级的活动状况、学习管理与经费、社区与地域文化特点等知识。

7. 有关教育宗旨、目标、价值以及它们的哲学与历史基础的知识（knowledge of educational ends, purposes, and values, and their philosophical and historical grounds）。

格拉斯曼（Grossman, P. L.）同样重视课目教育学知识，并在舒尔曼七类型论基础上，将教师专业知识重构为四种类型：

1. 通用教育学知识包括关于学生与学习的知识、课程与教学的知识、课程管理的知识等。

---

① 蒋礼，张平海.教育学新编[M].北京：北京师范大学出版社，2011：48.

2. 课目主题知识(subject matter knowledge)包括所教科课目的基础知识及相关的高深知识等。

3. 课目教育学知识包括教学某些概念或主题的最有效的方式等知识。

4. 情境知识(knowledge of context)包括学生的家庭背景、学校背景、社会背景和地方背景等知识。

(资料来源:黄甫全,曾文婕.小学教育学[M].北京:高等教育出版社,2011:113-114.)

(四)专业能力

作为教师,出色的专业能力是理所当然的素质要求。教师的专业能力包括一般能力(或称为通用能力),如观察、记忆、思维、想象等认识方面的能力,人际交往、沟通和表达能力,等等。此外还包括教师在教育教学和研究活动中应当具备的专业能力。这虽然是以前者为基础的,但也有着教师专业的特定要求,主要包括教育能力、教学能力、自我监控能力。

1. 教育能力

教育能力主要是特指教师进行思想教育和管理的能力,包括教师担任班主任的教育计划和预见能力、组织和管理能力、教育问题的诊断和实际解决能力、教育的自我监控和反思能力等。

2. 教学能力

教学能力包括一般教学能力(各式各样教学所需要的基本的教学能力),由教学认知能力、教学操作能力和教学监控能力构成。所谓教学认知能力,是指教师对教学目标、教学任务、学习者特点、教学方法与策略以及教学情境的分析和判断的能力,包括分析和掌握课程标准的能力、分析和处理教材的能力以及对学习者学习准备和个性特点的了解和判断的能力等。教学操作能力是指教师在实现教学目标过程中的教学运作和教学媒体的能力、教学呈现的能力、组织管理能力和教学评价能力等。

3. 自我监控能力

近年来的研究,无论是教师的教育能力还是教学能力,都是在自我监控能力的作用下发挥作用的;同时,自我监控能力又是教育教学能力形成和发展的内在机制和动力。所谓自我监控能力,又称为反思能力,是指教师为了保证教育教学的成功、达到预期的教学教育目标,而在教育教学的全过程中,将教育教学活动本身作为意识的对象,不断地对其进行积极、主动的计划、检查、评价、反馈、控制和调节的能力。目前,国内外的教育改革和教师教育都十分强调培养"反思型教师",开展教学反思,充分说明自我监控能力(教育反思能力)对于教师素质形成和教师的专业发展的意义。

(五)身心素质

健康的身心素质是教师进行教育教学工作的前提和基础。对于教师来说,健康的身体素质表现在两方面：一方面是教师对繁重的教学、紧张的工作、琐碎的事务具有较强的承受能力，能精力充沛、生气勃勃地从事工作；另一方面表现为反应敏捷、体格强壮、耳聪目明、声音洪亮。健康的心理素质一般包括积极乐观的心态、弘扬振奋的工作精神、坚忍不拔的毅力等。①

三、小学教师专业发展的路径

教师专业发展是教师职业专业化的基础和源泉，是教师专业化的根本。它是教师的专业成长或教师内在专业结构的不断更新、演进和丰富的过程。所以教师的专业发展即指教师通过接受专业训练和自身主动学习，逐步成为一名专家型和学者型教师，不断提升自己专业水平的持续发展过程，是教师由非专业人员成长为专业人员的过程。② 教师的专业发展主要通过以下路径得以实现。

（一）专业学习

专业学习是教师成长的起点和基础。这里所说的专业学习主要是指正规的学校教育，包括教师在职前所接受的学科专业训练、师范技能训练和职后为了提升自我的价值重新"回炉"进行深造等方面。专业学习的主要目标是掌握作为一名教师所必需的专业知识、专业能力，并初步形成教师专业情意。③

（二）专家引领

专家引领是强调专业研究人员以一种"局外人"的身份介入到教师专业发展的进程当中来。专业研究人员长期处于系统的理论积累过程中，具有较高的理论素养，专家引领就其实质而言，是理论与实践之间的对话，是理论与实践关系的重建。在教育实践当中，专家教学现场指导是促进教师成长最有效的形式，也是最受教师欢迎的形式。

（三）同伴互助

同伴互助是教师成长的基本途径，其实质是教师作为专业人员之间的对话、互动与合作。同伴互助有赖于一个教师专业团队的建立，强调教师个体借助教师团队的力量和智慧，实现教师之间信息交换、经验共享、深度反思、协同合作，创造一种富有凝聚力和创造力的团队文化，促进教师个体在专业能力、知识、态度等方面的发展。

（四）自我反思

自我反思是教师以自己的职业活动为思考对象，对自己在职业中所做出的行为以及由此产生的结果进行审视和分析的过程。关于自我反思在教师专业发展中的重要性，美国学者波斯纳指出："没有反思的经验是狭隘的经验，至多只能成为肤浅的知

---

① 曲铁华，周晓红.教师学与教学论[M].长春：东北师范大学出版社，2006：57.
② 曲铁华，周晓红.教师学与教学论[M].长春：东北师范大学出版社，2006：62.
③ 张天乐，邓银城，范安平.教育学[M].北京：高等教育出版社，2007：26-28.

识。如果教师仅仅满足于获得经验而不对经验进行深入的思考,那么他的教学水平的发展将大受限制,甚至会有所滑坡。"在此基础上,他提出了著名的教师成长公式,即经验+反思=成长。只有经过反思,教师的教育经验才能不断地被审视、被修正、被强化、被否定,从而得到提炼和升华,成为一种开放性的系统和理性的力量。唯有如此,教育经验才能成为促进教师专业发展的有力杠杆。优秀的老师总是能够在不断的教育实践过程中反思自己原有的经验和认知,通过提升自己的教育理念,改变自己的心智模式而促进自己的成长。

教师的自我反思是教师成长的根本性动力因素。教师自我反思的内容具体可以包括以下几个方面:① 教育事件反思;② 教学过程反思;③ 教学风格反思;④ 心智模式反思等。

案例 5-2

李镇西的故事——我和苏霍姆林斯基的初恋

我在大学是很不喜欢教育学、心理学的,不单单因为这些课的教材枯燥、乏味,更重要的是,当时我还一厢情愿地做着我的文学梦,每次上这样的课,我多半是坐在最后一排写自己所谓的"朦胧诗"。这种惯性甚至一直持续到我已经分配到乐山一中——在参加工作最初的一段时间,我从来没想过要读什么经典教育学著作。

那是我出手打了学生之后,校长狠狠地批评了我一顿,叫我好好想想。当时,年轻气盛的我顶撞道:"我早就想过了,没有什么可想的!"其实,我当时何曾不知道教师打学生是极其不对的,只是嘴硬罢了。在那一段时间里,我心里十分难受:不是对自己错误后悔莫及,而是对自己的性格是否适合当老师产生了怀疑和自卑。

星期天,我去逛书店。在玻璃书柜中,我看到了一本薄薄的名为《要相信孩子》的书。这本书,并没有具体的某一句话是针对我打学生的,但全书的灵魂——对孩子的爱和信任,使我认识的深刻程度远远超越了"打学生"这个具体的错误,并使我积极地从人性角度来审视我的学生,我的教育。就这样,苏霍姆林斯基开始走进我的教育生活,也走进了我的心灵。

本来我是在因打学生而产生苦闷的心境中打开这本小册子的,但当我在那个夜晚合上这本书后,我的心中已曙光初露,霞光万道!以后十几年中,我对民主教育的思考和探索,都是从这个朴素的观点开始的。

从此,我开始如饥似渴地阅读我所能买到的或借到的苏霍姆林斯基的著作。在接触苏霍姆林斯基著作之初,我就有意识地学习他:学习他对学生的挚爱,对教育的执着,包括学习他坚持不懈地写"教育手记"。后来我在写有关教育论文或著作时,我的行文风格也散发着一股浓浓的"苏霍姆林斯基味儿"——夹叙夹议,以情动人,将自己的教育思考融会于一个个教育故事之中。甚至我的第一本专著《青春期悄悄话——致中学生的一百封信》,在体例和书名上都是模仿苏霍姆林斯基的《给教师的一百条建议》。

(资料来源:李镇西.走进心灵:民主教育手记[M].成都:四川少儿出版社,1999.)

四、小学教师专业化的实现

教师专业化的实现,从客观上来看,需要国家和政府的法律、政策和资金的支持;从主观上来看,需要教师的个人努力。

(一) 政府对教师专业化的促进与保障

1. 加强教师教育

(1) 建立一体化和开放式的教师教育体系。一体化,首先指职前培养、入职教育、职后提高的一体化;其次指中、小、幼教师一体化;最后指教学研究与教学实践一体化。

(2) 要改革教师教育课程。包括调整课程结构,增加教育理论课程和选修课程的比例;强化实践性课程;整合课程内容。

2. 提供经济保障

要加大教师教育财政经费投入力度,提升教师教育保障水平。根据教师教育发展以及财力状况,适时提高师范生生均拨款标准。教师培训经费要列入财政预算。幼儿园、中小学和中等职业学校按照年度公用经费预算总额的5%安排教师培训经费。中央财政通过现行政策和资金渠道对教师教育加大支持力度。在相关重大教育发展项目中将教师培养培训作为资金使用的重要方向。积极争取社会支持,建立多元化筹资渠道。①

(二) 教师个人的主观努力

1. 善于学习,加强终身学习的意识和能力

作为教师,通过学习可以了解教育教学的要求,掌握学生身心发展的规律和特点,明确教师自身的角色和定位。当前的基础教育课程改革不仅要求学生"学会学习",同时也对教师的学习提出了更高的要求。在信息化时代,教师必须加强学习,学会获得信息资源以及有效利用这些资源,这对教师的专业发展至关重要。教师必须

---

① 教育部等五部门关于印发《教师教育振兴行动计划(2018—2022年)》的通知[EB/OL]. http://www.moe.gov.cn/srcsite/A10/s7034/201803/t20180323_331063.html

不断更新观念、知识和能力,掌握现代教育技术,并用于自己的教育教学,以适应不断变化的时代对教育提出的要求。

2. 恒于研究,成为教育教学研究者

通过科研,我们可以发现规律,根据规律开展工作可以提高工作效率和效能。教师应该成为教育教学的研究者。这既是时代对教师的要求,也是教师作为学生学习引导者和促进者的前提条件。教师对于自己所任教学科的教育教学是天然的研究者,应该不断向研究性教师的目标迈进,积极发现自己在教育教学中存在的问题,深入研究思考解决这些问题的方法,促进自身的专业发展。

3. 勤于反思,培养和发展自己的反思能力

反思是教师成长和发展的核心能力之一。新课改要求教师不断培养和发展自己的反思能力,成为反思型教师。教学反思的内容包括:反思教学目标;反思教学得失;反思自己的教育教学行为是否对学生有伤害;反思教育教学是否让不同的学生在学习上得到了不同的发展;反思是否侵犯了学生的权利;反思教学观念;反思自己的专业知识;反思教学伦理;反思教育的背景。教师不仅要反思自己的言语、行动,而且要反思自己的经验和思想。面对各种新的教育思想、资源、手段和方法,教师不能简单地拿来就用,而要进行科学分析,结合学校和班级的实际情况及自身优势,改进自己的教育教学。

4. 勇于实践,培养创新精神和创新能力

首先要有实践的意识和勇气,及时捕捉机会,将自己新颖的想法转化为实践的行动;其次要讲实践的方法,对新想法进行可行性论证,确定行动方案,然后进行实践。教师必须通过创造性教育来培养学生的创新精神和创新能力,将学生培养成创新型人才。这要求教师自身具有一定的创新能力。教师应该经常主动更新观念,学习新知,在教育教学和日常生活的一点一滴中,有意识地培养和强化自己的创新精神,创造性地进行教育教学,不断提高自己的创新能力。

第四节 小学师生关系

案例 5-3

我们来看下面内容:2003年4月的一天,按照学校的要求,重庆市一名丁姓的学生应于上午8时到校补课。但她未按时到校,其班主任汪老师询问她迟到的原因,用木板打了她,并当着某同学的面对她讲:"你学习不好,长得也不漂亮,连坐

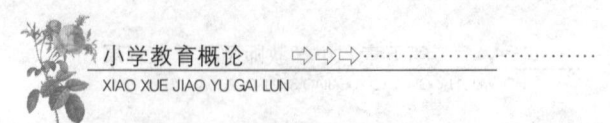

> 台都没有资格。"12时29分左右,丁同学从该校中学部八楼跳下,经抢救无效,于当天中午12时50分死亡。经重庆市区人民法院审理宣判,被告人汪老师犯侮辱罪,被判处有期徒刑一年,缓刑一年。
>
> (蔡颖.新时期师德修炼[M].长春:东北师范大学出版社,2010:57.)

尊重和爱是相互的,学生尊重教师,教师也应关心、爱护学生,尊重学生的独立人格。受传统观念的影响,有些老师习惯于把自己置于"绝对权威"的地位,认为自己做老师有特权,人格也高于学生,从而不尊重学生的人格,像案例中的汪老师那样侮辱学生,无视学生的自尊心。这种观念严重影响了师生之间的情感,甚至使师生关系破裂。那么师生关系的含义是什么?有哪些类型?理想师生关系的基本特征有哪些?良好师生关系该如何构建?

一、师生关系的含义及类型

(一) 师生关系的含义

教师和学生是教育活动及其过程中最重要的因素,师生关系是教育过程中最核心的纽带。师生关系是指教师和学生在教育教学过程中结成的相互关系,包括彼此所处的地位、作用和相互对待的态度等。良好的师生关系是教育教学活动取得成功的必要保证。在这种关系中,显示出教师和学生各自的角色、地位、行为方式和相互的态度。教师与学生总是相辅相成、相对应而存在其自身的意义和价值的;同时,师生关系具有相互影响和建构的互动关系。

(二) 师生关系的主要类型

师生关系并不是一种单一的关系形式,而是一个由多层面关系所构成的关系体系。具体来说,它由以下几种层面的关系构成。

1. 师生之间的工作关系

指教师和学生为了完成一定的教育任务而建立的关系。工作关系是师生关系最基本的表现形式。这种关系是以教育活动为纽带服务于一定教学任务,一般是由客观条件(如学校入学制度、分班制度、教师工作安排等)决定的。师生之间良好的工作关系表现为,在教育过程中,教师和学生协调一致,互相配合,相互支持,共同努力,圆满完成教育任务,促进学生更好发展。

师生之间良好工作关系的建立,主要取决于教师的教育素养,即取决于教师的专业知识、教育能力、思想品德和人格力量等。具有较高教育水平的教师,能够比较容易地把握整个教育过程,协调自己与学生的工作关系。

2. 师生之间的心理关系

师生之间的心理关系是师生通过教育教学活动中的实际交往而形成和发展的情感关系。这种关系使师生可摆脱既定的角色束缚,将双方联结在一定情感氛围和体

验中,实现人格、精神和情感信息的传递和交流。

师生之间良好的情感关系主要表现为:教师热爱、信任学生,学生尊敬、信赖教师。在教育教学过程中,教师对学生的喜爱及暗含于教育中的期待会使学生体会到教师对他的肯定,进而激发学生的学习热情和积极性;教师对学生的积极情感不仅具有调节教师自身行为的功能,而且还具有调节学生行为的功能。

3. 师生之间的个人关系

师生之间在学校组织中所产生的关系是一种正式关系。师生之间的个人关系是非正式关系。它是一种非外来强制和约束的、发生在正式组织外的、自然形成的关系。如师生之间出于共同的兴趣爱好而结成的关系就是这种个人关系的表现。这种关系的建立有助于促进教育任务的完成,它对于潜移默化地影响学生、控制教育过程具有重要作用。

师生之间良好的人际关系会使学生更加积极自觉地努力学习,更容易接受教师的教育和引导。所谓"亲其师,信其道",就是这个道理;师生之间良好的个人关系会缩短师生间的心理距离,使学生从教师那里获得更多的教益;良好的个人关系也有助于教师更为深入全面地了解学生,获得学生对于教师工作的真实反馈信息,帮助教师有效改进工作。

师生之间的个人关系必须掌握分寸,师生必须审慎对待这种关系,避免造成负面影响。如果交往过密,关系过于特殊,将制约教育任务的完成。教师要注意自己的身份,区分在不同场合师生所充当的不同角色,以及所应遵循的不同行为准则。只有这样,师生间个人关系才能健康发展。

4. 师生之间的道德关系

师生间的道德关系,是指在教育过程中教师和学生双发都应履行自己的道德义务的关系。这种关系靠责任感、义务感予以维持和巩固。

师生关系虽然是师生在教育情境中建立的人际关系,但它总会收到社会道德规范的影响和制约,需遵守一定社会的伦理要求,保持自身的伦理结构。师生关系能集中反映社会伦理文化,表现为一种鲜明的道德活动。健康的师生道德关系是成功的教育过程的重要条件。

从师生关系的结构体系而言,师生之间的工作关系是师生关系的基础,离开了工作关系,其他关系也失去了存在的依据和意义;心理关系是伴随工作关系展开的,在工作关系中,如果没有心理意义的情感作用和联系,工作关系也难以维持;个人关系是师生集体交往和关系的补充,并以更为浓厚的情感色彩作用与工作和心理关系;道德关系使工作关系顺畅,心理关系和谐、个人关系更为健康,使师生关系表现得规范有序。

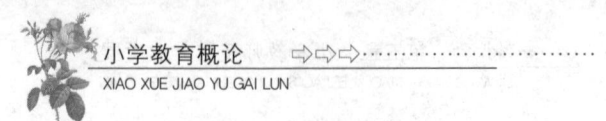

二、良好师生关系的建立与发展

(一) 影响师生关系的因素

良好师生关系的建立是学生健康、和谐发展的重要保证,是实施素质教育、提高教育质量的重要条件。影响师生关系的因素归纳起来主要有以下方面:

1. 教师方面

(1) 教师对学生的态度。学生受教师的评价影响很大。教师对学生的评价往往通过语言暗示、表情等反映。教师偏爱优生、忽视中等生、厌恶"差生",这会使学生与教师产生不同的距离。

(2) 教师领导方式。教师领导方式有专制型、民主型、放任型三种。大量的教育实践表明,民主型领导方式下的师生关系比较融洽,最能发挥学生的主观能动性。

(3) 教师的智慧。学识渊博是学生亲近教师的重要因素之一。

(4) 教师的人格因素。教师的性格气质、气质、兴趣等是影响师生关系的重要因素。性格开朗、气质优雅、兴趣广泛的教师受学生欢迎。

2. 学生方面

学生受师生关系影响的主要因素是学生对教师的认识。许多调查表明,学生与教师关系好就会喜欢上这位老师的课,主动亲近教师;自认为教师瞧不起自己的学生,就会主动疏远教师。

3. 环境方面

影响师生关系的环境主要是学校的人际关系环境和课堂的组织环境。学校领导与教师的关系、教师之间的关系、教师与家长的关系,必然影响师生关系。课堂的组织环境主要包括教室的布置、座位的排列、学生的人数等。我国中小学课桌的摆放多呈"秧田式",教师讲台置于块状空间的正前方,这种格局阻隔了师生之间的交往及生生之间的交往。目前,许多国家都在探讨圆桌式、马蹄形、半圆形、蜂巢式等便于师生交往和交流的座位排列方式。

知识窗

教师领导类型与学生的反应

类型	教师的行为特征	学生的典型反应
强硬专断型	1. 对学生时时严加监视; 2. 要求即刻无条件地接受一切命令,纪律严厉; 3. 他认为表扬可能会宠坏儿童,所以很少给予表扬; 4. 认为没有教师监督,学生就不可能自觉学习。	1. 屈服,但一开始就不喜欢和厌恶这种领导; 2. 推卸责任是常见的事情; 3. 容易激怒,不愿合作,而且可能会背后伤人; 4. 教师一离开课堂,学习就明显松垮。

类型	教师的行为特征	学生的典型反应
仁慈专断型	1. 不认为自己是一个专断独行的人； 2. 表扬学生并关心学生； 3. 他的专断的症结在于他的自信； 4. 以我为班级一切工作的标准。	1. 大部分学生喜欢他，但看穿他这套方法的学生可能会恨他； 2. 学生在各方面都依赖教师，没有多大创造性； 3. 屈从，并缺乏个人发展； 4. 班级工作的量可能是多的，而且质也可能是好的。
放任自流型	在和学生打交道中几乎没有信心，或认为学生爱怎样就怎样； 很难做出决定； 没有明确的目标； 既不鼓励学生，也不反对学生；既不参加学生的活动，也不提供帮助和方法。	不仅道德差，学习也差； 学生中有许多"推卸责任"、"寻找替罪羊"、"容易激怒"的行为； 没有合作； 谁也不知道应该做些什么。
民主型	1. 和集体共同制定计划和做出决定； 2. 在不损害集体的情况下，乐意给个别学生以帮助和指导； 3. 尽可能鼓励集体的活动； 4. 给予客观的表扬和批评。	1. 学生喜欢学习，喜欢同别人尤其喜欢同教师一道工作； 2. 学习工作的质和量都很高； 3. 学生互相鼓励，而且独自承担某些责任； 4. 不论教师在不在课堂，学生的问题都很少。

（资料来源：郑金洲. 教育通论[M]. 上海：华东师范大学出版社，2000：342－343.）

（二）良好师生关系建立的途径与方法

良好的师生关系主要在课堂教学活动中建立起来，也在课外活动中建立和丰富起来，同时，课外活动是培养良好师生关系另外一个不容忽视的途径。因此，师生关系建立的多种途径要求教师不仅在课内外，而且要在校外意识到自己的职业角色和社会地位，增强教育的立体效果。

1. 教师方面

教师是教育过程的组织者，在全部教育活动中起主导作用。从根本上说，良好的师生关系首先取决于教师。为此，教师可以从以下几个方面做出努力：

（1）了解和研究学生。教师要与学生拥有共同语言，使教育影响深入学生的内心世界，就必须了解和研究学生。了解和研究学生主要包括三个方面：了解和研究学生个人，如学生个体的思想意识、道德品质、兴趣、需要、知识水平、个性特点、身体状况；了解学生的群体关系，如班集体的特点及其形成原因；了解和研究学生的学习和生活环境，如学习态度和方法。

（2）树立正确的学生观。现代学生观我们在前面已经提到。教师既要把学生当作教育的对象,又要把学生看作学习的主人;既要耐心细致地做好各项指导工作,又要充分调动学生的主动性、积极性。

(3) 提高教师自身的素质。教师的道德素养、知识素养和能力素养是学生尊重教师的重要条件,也是教师提高教育影响力的保证。教师以其高尚的品德、渊博的知识、高超的教育教学艺术为学生提供高效而优质的服务,必然会赢得学生的尊重和爱戴。

(4) 热爱、尊重学生,公平对待学生。热爱学生包括热爱所有学生,对学生充满爱心,经常走到学生之中,忌讳挖苦、讽刺学生,粗暴对待学生。尊重学生特别要尊重学生的人格,保护学生的自尊心,维护学生的合法权益,避免师生的对立。教师处理问题必须公正无私,使学生心悦诚服。

(5) 发扬教育民主。教师要以平等的态度对待学生,而不是以"权威"自居。在教育教学中,要尊重学生的看法,鼓励学生质疑,发表不同意见,以探讨、协商的方式解决争端。要营造一个民主的氛围,保护学生的积极性,使学生具有安全感。

(6) 主动与学生沟通,善于与学生交往。在师生交往的初期,往往出现不和谐因素,如因为不了解而不敢交往或因误解而造成冲突等,这就要求教师掌握沟通与交往的主动性,经常与学生保持接触、交流;同时,教师还要掌握与学生交往的策略与技巧,如寻找共同的兴趣和话题、一起参加活动、邀请学生到家做客、通信联系等。

(7) 正确处理师生矛盾。教育教学过程中,师生之间发生矛盾是难免的。教师要善于驾驭自己的情绪,冷静全面地分析矛盾,正视自身的问题,敢于做自我批评,对学生的错误进行耐心的说服教育或必要等待、解释等。要能与学生心理互换,从学生的角度思考,理解学生,帮助学生,满足学生的正当要求,启发学生自省改错。

(8) 提高法制意识,保护学生的合法权利。教师要提高法制意识,明确师生之间的权利义务,切实依法保护学生的合法权利。

(9) 加强师德建设,纯化师生关系。师生关系是一种教育关系,即一种具有道德纯洁性的特殊社会关系。教师应加强自身修养,提高抵御不良社会风气的积极性和能力。同时,也要更新管理观念,树立以人为本的管理思想,为师生关系的纯化创造有利的教育环境。

2. 学生方面

(1) 正确认识自己。学生如果能够正确认识自己的优缺点以及应该努力的目标,站在客观的角度思考和看待自己,那么他们对于教育者的指导就能更加认真地倾听和思考,这对于形成良好的师生关系有很大的促进作用。

(2) 正确认识老师。每位老师都有其自身的特征、优点和缺点,当学生发现教师不能满足他们某些方面的期待或不喜欢某位老师时,学生应该摒弃对教师的固有成见,要学会客观地认识和理解老师的付出,积极主动地和老师沟通,这样互相理解的师生双方才是良好师生关系形成的基础。

3. 环境方面

加强校园文化建设,确保校园文化的相对独立性、完整性和纯洁性。加强学风教育,促进良好学风的养成,使学生在一个良好的学习氛围下健康地学习,这对于良好师生关系的形成也具有一定的作用和价值。

三、我国新型师生关系的特点

(一) 人际关系:尊师爱生

现代教育中的"尊师爱生"不是封建等级关系、政治连带关系、伦理依附关系,而是师生交往与沟通的情感基础、道德基础,其目的主要是相互配合与合作,顺利开展教育活动。

尊师就是尊重教师,尊重教师的劳动和教师的人格与尊严,对教师要有礼貌,了解和认识教师工作的意义,理解教师的意愿和心情,主动支持和协助教师工作,虚心接受教师的指导;爱生就是爱护学生,它是教会热爱他人、热爱集体的道德情感基础。

尊师与爱生是相互促进的两个方面:教师通过对学生的尊重和关爱换取学生发自内心的尊敬和信赖,而这种尊敬和信赖又可激发教师更加努力地工作,为学生营造良好的心理气氛和学习条件。爱生是尊师的重要前提,尊师是爱生的必然结果。

(二) 社会关系:民主平等

民主平等不仅是现代社会民主化趋势的需要,也是教学生活的人文性的直接要求和现代人格的具体体现。它要求教师理解学生,发挥非权力型影响,并一视同仁地与所有学生交往,善于倾听不同意见;同时也要求学生正确表达自己的理想和行为,学会合作和共同学习。

(三) 教育关系:教学相长

在教育过程中,教师的教促进学生的学,学生的学促进教师的教,教与学是相互促进的,"学然后知不足,教然后知困"。教师在教的过程中,促使自己不断学习、不断进步。同时,在教育过程中,虚心的教师也会从学生那里学到不少东西,从而不断充实自己。

教学相长包括三层含义:① 教师的教可以促进学生的学;② 教师可以向学生学习;③ 学生可以超越教师。

(四) 心理关系:心理相容

心理相容指的是教师与学生之间在心理上协调一致。在教学实施过程中表现为师生关系密切、情感融洽、平等合作。在教学过程中,师生的心理情感总是伴随着认识、态度、情绪、言行等的相互体验而形成亲密或排斥的心理状态。不同的情绪反应对学生课堂上参与的积极性和学习效率起着重大影响。在日常的教学过程中可以看到,学生对所学各门课程学习的不平衡,这都可以从师生心理关系、情感等因素上找到原因。教学中会出现师生心理障碍,要消除这种心理障碍,增强师生之间的心理相容性,提高教学效果,应该着重从三个方面努力:① 多接触学生,研究学生,了解学生的心理状态;② 遵循教育规律,多采取讨论、启发等教学方法;③ 为人师表,以人格力量感化学生。

复习与思考

1. 小学教师的权利和义务是什么?如何理解小学教师的权利和义务?
2. 你认为应如何衡量小学教师的社会地位?
3. 现代小学教师应具备哪些方面的专业素养?
4. 当代社会小学教师专业发展的基本途径有哪些?
5. 应如何建立和发展良好的师生关系?

拓展阅读

1. 《教师教育振兴行动计划(2018—2022年)》解读——中华人民共和国教育部政府门户网站 http://www.moe.gov.cn/s78/A10/moe_1801/ztzl_jsjyzx/jd/201804/t20180419_333617.html.

2. 小学教师专业发展标准——中华人民共和国教育部政府门户网站 http://www.moe.gov.cn/srcsite/A10/s6991/201209/t20120913_145603.html.

3. 重点提升教师信息化教学能力—— http://www.moe.gov.cn/s78/A16/s5886/s7986/201610/t20161010_284223.html.

4. 中小学教师教学能力的构成要素及各项能力的重要性(林崇德.教育与发展——创新人才的心理学整合研究[M].北京:北京师范大学出版社 2002:251.)

5. 专家解读《关于深化中小学教师职称制度改革的指导意见》_政策法规解读_政策_中国政府网 http://www.gov.cn/zhengce/2015-09/02/content_2924302.htm.

第六章
小学生及其发展

※ 学习目标：

1. 理解小学生的本质属性，明确小学生应享有的社会权利，尊重并保障学生学习和发展权利。
2. 理性认识当代小学生的年龄特征与时代特点，探寻帮助小学生持续发展的有效路径。
3. 把握小学生身心发展规律，正确处理在促进学生发展过程中应注意的几对关系。

第一节 小学生的本质属性

一、学者视野中的现代"儿童观"

儿童观是指人们对儿童持有的根本认识、看法和态度。它与教育观、教师观紧密相连。儿童观决定着教育的方向和质量，直接影响和支配着教师教育教学行为。西方现代儿童观的产生以18世纪法国教育家卢梭的思想为标志，20世纪美国教育家杜威系统阐述的儿童观为现代儿童观的发展奠定了理论基础，而意大利幼儿教育家蒙台梭利将其对儿童的看法和观点应用到了"儿童之家"的教育实践中，推动了现代儿童观在实践中的应用。[①] 法国教育家卢梭在批判传统的封建教育和旧的儿童观的基础上，鲜明地提出了以儿童为本位的儿童观。卢梭在《爱弥儿》一书中曾这样论述

---

① 单中惠.西方现代儿童观发展初探[J].清华大学教育研究,2003,(8):17.

道:"大自然希望儿童在成人以前就要像儿童的样子。如果我们打乱了这个次序,我们就会造成一些早熟的果实,它们长得既不丰满也不甜美,而且很快就会腐烂。……儿童是有他特有的看法、想法和感情的"①。卢梭认为,在万物中,人类有人类的地位,在人生中,儿童有儿童的地位。那么人的教育是同人的生命一起开始的,其根本原因就在于儿童具有自己的天性,儿童的天性具体表现在语言、感觉和模仿等能力。指出儿童的成长是儿童自身的"内在自然"的展开,而且是朝向"自然的目标"的"内在的发展"②。卢梭的"以儿童为本位的儿童观"建立在他的自然主义教育理论基础之上,对西方儿童观的变革产生了重要影响。美国教育家杜威作为西方现代教育派理论的主要代表,对现代儿童观做了进一步的阐释,确立了西方现代儿童观的理论基础。杜威认为,人的本能冲动是潜藏在儿童身体内部的一种生来就有的能力。它"最初是自发的,而且是没有一定的形式的;它是一种潜能,一种发展的能力。……它是一种独创的和创造性的东西;是在创造别种东西的过程中形成起来的东西。"③它"是天然生来,不学而能的种种趋向,种种冲动"④。这些本能冲动就是儿童发展和教育的最根本的基础。杜威在《我的教育信条》一书中对儿童的本能和发展进行了比较系统的探讨。他认为:"唯一的真正教育是通过对儿童能力的刺激而来的","儿童自己的本能和能力为一切教育提供了素材,并指出了起点"⑤。儿童是具有独特生理和心理结构的人。儿童的能力、兴趣和习惯都建立在他原始本能上,儿童的心理活动实质上就是他的本能发展的过程。当代意大利幼儿教育家蒙台梭利在《童年的秘密》一书中明确指出:"儿童并不是一个只可以从外表观察的陌生人,更确切地说,童年构成了人一生中最重要的一部分……"⑥从发展的观点出发,蒙台梭利认为,儿童时期是人一生发展的最重要的时期。幼儿是处在不断生长和发展变化的过程之中,而且主要在于内部的自然发展。蒙台梭利认为"每个儿童都有一位辛勤的教师",这是一位寄寓于儿童自身的"内部教师"(the inner teacher)。幼小儿童担负着"内部形成(inner formation)的重要任务","大自然为了保护儿童免受成人经验的影响而给予能促进儿童发展的内在教师以优先权。在成人的智力能够影响和改变儿童之前,儿童已有机会建筑起完整的心理结构。"⑦蒙台梭利将卢梭儿童自身的"内在自然"拟人化、人格化,凸显儿童自身的"内在自然"的意志、目的和力量。从人类社会的变迁、人类教育的发展以及儿童观的变化来看,人类对儿童的认识经历了从无知、盲目,到确认、清晰的过程;从对儿童的忽视,甚至是摧残,到认识儿童、重视儿童、保护儿童、关爱儿童的过程。在对儿童的教育问题上,从权威的灌输到以儿童为中心的教育,从强迫学习

---

① [法]卢梭著.爱弥儿[M].李平沤译.北京:商务印书馆,1978:91.
② [法]卢梭著.爱弥儿[M].李平沤译.北京:商务印书馆,1978:91.
③ [美]杜威著.杜威教育论著选[M].赵祥麟,王承绪编译.上海:华东师大出版社,1981:12.
④ [美]杜威著.现代教育的趋势[A].姜义华主编.胡适学术文集·教育[C]北京:中华书局,1998:31.
⑤ [美]杜威著.杜威教育论著选[M].赵祥麟,王承绪编译.上海:华东师大出版社,1981:295.
⑥ [意大利]蒙台梭利著.童年的秘密[M].马荣根译.北京:人民教育出版社,1990:41.
⑦ [意大利]蒙台梭利著.蒙台梭利幼儿教育科学方法[M].任代文译.北京:人民教育出版社,1993:326.

到尊重儿童的兴趣和爱好,启发儿童从兴趣出发,从而使其获得最接近本质的、最大化的发展。①

二、小学生的本质属性

(一) 学生是活生生的人,是国家的公民

学生是活的能动体,具有发展的自己的动力机能,具有参与教学活动的潜力,具有思想感情,独立的人格、需要、愿望和尊严。学生具有独特的创造价值,能以自己的方式进行人类的创造活动。

(二) 学生是未成年人,是发展中的人(即潜在性)

潜在性是指教育者要看到学生存在多种方面发展的潜在可能性(相对于学生已经表现出来和达到的现实发展水平而言),指学生是未成年人,是发展中的人。教育在促使学生多种潜在发展可能性向现实发展转化的过程中起着重要作用。认识到学生具有的潜在的发展可能性,一方面教师会对学生可能变化和发展到更高水平持有信心,不会简单地根据学生的现实状态(如学习成绩的优劣)的评价而将学生简单地定型化。因为学生正处于身心急剧变化的时期,从入学到毕业,是一个人生理和心理发育成长的时期,是一个人从不成熟到成熟,生长发育特别旺盛的时期。身心各方面都潜藏着极大的发展可能性,具有较强的可塑性。另一方面,我们也会努力创造各种条件,为学生发展可能的实现提供机会和环境,也会在日常的教育中努力去发现每个学生身上都存在的、仅仅表现为"希望""喜欢"状态的新苗子(即可能性),用教育者积极的态度和行为使"苗子"健康成长。从这个意义上讲,教育者就是在撒满饱含生命希望种子的田野上耕耘。

(三) 学生是具有主体性的人

学生的主体性是相对于学生被看作接受教育的被动者(客体)而言的,即教育者要意识到学生是具有自主意识的主体,学生能掌握自身发展的主动权,成为自身发展的主人。在教育过程中表现为主动性、独立性、创造性的发挥。在旧式的教育中,教师把学生的发展仅看作教育注入的结果。在课堂上的教育活动中教师是绝对的权威,学生跟着老师转,严重压抑了学生的主动性和积极性,束缚了学生的个性和创造性,培养出一批毫无独立见解、百依百顺缺乏创新精神的人。只有唤醒学生的主体意识,确立主体地位,发挥学生的主动精神,才能促进学生生动活泼地成长。因为在教育过程中,"如果没有学生在教学活动中的积极主动参与,教育就可能蜕变为'驯兽式'的活动"。靠重复强化和外在压力来维持学习活动,其结果会严重压抑学生所具备的主动性和能动性的发展,影响学生积极主动人生态度的形成,使学生不能真正体会到学习生活的愉悦,体会不到因主动性发挥而得到的精神满足和能力的发展。

---

① 王昕雄.从西方儿童观的演变看当代教育问题[J].外国中小学教育,2008,(4):6.

知识窗

好成绩是教出来的吗？

一个学生上课不认真听讲，课后老师把他叫到办公室准备"教育"一番。岂料学生出语惊人："老师，你以为你教得好，我就学得好吗？即使我考试得高分，也不是因为你教得好，而是我学得好。"老师当时气得话都说不出来，连连感叹当今的小孩子太不懂事。作为一名教师，我起初对学生的高论也感到气愤。对辛辛苦苦向自己传授知识的老师说出那样的话，可以称作是"大逆不道"。然而冷静下来想一想，那个学生说的话其实并没有多大的错。这不禁让我联想到发生在本地的一件事。某中学因为语文教师缺编，新升初三的两班语文没人教，暂时又找不到合适的代课教师。于是学校在征得学生同意后，在没找到教师前由学生自学，学校只委托一名初三语文教师为他们编发自学计划和讲义，并在课余时间解惑答疑。正当学校为此内疚担忧时，期中考试来临了。两个班的学生与其他平行班学生一起参加考试，结果竟让校领导大吃一惊：他们的语文成绩不仅不低于正常上课学生的平均成绩，且略偏高。学期结束时，他们的语文成绩也仍然不比正常班的学生低。这样的结果不得不令人发问，问题到底出在哪里呢？老师在教学过程中究竟担负着什么样的角色？应怎样认识和发挥学生的主体性？

（资料来源：王玉兵.好成绩是教出来的吗？——兼谈对教师主导作用的思考.教育参考[J].山东教育，2001，(11)：14.）

（四）学生是具有个别差异性的人

学生的差异性即认识到每个学生都具有自己的独特性，承认他们之间存在个别差异。教师具有这种观念能注意克服教育中追求完全趋同、整齐划一的弊病。因为每个人不可能站在同一起跑线上，不可能用同样的速度、沿着唯一的途径，达到相同的终点。教育的对象不是"死"的被加工的对象，也不可能依靠相同的模子铸造出相同的产品，更不可能进行统一规格的生产。而在现实的教育中，一些教师会拘泥于某种模式，追求教育过程的标准统一，过于刻板化的教育模式致使学生思维呆板，缺乏个性和创新精神。这种强求一致，常常导致扼杀天才。作为教育者必须了解学生的个别差异，研究个别差异，寻求针对性的教育措施，因材施教，促使所有学生能在原有的基础上有所发展。

（五）学生处于受教育的阶段，是以学习为主要任务的人

以学习为主要任务的人，是学生与社会其他人区别的质的规定性。学生作为教育的对象，意味着学生在教育活动中主要处于被教师引导的地位。学生的这一本质属性主要是由以下两方面决定的：一方面，教育的本质属性决定了学生是教育

的对象。从本质上说,教育(学校教育)是有目的、有计划、有组织的培养人的社会活动。在教育活动中,教师按照一定的教育目的,选择和组织教育内容,采取恰当的教育方法,对学生施加特定的影响。教育的本质内在地决定了教师对学生发展具有引导作用。另一方面,教师与学生的现实发展水平决定了学生是教育的对象。教师是成年人,接受过正规系统的高等教育,总体来说,他们在知识、经验、能力、品德等方面的发展水平往往要优先于未成年的小学生,因而学生是教师进行教育的对象。

案例 6-1

读懂 00 后,要改变的是家长和老师

目前,有专家谈到,读懂 00 后就会发现,真正需要快速进步以求得改变的,其实是家长和老师。在如今的中小学校园里,00 后正在占据绝对主力。他们是网络的原住民,视野开阔。他们在多元文化的环境中长大,拒绝被贴标签,有自我主张。面对这样一群少年,老师们是否意识到,眼下的教学方式与 00 后的需求相差十万八千里?

拥有充足的物质和爱,00 后普遍善良。这种善良的特质恰好可以用在教育引导上。

一个孩子半夜翻墙外出打游戏,学校打算给这个孩子"记大过"。但惩罚就能让这个孩子不再翻墙?陈默给出了另一条建议——请学校的保健老师跟这个同学谈谈,告诉他,如果学生们翻墙出去,一旦摔伤或有所闪失,保健教师的饭碗就丢了。

00 后之所以沉迷于游戏,与他们生存的现实感薄弱相关。如今的家庭教育没给孩子处理现实问题的机会,孩子跟人打架,家长会立刻帮忙处理。孩子说牙痛,家长二话不说护送着上医院。能否放手让孩子自己处理一些问题呢?这样的机会很少。这些现实感薄弱的孩子只好在虚拟游戏世界找回"七情六欲"。在游戏中,攻击性、兴奋性,甚至失败感都能满足。这给眼下的教育一个提醒:多设置一些生活体验类课程,模拟法庭、模拟超市、模拟医院等,让 00 后们接触更多现实的世界。

(资料来源:张鹏.读懂 00 后,要改变的是家长和老师[N].文汇报,2017-5-12(7).)

第二节 小学生的社会地位

小学生的社会地位指学生作为社会成员应具有的主体地位。相对于具有社会正式成员资格的成人来说,小学生是不成熟的青少年儿童(身心发展的不成熟,经济上的依赖,在人类漫长的发展历史上,儿童的概念很长时间被埋没),是没有正式进入成人社会的"边际人"。因此长期以来小学生并没有被看作具有独立个性的独立存在的个体,他们在社会上往往处于从属和依附地位。在人类社会的早期社会把未来的子女当成社会或父母的隶属物,社会或双亲对婴儿握有生杀大权。随着人类的进步和社会的发展,儿童的生存条件不断得到改善,尤其是文艺复兴时期产生的新的儿童观,承认儿童的自由和兴趣,其后的许多教育家也致力于提倡自然主义的儿童观,尊重儿童个性、尊严及价值。但整个社会并没有真正把儿童看成是具有个性价值的存在,一些成人(家长、老师)往往处于"为了孩子、关心孩子"的主观目的而把自己的价值观强加给儿童和青少年,完全忽视他们的需要,现实中并没彻底改变儿童和青少年对于父母或学生对于老师的绝对服从关系,体罚或变相体罚的教育陋习依然存在。任意剥夺儿童权益,无视儿童需要和价值的现象比比皆是。要从根本上改变这种状况,关键要承认和确立青少年儿童在社会中的主体地位并切实保障青少年儿童的合法权益。

一、小学生应享有的权利

(一) 小学生是权利和义务的主体

小学生是社会的未来,是人类的希望,有着独立的社会地位,是行使权利的主体。世界各国都非常重视儿童权益问题。1959年联合国通过了《儿童权利宣言》(Child Right Statement),1989通过了《儿童权利公约》(Convention on the right of the Child),明确指出:"18岁以下的任何人都是积极和创造性的权利主体,拥有包括生存、发展和充分参与社会、文化、教育、生活以及他们个人成长与福利所必需的其他活动的权利。"为了切实保护这些权利,提出了儿童权益最佳原则、尊重儿童尊严原则、尊重儿童观点与意见原则和无歧视原则。

(二) 小学生应享有的合法权利

我国作为《儿童权利公约》缔约国之一,在履行《儿童权利公约》的同时,我国在一系列法律、法规和相关政策中对青少年儿童应享有的权利做出了具体规定。如《宪法》、《婚姻法》、《义务教育法》、《未成年人保护法》等。对青少年儿童权利的规定主要体现在以下四个方面：

1. 生存的权利

《中华人民共和国宪法》第四十九条规定：父母有抚养教育未成年子女的义务。《中华人民共和国未成年人保护法》第十一条规定：禁止对未成年人实施家庭暴力，禁止虐待、遗弃未成年人，禁止溺婴和其他残害婴儿的行为，不得歧视女性未成年人或者有残疾的未成年人。

2. 受教育的权利

《中华人民共和国义务教育法》第四条规定：国家、社会、学校和家庭依法保障适龄儿童、少年接受义务教育的权利。第五条规定：凡年满六周岁的儿童，不分性别、民族、种族，应当入学接受规定年限的义务教育。第十八条规定：学校应当尊重未成年学生受教育的权利……不得违反法律和国家规定开除未成年学生。

3. 受尊重的权利

《中华人民共和国未成年人保护法》第二十一条规定：学校、幼儿园、托儿所的教职员工应尊重未成年人的人格尊严，不得对未成年学生和儿童实施体罚、变相体罚或其他侮辱人格尊严的行为。第三十九条规定：任何组织或者个人不得披露未成年人的个人隐私。对未成年的信件、日记、电子邮件，任何组织和个人不得隐匿、毁弃。第四十六条规定：国家依法保护未成年人的智力成果和荣誉权不受侵犯。

4. 安全的权利

《中华人民共和国未成年人保护法》第二十二条规定：学校、幼儿园、托儿所不得在危及未成年人人身安全、健康的校舍和其他的教育教学设施中活动。第三十四条规定：禁止任何组织、个人制作或者向未成年人出售、出租或者以其他方式传播淫秽、暴力、凶杀、恐怖赌博等毒害未成年人的图书、报刊、音像制品、电子出版物以及网络信息[①]。

二、小学生的义务

未成年的小学生作为法律的主体，在享有法律规定的各项权利的同时，也必须履行法律规定的各项义务。教师有责任教育学生了解自己的义务，履行自己的义务，如果学生在日常生活和教育活动中未尽义务或违反规定，由此造成的后果则应由学生自负。学生应尽义务有：

（1）遵守法律、法规；

（2）遵守学生行为规范，尊敬师长，养成良好的思想品德和行为习惯；

（3）努力学习，完成规定的学习任务；

（4）遵守所在学校或者其他教育机构的管理制度。

学生的权利与义务是同时并存的，学生履行了自己应尽的义务，不仅为自己享受

---

① 程迪.现代教育学教程[M].杭州：浙江大学出版社，2011：133.

学生权利及自身的发展提供了保证,也为其他学生享受权利提供了条件。①

知识窗

我国儿童权益保障立法现状调查

新华网济南6月1日电(记者涂铭、高洁)近年来,儿童受到侵害的案件屡屡见诸报端——毒奶粉、出行隐患、人身侵害、监护缺失。需要保护的花朵,健康成长面临种种隐忧。"六一"儿童节到来之际,新华社记者就我国儿童权益保障立法现状做了梳理分析。

儿童权益保障立法逐渐填补空白

——奶粉奶瓶无"毒"时代何时到来

中国玩具和婴童用品协会牵头编制的《婴幼儿奶瓶安全要求》企业联盟标准于4月2日发布,填补了我国奶瓶产品行业安全标准空白。此前,我国奶瓶产品年消费量过亿的市场长期处在无标生产、监管缺失状态。早在2013年5月,国务院常务会议专门研究部署了进一步加强婴幼儿奶粉质量安全的工作,"让孩子喝上放心奶"被上升为一项国家行动。

——强制使用儿童安全座椅上海已"吃螃蟹"

《上海市未成年人保护条例》于3月1日起实施,其中明确规定携带未满4周岁的未成年人乘坐家庭用车,应配备并正确使用儿童安全座椅。不少业内人士认为,上海的率先之举或能推动儿童安全座椅在全国其他省份的落实。

——未成年人的监护责任未尽职将被追责

2013年6月,"南京女童饿死家中"的事件震惊全国,两个分别为1岁和3岁的小女孩被有吸毒史的母亲乐燕饿死家中,随后乐燕被提起公诉,南京中院做出一审判决,乐燕因故意杀人罪被判处无期徒刑。

虽然民法通则、未成年人保护法中有不少关于保护未成年人的相关条款,但在我国的执法实践中,对处置监护人忽视孩子问题的司法实践刚刚起步。

——花钱引诱幼女发生性行为就是强奸罪

2013年10月,最高人民法院出台《关于依法惩治性侵害未成年人犯罪的意见》。这是我国第一份专门针对儿童保护问题制定的可操作法律文件。意见明确了"不以付钱区分'嫖宿幼女'与'强奸'",矫正了"'花钱'就不是强奸"这一错误观念,对施害者具有威慑作用。

---

① 余文森,王晞.教育学[M].北京:北京大学出版社,2009:73.

专家:未成年人保护法需加强可操作性

业内人士认为,1991年制定的《未成年人保护法》只有56个条款,但却包罗万象,缺乏可操作性;2006年修订的《未成年人保护法》尽管丰富了内容,增加到72条,但可操作性依然不强。

"大家希望各地未成年人保护条例解决可操作性的问题,也就是能够解决现实问题。如果地方立法不具备可操作性,那地方立法就失去了意义。但总的评价,各地未成年人保护条例在可操作性层面一直存在很多问题。"北京青少年法律援助与研究中心主任、全国律协未成年人保护专业委员会主任佟丽华说。

据介绍,全国人大已经将反对家庭暴力立法列入本届人大立法规划。"这是告别暴力和愚昧、确立平等文明新风尚的重要立法。每年都有儿童受到家庭暴力致死致残的案件发生。"佟丽华说,《未成年人保护法》规定了家庭保护、学校保护、社会保护和司法保护,遗憾的是唯独没有明确政府保护的专门章节,希望《儿童福利立法》弥补这一缺陷,明确规定政府及其职能部门在保障未成年人健康成长方面的具体职责。

尽快完善法律以保障未成年人权利

"2014年,如果哪个省级人大愿意修订未成年人保护地方立法,希望也要改进作风,制定现实有用的未成年人保护法律条款。"佟丽华说,2013年民政部已经将推动国务院制定《儿童福利条例》作为重点工作之一,希望2014年国务院能够通过这个条例。

佟丽华举例说,比如,明确废除嫖宿幼女罪,规定对于与不满十四周岁幼女发生性关系的行为统一按照强奸罪从重处罚;将虐待儿童的犯罪案件由自诉案件改为公诉案件,对于不满十八周岁的儿童遭受虐待的案件,作为公诉案件由公安机关主动追究施暴主体的刑事责任;扩大虐待罪的主体范围,教师、医生、机构照料人员等特定人员虐待也将构成虐待罪;保护男童性权利不受侵害,对于不满十四周岁的男童,不管其是否自愿,只要成年人与其发生性关系,则按照强奸罪从重处罚等。

山东大学法学副教授潘昌新表示认同佟丽华的观点。"2013年最高法院等部门发布了依法惩治性侵害未成年人犯罪的意见,这个政策性文件受到社会好评。中央政府的各个职能部门,尤其是那些与儿童权益密切相关的部门,如民政部、教育部、公安部等部委,希望相关部委通过颁布部门规章或者政策性文件,来推进未成年人保护工作相关制度的完善。"

"希望反对家庭暴力的立法能重点关注家庭中的孩子,通过法治给孩子以力量,让孩子免受暴力与恐惧。"佟丽华说。

(资料来源:http://finance.eastday.com/m/20140601/u1a8121969.html.)

知识窗

中美小学生守则内容比较

	中国中小学生守则	美国中小学生守则
内容	1. 热爱祖国,热爱人民,热爱中国共产党。 2. 遵守法律法规,增强法律意识。遵守校规校纪,遵守社会公德。 3. 热爱科学,努力学习,勤思好问,乐于探究,积极参加社会实践和有益的活动。 4. 珍爱生命,注意安全,锻炼身体,讲究卫生。 5. 自尊自爱,自信自强,生活习惯文明健康。 6. 积极参加劳动,勤俭朴素,自己能做的事自己做。 7. 孝敬父母,尊敬师长,礼貌待人。 8. 热爱集体,团结同学,互相帮助,关心他人。 9. 诚实守信,言行一致,知错就改,有责任心。 10. 热爱大自然,爱护生活环境。	1. 每次都礼貌地称呼老师。 2. 按时或早些到校上课。 3. 有问题要举手。 4. 可以坐着与老师交谈。 5. 如果缺课,可以请教老师或同学,必须把所缺的课补上。 6. 如果有急事必须离开学校,应提前告诉老师并请教将要学习的内容。 7. 必须独立完成作业。 8. 考试不作弊。 9. 如果学习有困难,可以与老师约定时间寻求帮助,老师将会乐意帮助你。 10. 缺课或迟到,必须带有家长解释其原因的便条。 11. 对于缺课,唯一正当理由是自己生病、家长去世或宗教假日,别的理由都被视为违规。 12. 老师提问时,如果没有指定特定的学生回答,任何知道答案的学生都应举手。

(注:我国现行的中小学生守则由教育部 2004 年统一颁布实施。美国中小学生守则由学校根据州和学区的教育法规自主制定。资料来源:薛腾.中美中小学生守则的比较[J].世界教育信息,2010,(12):70.)

第三节 小学生的发展与教育

一、小学生身心发展规律

(一) 顺序性和阶段性

身心发展的顺序性是指人的身心发展的过程和特点的出现具有一定的先后顺序。儿童身体、运动机能和心理特点的发展遵循两大法则:第一,头尾法则。即身体各部分的发展是先从头部、颈部发展然后延伸到躯干、四肢。第二,近远法则。儿童的身体发展从中部开始,由近及远,由中央到外周,依次进行。心理发展上,记忆方面先发展机械记忆再发展理解记忆;思维方面先发展动作思维,再是形象思维,最后发展抽象思维;在情绪方面先发展喜怒哀乐等低级情绪,然后发展理智感、美感和道德感等高级社会性情感。阶段性是指在某一年龄阶段所表现的区别于其他年龄阶段一般的、典型的和本质的特征。人的发展是一个由量变到质变的变化过程,当量的积累达到一定程度会出现质的飞跃,表现出发展的阶段性。如何划分年龄阶段,目前尚无定论。一般根据生理年龄,参照发展状况,将个体从出生到成年划分为以下6个年龄阶段:乳儿期(0～1岁)、婴儿期(1～3岁)、幼儿期(3～6,7岁)、童年期(6,7～11,12岁)、少年期(11、12～14、15岁)、青年初期(14、15～17、18岁)。

(二) 不平衡性

身心发展的不平衡性是指儿童身心发展具有非等速、非直线的发展。主要表现在两个方面:一是同一方面的发展在不同年龄阶段的不平衡。例如,人的身高增长呈现的两个发展高峰期,即出生后的第一年和青春期。在这两个高峰期内,身高的增长速度远远快于其他年龄阶段。二是不同方面发展在同一年龄阶段的不平衡。即在同一年龄阶段,身心某些方面的发展已达到较高水平,有些方面的发展却处于相对较低的发展水平。如大脑重量在幼儿期以前已达到成人脑重的80%。

(三) 稳定性和可变性

稳定性指在一定的社会和教育条件下,人的身心发展的顺序、阶段和变化过程及速度大体相同。可变性是指在不同的社会生活和教育条件下,人的年龄特征的具体表现会有差别,他们生理和心理的发展速度并不完全和年龄特征相一致。

(四) 个别差异性

差异性主要指同一年龄阶段的儿童在发展上存在个别差异,包括身体素质、智力水平、个性倾向、性别差异等很多方面,主要表现在发展水平的差异、表现早晚差异、优势特点的差异。

知识窗

加德纳的多元智能理论

基于长时间的、大量的科学研究,哈佛大学教授、发展心理学家霍华德·加德纳(Howard Gardner)在1983年出版的《智力的结构》(*Frames of Mind*)一书中提出了一个新的智力的定义,即智力是在某种社会或文化环境的价值标准下,个体用以解决自己遇到的真正的难题或生产及创造出有效产品所需要的能力。在加德纳看来,智力与一定社会和文化环境下人们的价值标准有关,这使得不同社会和文化环境下的人们对智力的理解不尽相同,对智力表现形式的要求也不尽相同;另一方面,智力既是解决实际问题的能力,又是生产及创造出社会需要的产品的能力。根据新的智力定义,加德纳提出了关于智力及其性质和结构的新理论——多元智力理论。也就是说,加德纳所谓的个体用以解决自己遇到的真正的难题或生产及创造出有效产品所需要的能力,其基本性质是多元的——不是一种能力而是一组能力,其基本结构也是多元的——各种能力不是以整合的形式存在而是以相对独立的形式存在。在《智力的结构》一书中,加德纳提出,他所谓的多元智力框架中相对独立存在着7种智力,这7种智力分别是言语—语言智力、音乐—节奏智力、逻辑—数理智力、视觉—空间智力、身体动觉智力、自知—自省智力和交往—交流智力。

(资料来源:霍力岩.加德纳的多元智力理论及其主要依据探析[J].比较教育研究,2000,(3):38.)

二、小学生的年龄特征

年龄特征是指青少年学生在同一年龄阶段所表现出来的生理和心理方面的一些共同的、本质的和典型的特征。生理上的表现如身高、体重、骨骼、循环系统和神经系统等,心理上的表现如认识、情感和意志等。①

(一) 小学生的生理特征

童年期一般与小学阶段相吻合,6、7岁~11、12岁。儿童从这段时间跨入正式的学校生活,被视为人生的奠基阶段。

小学生总的特征,从发展速度看,处于一个相对平稳的时期。身体发育处于一个相对平稳的阶段,身高、体重逐年稳步增长,体质向增强的方向发展。但身体各部分的增长不平衡,手臂和腿长得较快,手和脚明显变大;能量基础代谢率高。据研究10岁小学生的平均能量基础代谢率为49千卡/(小时·米^2),活动量大;骨骼组织有较大的柔韧性,如有不良的习惯会出现脊柱弯曲现象;大脑重量平均增加到1 350克,与第二信号系统相联系的大脑额叶发展迅速,大脑的形态发育在小学阶段基本完成;兴奋和抑制之间逐步趋于平衡;神经纤维的髓鞘化基本完成,动作精确性有所发展。这些特点为小学生心理发展提供了物质基础。②

(二) 小学生的心理特征

1. 认知特点

(1) 感知的发展:小学生的感知有了明显发展,但感知的目的性、持久性较差。在观察的过程中,他们还不能根据教学的需要自觉地组织和支配自己的观察,易受个体的情绪和外界刺激物的影响而离开感知对象,很难持久地去观察一个客观事物。随着年龄的增加,在教学的要求下他们观察的目的性和持久性可显著提高。

(2) 注意的发展:低年级的小学生无意注意占优势,易受外界因素的干扰和影

---

① 李国庆.教育学[M].陕西:陕西师范大学出版社,2001:151.
② 现代教育理论编委会编.现代教育理论[M].郑州:河南人民出版社,2006:20.

响。注意的稳定性、持久性差,容易分心,但在创造性活动中注意的集中程度高。到了高年级,在教育的积极影响下,小学生注意的目的性和稳定性会有所提高。如7岁儿童可维持注意15分钟左右,到了12岁就可以维持30分钟左右。

(3) 记忆的发展:小学生的记忆处于由机械记忆向意义记忆的过渡阶段。低年级的小学生,记忆的目的性较差,机械记忆能力较强;中年级以后,学习的目的性逐步明确,在此基础上记忆的目的性逐步增强,意义记忆的能力迅速发展。从记忆的内容看,小学生的具体形象记忆优于词的抽象记忆。

(4) 思维的发展:小学生的思维处于皮亚杰的认知发展理论的具体运算阶段,其特征是以具体形象思维为主要形式逐步过渡到以抽象思维为主要形式,但小学生的抽象思维还是以具体形象为支柱。在整个小学阶段,学生的抽象思维水平在不断地提高,其中逻辑思维中的具体形象成分不断减少,抽象逻辑成分不断提高。在此发展过程中,四年级小学生是从具体形象思维向抽象逻辑思维发展的一个加速期。

2. 言语的发展

小学阶段是由口头言语向书面言语和内部言语过渡时期。书面言语的掌握一般要经过识字、阅读和写作三个环节。每个环节都需要经过分析、综合、抽象、概括的积极的思维活动。汉字由音、形、义构成,儿童学习汉字是在口头言语的基础上进行的,他们对音、义比较熟悉,但对字形则比较生疏,儿童掌握起来比较困难。所以掌握字形就成为识字教学的重点和难点。阅读能力有两个重要标志即理解和速度。一般来说,小学低年级的学生知识经验相对贫乏,其阅读形式基本上是通过朗读表现出来的,三四年级小学生随知识经验的逐渐积累,其阅读的形式是通过默读表现出来的。小学生写作能力的发展大致经过三个阶段:准备阶段、过渡阶段、独立写作阶段。作文是语文教学的重点、难点,写作能力的提高要依靠教师对小学生长期训练。内部言语是一个人自己对自己的说话,是言语发展的高级阶段。内部言语有一个发展过程。儿童没有内部言语,在游戏活动中经常会出现独自言语,小学生在教育的要求下出现内部言语,主要是因为学习活动对小学生内部言语有促进作用,其次是书面言语的掌握促进了内部言语的发展。

3. 情感的发展

情感表现外露,容易激动,持续时间不长;与社会性有关的情感内容越来越占主要地位;情感体验不断丰富和深刻,出现了与学习成败相联系的理智感、与集体相联系的道德感等;对情感的控制能力逐步加强。

4. 社会性的发展

小学生喜欢过群体生活,常常几个人结成非正式群体。在小学生的群体向集体演进的过程中,教师的指导起着决定性的作用。教师指导有方,小学生在低年级就可以形成集体。小学生对性别角色有了初步的认识,但他们彼此毫无戒心,对两性差异没有太多关注,但已有男女同学分别结伴活动的现象。

5. 自我意识的发展

首先,自我意识的独立性和批判性日益增长。他们逐渐能以一定的原则独立地批判性评价别人和自己的言行。其次,自我评价的深度增加。低年级的小学生只能从行为外部做出评价,从中年级起,小学生逐渐可以从内部品质上评价别人和自己的行为。再次,自我控制点逐渐从外部转向内部。自我控制点是指一个人对影响自己生活和命运的某些力量的看法。低年级的小学生容易从外部世界中去寻找这种力量,如小学生学习的原因往往归结于遵循父母的命令。随着年龄的增长,小学生的自我控制点会更多地落在内部。控制点由外部转向内部,一般到成年期才能完成。①

> **知识窗**
>
> ### 关键期的概念及标准
>
> 关键期的概念:关键期是指有机体生命的某一段时间。在这段时间内,某些外部条件对有机体的影响比其他任何时候都大。换言之,在关键期内,有机体对环境刺激的作用比在其他时间内更敏感。美国心理学家斯考特曾经指出,在心理和行为发展的关键期,外部刺激通常采取更为特定的形式。它可以有两种形式:① 外部刺激触发有机体进一步正常发展的过程;② 外部刺激"在有机体以后的发展中产生一种不可挽回的结果"。
>
> 关键期的标准:确定是否存在某个关键期应根据某些标准,美国心理学家乃什曾提出过关键期的四个标准,另一位心理学家克劳姆伯又增加了一个标准。这些标准是:
>
> 1. 开端。任何一个关键期都必须有一个可辨认的开端,即时间上的起点。然而,关键期的开端并不像人们想象的那样表现为突然的引人注目的变化。有机体对关键刺激的敏感性是逐渐增强的。随着这种增强,有机体会出现敏感性的高峰,在此高峰期间关键刺激是最有效的。这个高峰期可持续数小时、数天、数周或数年。
>
> 2. 终结。即敏感高峰期的结束。同开端一样,终结也是逐渐的,但却不像开端那样缓慢。
>
> 3. 内部因素。即有机体的可塑性。这是有机体关键期的具体机制。有机体对刺激的敏感性和发展中的可塑性的基础是机体内部的神经生物学变化。斯考特指出,有机体发生重大神经生物学变化的时期和有机体行为快速发展的时期是并行的,且后者似乎是由前者决定的。在关键期内,有机体正处于发展中的一种很特殊的生理状态。因此,关键期的实质是机体在解剖上和机能上出现某个生物

---

① 现代教育理论编委会编. 现代教育理论[M]. 郑州:河南人民出版社,2006:21-22.

行为系统到这个系统成熟之间的一段时间。这种生物行为系统在其不成熟的状态中易受到环境或好或坏的影响。如果该系统逐渐巩固而趋于成熟,那么,这种影响就可以是持久的。

4. 外部因素。即关键刺激。这是关键期的又一要素。在一个具体的关键期里,有机体对某种刺激最敏感,这种刺激此时对有机体的影响比其他任何时候都大,那么它就可以称之为"关键刺激"。缺乏关键刺激,不能称其为关键期,但要确切说明每一关键期的关键刺激的性质以及发生作用的方式也并非易事。在某些情况下,人们对具体的关键期的关键刺激的认识是清楚的,但在许多情况下,人们对关键刺激的认识并不清楚,有的还存在争论。

5. 关键系统。即关键刺激所影响的生物行为模式,也就是关键刺激在关键期内所影响的"靶"。例如,人们认为婴儿期的刺激作用将影响成年后的智力、应激反应、情绪性活动和探究行为,早期的语言刺激的剥夺,将影响儿童的语言发展。

(资料来源:张积家,严伟,王惠萍.人生的契机:心理发展的关键期[M]北京:中国广播电视出版社,1992:1-5.)

三、教育中需处理好的关系

正确认识学生的发展问题,是教育理论中的重要内容。因为在学生发展认识上的差异,会深刻地影响教师的教育教学实践。

(一) 教育影响与主体发展

教育与儿童发展之间是一种主从关系,教育影响与儿童主体性之间是相互依存关系。儿童的发展是主,学校教育只能从属于儿童发展。它们之间是目的与手段的关系。儿童发展根源于人类本性的目标实现过程,也是教育知识实现发展的重要手段。教育的主导作用是相对于影响儿童发展的其他影响因素的作用大小和力度而言的。现代儿童发展理论认为,儿童发展自始至终是儿童主体的自我调节活动,外界刺激只有被主体选择成为主体的反映对象时,才会对主体发展产生影响。教育对儿童发展的主导作用,只有尊重儿童在教育过程中的主体性才能得以实现。

(二) 尊重成熟与引导发展

儿童身心发展的顺序性决定教育工作必须循序渐进,无论是教育教学目标的确定、教育教学内容和方法的选择及实施等,都应当遵循由浅入深、由简及繁,由具体到抽象的顺序,不能超越儿童生理机能发展所处的水平,应顺应儿童的成熟状态,切忌"揠苗助长"。教育史上对于这一问题的认识曾有两种相对立的观点——"成熟优势论"和"学习优势论"。"成熟优势论"强调作为发展生物前提的儿童机体的成熟准备。没有成熟的生理基础,学习对儿童发展的影响甚微。而有了成熟准备后,儿童学习对其发展具有事半功倍的影响力。"学习优势论"则认为,儿童巨大潜力能否成为现实,决定性因素是后天的环境条件以及在此环境下所接受的学习和训练。即人的社会性发展都是后天习得的,所以学习是影响儿童发展的优势因素。实际上,成熟与学习是儿童发展不可或缺的条件,只是二者在发展中所起作用不同,成熟决定着发展的可能性,而学习把这种可能性转变为现实。

(三) 整体教育与个性发展

科学的教育要处理好整体教育与儿童个体独特性发展的关系问题。根据身心发展的稳定性和可变性规律,在教育中既要照顾儿童共同的年龄特征,以受教育的儿童整体发展状况为基础,又要充分利用发展的可能性,针对当代儿童已经开始出现的变化,不能按老经验、按主观的意愿进行,要关注儿童个体差异和个体发展的特殊性,针对儿童身心发展的个别差异性因材施教,给儿童个体发展提供充足的时间和空间,让儿童在发展中形成丰富多彩的个性特点,使其整体发展更具潜力和活力。①

复习与思考

1. 如何理解小学生的本质属性?小学教师应树立怎样的儿童观?试联系实际予以说明。

2. 结合相关法律条文及我国社会发展现状,思考小学生应享有哪些社会权利?

3. 结合实际思考当前小学生的社会权利是否得到充分保障?

4. "多元智能理论"对教师的启示及其教育意义何在?

5. 电影《刮痧》反映了中外文化、价值观念的冲突与碰撞,其中也体现了中西方对于儿童(子女)权利的认识、态度及相应的行为等问题。据称这部电影取材于1996年匹兹堡一对华人夫妇为孩子刮痧祛病,被当地福利机构指控虐待,被剥夺了对其子女的监护权。思考问题:电影中的哪些场景涉及中西方家长对于子女(儿童)权利的不同认识和态度?你如何看待和评价?

扩展阅读

1. 联合国儿童权利公约(1989年11月20日第44届联合国大会第25号决议)(中国儿童中心:http://www.ccc.org.cn/html/Home/report/1077-1.htm.)

2. 刘晓东.论儿童本位教育[J].研究与实验,2010,(5):25-28.

3. 刘晓东.童年资源:从贫乏的童年到丰饶的童年[J].人民教育,2014,(4):21-25.

---

① 陈理宣.教育学原理——理论与实践[M].北京:北京师范大学出版社,2010:212-213.

4. 佟丽华. 监护侵害处理意见:激活"沉睡的制度"[J]. 中国青年社会科学,2015,(5):76-81.

课外小视频

岩松看美国之"黄色"的特权——从美国校车文化看我国中小学校园(http://my.tv.sohu.com/us/2424765/12078072.shtml.)

第七章
小学教育评价

※ 学习目标：

1. 理解小学教育评价的概念、功能和原则。
2. 明确小学教育评价的四个重要构成要素："评价主体""评价内容""评价方式"和"评价步骤"。
3. 了解小学生的新型评价方式——成长记录袋及其运用。
4. 把握小学教育评价的问题和改革策略。

第一节 小学教育评价概述

一、教育评价与小学教育评价

教育评价是一个专门术语，有自己特定的含义。按学校教育阶段分，教育评价可分为幼儿园教育评价、小学教育评价、中学教育评价和大学教育评价等。小学教育评价是教育评价的重要组成部分。

（一）教育评价的含义

所谓评价，一般指衡量人或事物的价值。中国古代社会对官员的选拔、录用、考察以及相关的察举制、科举考试制度等都是这类专门化了的评价活动。然而"评价"获得科学意义特别是评价学的专门术语讨论则与西方的 evaluation 直接相关。evaluation 这个词具有对人、物的作用或价值进行评估、判定的专门含义。所以说，古今中外,"评价"都有着"评定价值或作用"的基本含义。① 从本质上说:"评价是一种价值判断的活动,是对客体满足主体需要程度的判断。"② 而"教育评价"这个词的思想源头要追溯到千年前的中国,最早记载于《学记》中:"比年入学,中年考校。"但"教育评价"这个术语的概念是在20世纪30年代,由泰勒主持的"八年研究"报告中正式提出的。泰勒认为:"教育评价实际上是一种测定教育目标在课程和教学方案中究竟被实现了多少的过程。"③ 随后又有很多教育家和教育学者从自己的角度去阐释教育评价的概念,众说纷纭,不同的说法,侧重点不同,但整体上使得教育评价的内涵不断得以扩充和发展。

我国教育理论研究通常把教育评价看作对教育教学进行价值判断,"是根据一定的教育价值或教育目标运用可操作的科学手段,通过系统地搜集信息、资料并进行分析、整理,对教育活动、教学过程和教育结果进行价值判断从而为不断完善自我和教育决策提供可靠信息的过程。"④ 随着研究的继续深入,教育评价的内涵可能还会不断发展完善,但有四个方面的内涵是大家公认的:① 评价是一种系统地搜集资料的过程,系统性是其重要特点;② 评价注意对资料的解释,不仅搜集资料,而且要对资料做出解释和分析;③ 评价不仅是对教育情境的描述,更是一种价值的判断;④ 评价以行为为目标,从行为的角度进行判断、分析与比较,以有利于决策,便于采取更优的教育政策和改进教育实践。⑤

(二) 小学教育评价的含义

小学教育评价是小学教育的一个重要组成部分。只有通过全面客观的评价我们才能够明确小学办学、教师教学、学生学习等各个方面是否按照预期方向和目标运行,才能尽早发现小学教育实践中的问题并解决问题,促进小学教育的改革和发展。

小学教育评价是在小学教育阶段的一种特定的教育活动,是衡量、判定小学教育价值的有效认知活动,无疑具有教育评价的基本内涵。小学教育评价,是指采取一切可行的技术和方法系统搜集有关的事实信息,在此基础上根据一定标准对小学教育各个领域或各种活动及其结果进行价值判断的过程。⑥ 小学教育评价是根据一定的小学教育目标或教育价值,采取一切可行的科学评价技术和手段,系统搜集、分析、整合小学教育信息,对小学教育各个领域进行价值判断,促进小学教育教学改善和发展的活动及过程。

小学教育实质就是小学教师与学生学习生命存在及其优化的活动,小学教育的根本价值就是满足小学教师与学生的学习生命存在及其优化活动的需要。因而,小

---

① 张永明,曾碧.小学教育学基础[M].北京:北京大学出版社,2013:248.
② 廖哲勋,田慧生.课程新论[M].北京:教育科学出版社,2003:400.
③ 黄甫全,曾文婕.小学教育学(第二版)[M].北京:高等教育出版社,2011:276.
④ 袁振国.当代教育学[M].北京:教育科学出版社,2004:260.
⑤ 顾明远.教育大辞典(增订合编本)(上卷)[M].上海:上海教育出版社,1998:767.
⑥ 曾文婕,黄甫全.小学教育学(第3版)[M].北京:高等教育出版社,2017:260-261.

学教育评价具有的核心价值就是满足学习需要,小学教育具有的价值准则框架就是热爱学习、崇尚学习生命和形成学习自律等。①

二、小学教育评价的功能

小学教育评价在学校教育中的地位日益受到人们重视,成为小学教育中的一个重要环节。因此,必须要明确小学教育评价的基本功能,充分理解其内涵,减少实际评价过程中的盲目性。而对于小学教育评价的功能,传统思想强调的是小学教育评价的甄选性功能,注重的是人的社会价值,将人当作促进社会发展的工具。通过筛选,淘汰一部分小学生,让更加优秀的小学生进入到初中阶段的学习。但随着九年义务教育、素质教育的实施,多种研究性学习的展开,人们逐渐认识到小学教育评价的发展性功能,注重的是将人的社会价值和个人价值相结合,在重视升学率的同时也关注小学生的全面均衡发展,使得每个小学生都可以享受更深层次的教育。我国的一些理论研究也从功能手段、作用方式的角度总结了教育评价的若干功能,如鉴定、诊断、调节、激励、管理、导向等。

(一) 鉴定功能

鉴定功能是小学教育评价的基础性功能。"鉴定"本意是指辨别并确定事物的真伪优劣或是对人功过、出身和优缺点等的鉴别和评定。而在小学教育评价的过程中鉴定功能是通过对小学教育相关环节收集到的信息进行分析整理,判断小学教育教学质量的优劣以及学校师资力量、教师教学、学生学习等方面的好坏,对教育的运行状态及其效果有一个整体的把握。这样才能对教育目标的制定,教学内容的选择,教学效果的评定等方面提供更加科学合理的依据。

(二) 诊断功能

通过小学教育评价可以把握小学教育中各个环节的发展情况,而小学教育评价的诊断功能是为了便于了解每一阶段教育的成果或存在的缺陷,能够为在此之后的教育教学工作提供参照的依据,有效地优化改进各个教育环节。实施诊断的功能,需要依据特定的教育教学目标对教育结果做出判断。在诊断的过程中会有多种影响因素,如内外部的环境因素、教育者的因素、教育媒介的因素以及受教育者自身的因素等。这需要我们通过认真的评价找出问题的核心所在,以便对症下药。

(三) 调节功能

小学教育评价可以在教师与学生之间形成一种双向的反馈调节机制。一方面,通过小学教育评价,教师可以及时获取教育各环节的大量有效信息,从而可以更全面地了解学生的学习成绩、学习动机、情感倾向等,能够更好地把握学生之间的个体差

---

① 黄甫全,当代课程评价的价值准则:文化哲学的观点[C]. 兰州:课程领导与课程评价的理论与实践学术研讨会暨第五届两岸三地课程学术研讨会,2003-10-8.

异。这有利于教师及时地调整自己的教学思想和教学方式，更好地去提升自己的教学水平，促进整体教育质量的提高。另一方面，当学生得知与自己相关的评价结果（如成绩、教师评语等）时，会对自己的学习情况产生更加客观、全面的认识，有助于学生能够及时地调整自己的学习状态和学习方式，激发自己对学习的热情，更好地去提升自己的学习能力。

（四）激励功能

评价往往会给被评价者带来荣誉上、利益上或者是心理上的直接影响，因此小学教育评价能够激发被评价者的成就动机，成为促进他们不断努力，继续前行的不竭动力，也就是我们这里所说的激励功能。一般来说，正面的评价（如表扬、称赞、肯定、奖励）会增加被评价者的自信心和积极性。比如，经常受到正面评价的老师会更加自信，更加热爱自己的工作，也更容易在工作上取得优异成绩；经常受到表扬的学生对待学习也会表现得更加积极主动，往往也更易取得良好的学习效果。即使是不高的评价，如果运用诚恳、恰当的方式也会使被评价者进行深刻反思，激励他们重新振作，提升自我。

（五）管理功能

小学教育评价作为一种价值判断，在客观上能够对学生的学习成绩进行鉴定并划分相应的等级。所以，世界各国会利用评价的结果，将其作为学校管理方面的一个重要参考依据。如：小学生的升留级、分班编组、安排学时、选择教材等各个方面无一不体现出小学教育评价管理功能的作用。同时，评价的结果也可以作为教师与家长交流和解释学生在校学习状况的重要依据。

（六）导向功能

小学教育评价是根据一定的价值标准而进行的价值判断活动，而评价的标准就如同是一盏明灯，在学校坚持正确的办学理念，坚持教育为社会服务，坚持培养全面发展的人等方面具有导向作用。如果学校注重的只是单纯的升学率，那么随之而来的就会是灌输式教育的盛行；如果注重的是培养全面发展的人，那么教育才会更加注重人的发展，素质教育、研究性学习才能得以顺利展开。小学教育评价要从现实的小学教育目的出发去检测教育发展的实际情况，指明小学教育发展的方向，促进小学教育事业的发展。

三、小学教育评价的类型

探讨小学教育评价的类型可以更好地发挥小学教育评价的作用，小学教育评价从不同的角度，可以分成不同的类型。

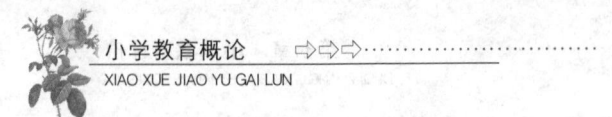

(一) 诊断性评价、形成性评价、总结性评价[①]

按评价的作用可将小学教育评价分为：诊断性评价、形成性评价和总结性评价，这是由美国教育心理学家布卢姆提出的影响较大并且被广泛使用的分类法。

1. 诊断性评价

诊断性评价一般在小学教育教学活动前进行，目的是分析学生的知识、能力、情感等方面的发展状况，摸清学生的现有水平，为教学的有效实施提供可靠的信息资源，使教育教学能够取得更好的效果。

诊断性评价的作用：① 确定学生的入学准备程度。入学准备程度的诊断，一般包括对下列因素的确定：家庭背景；前一阶段教育中知识的储备和质量；注意的稳定性和广度；语言发展水平；认知风格；对本学科的态度；对学校学习生活的态度，以及身体状况等。② 决定对学生的适当安置。同一年级的学生肯定在知识储备、能力和能力倾向、学习风格、志向抱负及性格等方面会有差别。学生的这种多样性必然也要求教学条件和环境具有多样性。因此，了解学生在上述方面的差别和差别程度，为学生提供适合其特点的学习环境，或者说，根据学生的个别差异对学生分班分组，是教师组织教育活动的前提，也是使每个学生能充分发展的必要条件。③ 辨识造成学生学习困难的原因。学校教师如能通过诊断性评价辨识出造成学生学习困难的原因，就有可能设计"治疗"方案，采取有效措施，排除干扰学生学习的因素或尽可能降低其消极影响。

2. 形成性评价

形成性评价主要是在小学的教学和学习过程中进行，目的是使教学活动取得更好的效果而修正教学的进程。形成性评价一般在学习内容的一个单元后进行，是教师及时了解学生学习进展情况的重要方式，又称学习中评价。

形成性评价的作用：① 改进学生的学习。在评价中及时地发现学生的问题、困难所在，有针对性地提出改进方案，帮助学生有效地调控自己的学习过程，从而改善学生的学习方式，改进学生的学习。② 强化学生的学习。形成性评价的结果可以对已经完成或接近完成某一单元学习任务的学生起积极的强化作用。正面的肯定，一方面通过学生的情感反应加强了学生进一步学习的动机或积极性，另一方面，也通过学生的认知反应加固了学生对正确答案（概念、法则、原理等）的认识，并在与错误答案的比较中澄清、校正了含糊的理解和不清晰的记忆。

3. 总结性评价

总结性评价是在一门学科的重要部分或整个教学和学习结束后进行，目的"是对学生在某个教程或其某个重要部分上所取得的较大成果进行全面的确定，以便对学生成绩予以评定或为安置学生提供依据"。总结性评价进行的次数不多，一般是一学

---

① 李秉德. 教学论[M]. 北京：人民教育出版社，1991：331－341.

期或一学年两三次,比如期中、期末考试。

总结性评价的作用:① 评定学生的成绩,反馈学生的学习。教师通过总结性评价对学生前一段学习的掌握情况做出判断,对学生的进步水平和达到教学目标的程度予以确定,从而反馈学生的学习情况,对达到目标的学生起到鼓励作用,对完成目标不好的学生起到纠正错误或改进学习方法的作用。② 预言学生在后继学习中成功的可能性。"一般来说在某门学科的总结性考试中得分高的学生,大多数在其他学科或该学科的其他部分的学习中也会获得高分。"但是学生是处于发展中的人,具有巨大的发展潜能,我们应该用发现的眼光看待学生,不能随便给学生的学习潜能"下定论"。③ 确定后继教程中学生的学习起点或教师教学起点。通过终结性考试可看出学生知识、技能等方面的准备程度、已有水平,这为教师确定下一阶段的教学从何起步提供了依据。

总之,诊断性评价、形成性评价和总结性评价共存于教育、教学过程中,并各有所侧重发挥不同的功能,而且这三类评价也互为提供信息和依据,对评价所做的划分只是相对的而非对立的。①

(二) 绝对评价和相对评价

根据教育评价指标的性质可以将小学教育评价分为绝对评价和相对评价。

1. 绝对评价

绝对评价,也叫标准参照评价,是指在评价对象群体集合之外预先设立一个标准,称之为客观标准,将群体中的每一个评价对象都与之比较,从而判定每个评价对象达到这个客观标准的程度的评价方法。② 这种评价方法是根据完成既定目标程度而进行的评价,评价结果只与评价对象自身实力水平有关,不涉及其所在的群体。以语文考试为例,满分如果是100分,60及60以上为合格,60分以下为不合格,某学生考了80分,将该成绩与既定合格标准相比较,则对于他的判定就是合格,这就是绝对评价。

绝对评价一直都广泛运用于现在的小学教育中,它的优点有以下几点。第一,绝对评价具有相对客观公正的特点。该评价方式强调既定标准的客观性和统一性,每一个评价对象都是和既定的标准相比较,不太会受其他因素的干扰而影响最终评价结果。第二,绝对评价可以更好地鉴别教育目标的完成情况,让评价对象能够了解自身的实际发展水平,比较清晰地认识到自身能力和既定标准之间的差距,从而有效地激发评价对象的积极性和主动性。

绝对评价也存在不可避免的缺点。第一,绝对评价的标准只能是相对客观公正而不是绝对的客观公正。因为所有既定的评价标准都是人为设定的,评价者在进行具体的标准编制时很难摆脱个人的主观倾向。第二,绝对评价强调标准的统一性,虽

---

① 张永明,曾碧. 小学教育学基础[M]. 北京:北京大学出版社,2013:252.
② 刘树仁. 小学教学论[M]. 北京:人民教育出版社,2003:339-340.

然一定程度上体现了客观公正,但是容易忽视被评对象在其他方面所取得的成就,只重视了统一性而忽视了个性化。第三,绝对评价可以分辨评价对象和既定目标之间的差距,却无法辨别评价对象之间实际差距。

2. 相对评价

相对评价,也叫常模(一种供比较的标准量数)参照评价,是指通过将评价对象的个体成绩和该群体的平均成绩或常模进行比较,从而确定该个体在群体中的适当等级的过程。① 这种评价方式主要是为了确定评价对象在整个群体中相应的位置,标准来源于整个评价对象群体的发展情况,所以整个评价过程都是在特定群体的内部进行,与其他的群体并不相关。相对评价在小学教育的过程中也是十分的常见,如某一区域小学学校教学质量排名;学生的期中和期末的考试排名;班主任工作评价等。

相对评价的优点也有很多,主要有以下几点。第一,相对评价的评价方式也较为公正客观,前提是在群体内部坚持统一的评价标准,这样可以较为准确地为个体在群体中合理定位。第二,相对评价主要是在群体内部进行比较,一般以群体的平均成绩作为标准,便于了解评价对象个体之间的差异,有利于对评价对象的选拔和甄选。第三,相对评价的适用性很强,在群体的选择上具有多样性,就算是对同一个群体选择的标准多样的,因此可以对同一个评价对象进行多方面全方位的评价。

相对评价的缺点也较为明显,主要有以下几点。第一,评价的结果只有在一个特定的群体内才具有客观性和准确性,超过这个群体之外评价结果的客观性和准确性就会大打折扣。第二,通过相对评价所产生的评价结果只能确定评价对象在某一范围内的位置,而不一定能代表其真正的水平。第三,相对评价容易导致激烈的、无休止的竞争,从而挫伤一部分人的积极性,甚至会出现一些人往往会为了追求更好的成绩和排名而忽视自身素质的发展。

(三) 内部评价和外部评价

根据评价主体的不同,可以将小学教育评价分为内部评价和外部评价。

1. 内部评价

内部评价,是指评价对象作为评价主体,依据一定的标准对自己的活动进行的评价。这种评价方法以评价对象自身为参照体系,通过纵向比较和横向比较两种方法来获取信息,容易展开,且容易获得其他手段无法获得的信息。如教师的自我感知、学生的学习态度、学生的学习兴趣等。但是内部评价缺乏外界参考体系,不易比较,且极易受到个体主观因素的影响。若自我评价者态度端正,评价过程严谨认真,评价结果就会有较高的准确性,还能够提升自我评价的意识和能力,有利于及时进行自我的反馈调节。反之,如果评价者态度不端正,对自身定位不准确,那么所获得的评价结果就会与实际情况有所差距。由于这种评价的不稳定性,所以自我评价往往只能

---

① 刘树仁.小学教学论[M].北京:人民教育出版社,2003:339-340.

作为一种辅助试评价方式。这里需要强调是,由于小学生心理发展特征的制约,小学低年级阶段对学生诸多方面的评价一般不采用内部评价。①

2. 外部评价

外部评价,是指不包括评价对象在内的评价主体对评价对象进行的评价。②这些评价的主体,既可以是专家、教育行政人员、社会人士也可以是家长、老师等。比如,在考量小学的教育教学质量时,既可以从上级教育部门的角度进行评价,也可以从教师的角度、家长的角度等去进行评价。这种多角度的评价,能够从外部反映评价对象的情况,比较客观,可信度较高,可以使评价结果更加全面具体,同时也能够有效弥补内部评价的不足。但组织工作会较为复杂,可能会耗费大量的人力和物力。

四、小学教育评价的原则

小学教育评价的原则,是在进行小学教育评价过程中必须遵循的基本准则,是人们在长期的小学教育评价研究和实践中所总结出来的基本规律,是必须要贯穿于整个小学教育的一个重要环节。小学教育评价的原则能够克服评价的主观随意性,有效地促进小学教育评价结果的客观公正。小学教育评价具体需按照以下几点原则。

(一) 方向性原则

方向性原则要求小学教育评价要坚持正确的方向,通过合理的教育评价活动促进教育的各项活动有效进行,避免教育目标制定、课程教学安排、教师工作、学生学习等方面发生重大决策性失误。小学教育是我国一项重大的教育基础性事业,它所体现的是我国的国家意志和广大人民群众的需求。我国是一个社会主义国家,且是正处于飞速发展阶段的社会主义国家,在借鉴吸收优秀外国文化的同时必须要继承和发扬我国传统文化。因此,小学教育这一基础环节必须要坚持社会主义的办学方向,小学教育评价也必须要坚持社会主义方向,更好地贯彻我国"教育必须为社会主义现代化建设服务,必须与生产劳动相结合,培养德、智、体、美、劳等方面全面发展的社会主义事业的建设者和接班人"的这一教育方针。

贯彻小学教育评价的方向性原则,制定教育评价指标时,要立足我国国情,坚持社会主义方向不动摇;认真学习理论知识,领会国家政策,掌握教育规律,将理论和实际相结合;发挥教育目标的先进性和超前性作用,确保小学教育能够真正有利于社会的进步和学生的发展。

(二) 客观性原则

客观性原则要求小学教育评价必须要采取一种实事求是的态度,避免主观性和

---

① 叶立群,田本娜. 小学教育学[M]. 北京:人民教育出版社,2003:342.
② 叶立群,田本娜. 小学教育学[M]. 北京:人民教育出版社,2003:342.

随意性的干扰,这是小学教育评价工作能够正常展开的前提,也是最基本的一个要求。在这一原则的指导下,要使整个评价过程更加标准化、规范化,在真实有效的资料基础上给予客观公正的评价,切勿让评价者自身的兴趣爱好、情感倾向、价值观念等因素影响到评价结果,导致最终结果失去真正的意义。只有客观的评价才能够真实地反映出教育的质量和水平,进而调动学校、教师、学生的积极性,不断改善教育教学工作,促进教育事业发展。否则,虚假的评价结果会将教育引入歧途,造成重大的教育决策失误。

贯彻小学教育评价的客观性原则,要建立明确、具体、稳定的评价标准;确保评价信息的真实性和完整性;制定严谨科学的评价程序,保证整个评价过程能够有效进行。①

(三) 科学性原则

科学性原则要求小学教育评价必须科学地加以设计和安排,整个评价过程都要保证良好的信度和效度,且必须遵循客观规律,从实际出发获取真实信息,依据科学的标准,对小学教育活动的过程和成果进行分析判断,不能主观臆断。否则,不仅不会实现预定目标,还会挫伤教育对象的积极性,干扰教育教学工作的顺利进行,不利于小学教育的发展。

贯彻小学教育评价的科学性原则,要建立科学的评价标准和指标体系,能够反映被评对象的本质特征;评价者要正确理解和把握评价标准,克服主观随意性和感情因素的影响;充分利用现代科学的新成果,信息搜集更加全面准确;评价方法的选择更加科学,定量分析和定性分析有机结合。这样,评价结论才能更可靠。②

(四) 整体性原则

整体性原则要求小学教育评价在对教育活动、教育管理等进行评价时,必须从教育的整体上去把握矛盾的各个方面。虽然小学教育评价可以根据小学教育的目的和实际情况制定出不同的评价标准,但这些标准都不是独立存在的,它们都是相互联系的,共同构成了一个完整的小学教育评价标准体系。如果在评价过程中不注重整体性原则,只关注某一特定评价标准就会使最终的评价结果有所偏颇,达不到应有的效果。需要强调的是,整体性原则要求的是注重评价的全面性,但不代表各个评价能够不分主次,也不是各个评价指标的简单相加,而是要注意权重的合理分配。

贯彻小学教育评价的整体性原则,要有全局意识,把握好教育活动的全貌,充分发挥教育评价的多方面功能;建立具有全面性、整体性的评价标准体系,全方位、多角度地对教育进行分析;科学分配各评价之间的权重,突出教育评价的重点。

(五) 可行性原则

可行性原则要求小学教育评价要在能够保证正确方向和科学、客观的前提下,尽

---

① 刘树仁.小学教学论[M].北京:人民教育出版社,2003:342.
② 刘树仁.小学教学论[M].北京:人民教育出版社,2003:342.

量使评价易于实施和操作。评价如果过于繁杂,会带来很多人力物力的浪费和评价对象的负担,因而会降低评价的实际功效。小学教育评价涉及的活动和内容多种多样,其中的任何一个环节或因素可能都会影响小学教育的质量。在小学教育评价的实际过程中,不仅要考虑到主体的多元、方法的多样、信息的繁杂等,还应结合实际,不能提出过高的要求也不能一味地逃避教育的问题而提出较低的要求,一定要保持适合可行度。

贯彻小学教育评价的可行性原则,要使评价的标准具有普适性,符合实际,易于被理解和接受;评价的方法要简单易行,具有可操作性。

第二节 小学教育评价体系

为了提高小学教育质量水平,使教师教学操作性强、教学效率更高、学生学习更具主动性需要建立新型的小学教育评价体系。而要想建立完整、高效的小学教育评价体系,首先必须要明确的是小学教育评价的几个问题,分别为评价主体、评价内容、评价方式和评价步骤。

一、评价主体

评价主体是指具备一定评价知识技能,参与教育评价活动并按照一定的评价标准,选择合适的评价方式对评价对象进行价值判断的个体或团体。他们可以把握评价活动的方向,并在评价问题的确定、评价标准的建立、评价方法的选择、评价结果的使用等方面起着决定性的作用。[1] 因此,评价主体的合理选择和组织是小学教育评价顺利进行和保证其质量的关键。现今,教育评价主体的多元化是当前十分流行的提法,这就要求改变专家作为单一评价主体的现象,呼吁评价倾听教师的心声,重视学生的自评和互评,重视家长和社会的建议。[2] 因此,小学教育评价的评价主体也应遵循多元化发展趋势,大致包括学生、教师、专家学者、教育行政部门以及家长和社会人士等。[3]

(一) 学生

当代教育理论特别强调学生应当成为积极的学习者。学生不仅需要自己设计和主动参与学习活动,而且要积极参与教育评价;不仅要评价自己的学习情况,而且要

---

[1] 张永明,曾碧.小学教育学基础[M].北京:北京大学出版社,2013:259.
[2] 周海银.教学测量与评价[M].济南:山东大学出版社,2015:240.
[3] 黄甫全,曾文婕.小学教育学[M].北京:高等教育出版社,2011:285-286.

评价教师的教育教学活动。有人可能担心,小学生年纪小,在评价中不能发挥积极作用。事实上,只要精心组织和指导,小学生完全可以参与到教育评价中来,为教育评价提供鲜活的资源和信息。在国外,已经兴起学生赋权增能(student empowerment)的思潮和实践,以促使学生有能力以自主的和负责任的方式来决定自己的学习生活。学生作为学校一切教育活动的直接参与者和体验者,让学生参与教育评价,既能为师生提供有价值的资料,也能培养学生的自主意识、能动性和独立性,更能让学生领会到作为学习者必须做出关于学习水平、学习意义的评价。

学生进行评价可以是个体对自己的评价,也可以是小组集体对个体以及对集体本身的评价,这是由当代小学学习的合作与协作特性所决定的。当然,小学生参与教育评价,是一项新生事物,需要通过研究和实践,探索其基本原理和有效方法。

(二) 教师

教师作为小学生学习活动直接的、经常的合作者、督导者和指导者,是小学生学习取得成果的有力保证。教师参与到小学教育评价中来,可以在评价的过程中起到多种不同的作用。教师作为小学教育评价主体,既参与学校管理工作评价,也参与课程建设评价,还进行自我评价,主要是进行学生学习评价。教师可以观察、记录学生学习的成败经验教训,可以了解学生参与各种学习活动的感受与体验,可以对自身参与小学教育教学的感受进行反思,可以利用作业和测验作为工具来诊断学生的学习状况、评定学生的学习成绩。

小学教师同样也是学校一切教育活动的直接参与者和体验者,通常也被认为是小学教育评价工作的主要参与者和全程参与者。教师参与教育评价,这既是小学教育发展的必然要求,也是教师专业发展的有效途径。

(三) 专家学者

小学教育正逐渐朝着专业化方向发展,专业化的教育教学活动需要一定的专业化评价体系与评价进程。因此,专家学者理应在评价中发挥作用,凭借他们出色的专业知识技能,使小学教育评价更加的科学化、专业化、规范化。对于专家学者的来源,他们既可以是了解本校实际情况的本校成员,也可以是从校外聘请的专门从事相关事业的评价顾问。

校内评价专业人员由于是小学教育的"内部人员",费用花销较少,且可以更全面地了解情况,便于收集一手信息,通常作为小学教育教学活动的合作者进行观察,因此是小学教育评价的必要支持者。而校外评价顾问由于其来自"本校地区"之外,相对花费会较多,但其和该校并没有什么错综复杂的关系,因而评价结果更具有客观性和真实性,可以有效弥补内部人员评价的不足之处。

(四) 教育行政部门

教育行政部门是政府的教育职能部门,在集权制国家和地区,它们主导着整个学校教育,包括整个小学教育。在我国,小学教育以公办小学为主,其经费以政府拨款为主。所以,教育行政部门凭借自身拥有的教育行政权力和掌握的大量教育资源,成为小学教育评价的"强力"主体。在小学教育评价中,教育行政部门通过"办学条件评估""教学督导评估"和"学校绩效评估"等,控制着小学教育的整个过程。

(五) 家长和社会人士

家长和相关的社会人士是小学学习共同体的重要成员,是小学学习化社区的重要资源和合作伙伴。而且很重要的是,家长和相关的社会人士可以站在自己的立场上,对小学教育做出一定的评价,使得教育评价可以从更广阔的角度和社会需要来检测学校的教育教学质量,以及对人才培养的实际情况做出综合性判断。家长和社会人士总是以各种形式参与到小学教育的各项评价中,是小学教育评价主体的重要成员,能够使小学教育评价更加全面具体。

二、评价内容

小学教育评价的内容涉及教育的方方面面,总体来说,在小学教育活动中,主要有学校评价、课程评价、教师教学评价、学生学习评价等。

(一) 学校评价

小学学校评价,是以学校群体为对象,对学校办学条件、管理水平、师资队伍、教育质量以及学校各项工作总体水平等方面的综合性价值判断,直接表现为学校在当地社区以及更广范围内的社会赞许度和口碑。

1. 小学发展目标评价

小学发展目标的核心是办学目标,即将学校办成一所什么样的学校。其中一项重要的内容就是学校的办学特色。评价一所学校的办学目标是否合理,要依据社会的客观需求、学校发展的客观水平、学校办学的客观条件和教育活动的客观规律等方面的情况。

2. 小学办学条件评价

小学的办学条件评价,主要考虑能否保证小学的各项教育教学活动的展开,集中体现在当地社会、经济发展的许可条件下,学校的教学设施和设备、教师队伍、管理队伍的数量和质量是否合格,学校各种设施的配置和布局、校内外环境是否合理。这里需要强调的是,小学生属于未成年人,学校应着重注意安全防范方面的建设。

3. 小学管理工作评价

小学管理工作的评价,需要从领导魅力、个体素质、整体结构、办学思想、群众关系等方面来考察领导团体,并检查学校是否建立和实施了科学、合理的各项规章制度,同时审视学校组织机构设置是否健全,职责分工是否明确,上下层级及同一层次部门之间是否能有效沟通等。[①]

---

① 黄甫全,曾文婕.小学教育学[M].北京:高等教育出版社,2011:283.

4. 小学校风评价

校风,是学校在办学过程中长期积淀下来的,体现的是学校人员的精神面貌、教师的教风、学生的学风、各班的班风等,是在学校乃至整个社会都极具影响力并被普遍认可的思想和行为风尚,集中体现了学校的办学理念、育人方针、学术追求和办学特色。因而,在对小学进行评价时,必须注重校风的评价,判断该小学是否注重在优质文化方面的培育。

(二)课程评价

基础教育新课程改革,确立了学校的课程开发主体地位。在课程管理和开发体系中,"实行国家、地方、学校三级课程管理。国家制定中小学课程发展总体规划,确定国家课程门类和课时,制定国家课程标准,宏观指导中小学课程实施。在保证实施国家课程的基础上,鼓励地方开发适应本地区的地方课程,学校可开发或选用适合本校特点的课程。探索课程持续发展的机制,组织专家、学者和经验丰富的中小学教师参与基础教育课程改革"①。这样做的目的是为了"增强课程对地方、学校及学生的适应性"②。为此,"学校在执行国家课程和地方课程的同时,应视当地社会、经济发展的具体情况,结合本校的传统和优势、学生的兴趣和需要,开发或选用适合本校的课程。各级教育行政部门要对课程的实施和开发进行指导和监督,学校有权利和责任反映在实施国家课程和地方课程中所遇到的问题"③。这样,课程研制与开发,就成为小学教育的一项重要的日常工作,也是学校自我发展的重要的途径与机会。所以小学教育评价需要对学校课程研制与开发进行相应的评价。

对学校课程开发评价的内容大致包括两项:一是对学校所研制的课程本身的评价可以从三方面入手,① 目标设计是否与国家课程指导纲要精神一致,是否与地方课程开发思路一致,是否符合本校校本课程开发的实际,目标的适切性如何。如是否基于学生的经验和兴趣,是否对学生的经验和兴趣有所发展和扩展等。② 学校所研制和开发的课程学习活动领域和学习活动主题是否合理。如学习领域是否符合本地、本校的实际,活动主题是否与学生的生活实践相关,是否与学生的经验系统相匹配等。③ 课程所确定的学习活动方案的合理性。如主题、时间、人员、地点、情境等是否合理,是否有必要的资源支持,是否有相应支持系统的保证等。二是对学校的课程开发能力的评价。如学校是否具有课程开发和管理的制度,是否能够从课程视野设计学与教的进程,学科课程与综合实践课程、研究性学习课程的相互协调与相互补充性如何,学校的课题意识和课程开发意识如何等。④

---

① 国务院.国务院关于基础教育改革与发展的决定[Z].国发〔2001〕21号,2001-5-29:第19条.
② 教育部.基础教育课程改革纲要(试行)[Z].教基〔2001〕17号,2001-6-8:第2条.
③ 教育部.基础教育课程改革纲要(试行)[Z].教基〔2001〕17号,2001-6-8:第16条.
④ 黄甫全.小学教育学[M].北京:高等教育出版社,2007:267-268.

(三)教师评价

在小学教学中,教师起着特别重要的作用。由于年龄小,小学生尚不具备很强的自学能力,他们的学习兴趣、学习方法、学业成绩都要受到教师授课质量的影响。上好每一堂课既是对教师的基本要求,也是关系到下一代健康成长的大事。授课质量评价能让教师清楚地知道自己的教学特点,了解长处与不足,从而扬长避短;也可以给新老教师提供相互学习的机会,促进教师团体的成长。

在进行授课质量评价时,首先要确定评价的标准,这个标准要明确、具体、相对独立,要能够全面衡量教学的各个方面。苏联著名教育学家巴班斯基认为教学质量可以从以下方面去衡量:① 对新事物的感受;② 教育分寸;③ 本学科的知识;④ 发展学生的思维;⑤ 培养学生的一般学习技能;⑥ 培养学生对学科的兴趣;⑦ 以个体方式对待学生;⑧ 学科课外活动的组织。

实施授课质量评价时,不同的学校可能会选用不同的评价标准,但基本都会涉及以下几个方面:① 教学目标完成情况;② 学生的课堂参与情况;③ 内容安排;④ 教学方法;⑤ 语言表达;⑥ 教学原则的贯彻。具体到每一个方面还应当具体化,如"学生的课堂参与情况"可能要考虑以下特征:能跟上教师思路,积极思考,善于提出问题或者有独特见解等。

对教师的授课质量进行定量评定虽然能够在一定程度上反映教师的教学水平,但其形成性功能并不是很强。在小学教学实际中,多采用听课、评课的深入交流形式评价授课质量。评课时也不是局限于固定的评价指标,而是能够结合具体情况分析教学的特色和问题。对小学教师而言,评课是很重要的一种能力,因为评课是教学常规的一部分。①

(四)学生评价

学生的发展是衡量学校办学水平的关键指标。它不仅是升学与就业指导以及因材施教的基础,还能帮助学生正确估计自己,了解和发展自己的特长。评定学生要考虑许多方面,最基本的有学业成就、行为表现和身体状况三方面。

学业成就不仅包括学生在知识领域的学习成绩,还包括技能和情意(即情绪、意志)领域的学习表现。由于知识更新特别快,学生在学校里主要是学习基础知识,打好基本功。在此基础上,培养学生学习知识及运用知识的能力是关键所在。在培养运用知识的能力时,实际技能的训练应当引起重视。小学课程比较强调技能的培养。语文课的听、说、读、写都有具体的技能要求,例如,识字方面运用拼音、分析字形和查字典就是最起码的技能要求,而自然、手工和音体美等课程注重实际操作、运动及艺术技能。情意领域的学业表现有态度、兴趣、习惯和鉴赏力等学习品质。在评定学生的学业表现时,知识和技能只是学习的结果,而态度、兴趣与习惯则反映了学生在学

---

① 胡正亚.教育评价与测量[M].呼和浩特:远方出版社,2005:8.

习过程中的表现和特点。在终身教育背景下,知识的积累并不是最重要的,爱学习、会学习等学习品质对学生的发展更具影响力。因此,情意领域的学业表现评价十分重要。

行为表现评价也就是操行评定,用以考查学生在道德品质和行为处事上的优点与不足。我国正处于经济转型时期,学校中普遍存在着偏重智育、忽略生活和品德教育的现象。操行评定应考查学生在品德修养和性格特征等方面的特点和表现,如礼貌、勤奋、进取精神、合群性、公德心、朴实性、集体意识、责任感、社会适应性等。一份好的操行评语不在于面面俱到,而要能反映学生的独特特征。在评定小学生的行为表现时,要多挖掘学生的优点,同时有针对性地提出进一步改进和提高的意见。

身体状况评价的内容包括体质、体力、精力、卫生习惯和良好的生活方式等方面。体质评价要考查下述五个方面:① 身体发育水平;② 生理机能水平;③ 身体素质和运动能力;④ 对外界环境的适应能力;⑤ 心理状况。小学生身体状况是全面发展的一个重要方面,应在学生发展评定中得到足够的重视。①

三、评价方式

教育评价就是尽可能地利用测量的和非测量的各种技术方法,来评定教育效果,做出价值判断。为了改进对学生学业发展的评价,我们应当学习与掌握多样化的教育评价技术与方法。②

(一)专家判断法

专家判断法,是组织学者专家通过判断来进行小学教育评价,它利用专家的知识和专长,提供对课程教材质量、教师教学效果和学生学习状况的意见和判断。专家具有丰富的专业知识以及较强的权威性和说服力,能够进行更加专业性的评价。它主要用于学校督导、学校管理工作、课程教材、一级教师的专业发展发面。

(二)分析法

分析法被广泛应用于小学教育的各个方面,是一种通过对小学教育活动的有关工作方面进行定性分析进而加以评定的方法。它一般没有专门的评价指标和评价标准,取决于评价者的知识和经验,评价结果以定性描述为主。在小学教育过程中,既可以用于外部评价也可以用于内部评价。该方法简单易行,但易受到主观因素的制约。所以,主要适用于日常的以改进小学教育有关工作为直接目的的评价,不适于有关等级评定的评价。

(三)观察法

观察法需要进入小学教育的实际情景,针对评价的对象,加以观察、记录,并据以

---

① 胡正亚.教育评价与测量[M].呼和浩特:远方出版社,2005:5-7.
② 张永明,曾碧.小学教育学基础[M].北京:北京大学出版社,2013:260.

做出判断。采用观察法,可以直观地了解到小学教育各个方面的实际情况,并为小学教育评价提供可靠的一手数据。观察法,可以采用事迹记录、评定、查核、系统观察、非结构性观察和间接观察等方法和技术。

(四) 实验法

实验法是在进行小学教育评价时,将学校管理工作、课程教材、教师教学或学生学习当作实验对象加以操作,对结果进行整理和分析,进而对它们的质量状况或效果做出判断。实验时,需要按照教育实验设计的基本原理,进行专门的实验设计,可以设置实验组和控制组,进行实验前测和实验后测。现代常用的实验设计有三大类:前实验设计、真实验设计和准实验设计,小学教育评价中运用最多的是准实验设计。

(五) 调查法

调查法,是为了达到一定的设想和目的,制定某一计划,全面或比较全面地收集评价对象的某一方面信息,分析综合得出一定评价结果的方法。调查法的主要作用有:了解社会各界对小学教育活动的意见和建议;了解学生对小学教育活动的感受、意见和建议等。该方法可以采取问卷调查、访谈、座谈、教学日志、专题作业等方式进行。

(六) 表现性测验评价法

所谓表现性测验指的是客观测验以外的一类以行动、作品、表演、展示、操作、写作、制作档案资料等更真实的表现来展示学生口头表达力、文字表达力、思维思考力、随机应变力、想象力、创造力、实践能力及学习成果与过程的测验。表现性测验在学生学业考评过程中常用下面的测验题型与方式:① 口头测验;② 论辩或辩论;③ 论文题考试;④ 写作测验;⑤ 过程反应题;⑥ 试验技能教学考试评价。

(七) 成长记录评价法

成长记录就是根据教育教学目标,有意识地将学生的相关作品及其他有关资料收集起来,通过合理的分析与解释,反映学生在学习与发展过程中的优势与不足,反映学生在达到目标过程中付出的努力与进步,并通过学生的自我反思激励学生取得更高的成就。[①] 它具有以下特征:

第一,成长记录的基本成分是学生作品。

第二,学生作品的收集是有目的的,而不是随意的。

第三,成长记录提供给学生发表意见和对作品进行反思的机会。

---

① 徐芬,赵德成. 成长记录袋里的基本原理与应用[M]. 陕西:陕西师范大学出版社,2002.

知识窗

成长记录袋评价

新课程倡导对学生的评价应采取质性的评价方法,不但要关注评价的结果,更要注重评价的过程。在这一理念的指导下,近几年来从国外引进的"学生成长记录袋"这一新型的教育评价方式引起了一线教师的广泛关注。

成长记录袋也称学习档案袋,主要是指收集、记录学生自己、教师、家长或同伴做出评价的有关资料,学生的作品与反思,及其他相关的证据与材料等。它是评价学生进步过程、努力程度、反省能力及其最终发展水平的理想方式。

一、如何设计"成长记录袋"

学生成长记录袋也就是学生档案袋,主要是指收集、记录学生自己、教师或同伴做出评价的有关材料,如优秀作业、活动记录、发表作品、记录自己学习活动的照片、磁带、项目作业、实验报告等一些相关的证据与材料,以此来评价学生学习和进步的状况。成长记录袋可以说是记录了学生在一个时期一系列的成长"故事",是评价学生进步过程、努力程度、反思能力及其最终发展水平的理想方式。

1. 封面设计要别致

让学生自行设计封面不仅可以锻炼学生动手、动脑的能力,而且可以培养他们的想象力、创造力和审美能力。开学初,我给班里的每个学生发了一个档案袋,让他们发挥各自的聪明才智设计封面。结果,在教师或家长的帮助和指导下,有的学生选了自己最漂亮的照片贴在封面上,有的则精心地在封面左上角画了自画像,并根据自己的特点写上姓名,如"爱唱爱跳的×××","刻苦好学的×××"。不仅如此,大家还给自己的成长记录袋取了许多富有诗意的名字,如"成长的足迹""新苗长高了""雏鹰起飞""小手在变大"等。有些学生还在封面上设计了"我喜欢的格言""我的爱好"等,这些封面的设计既新颖美观又极有创意。

2. 内容收集要丰富

学生喜欢的作品与成果,或者他们愿意留下来认为有重要价值的材料或作品。成长记录袋的目录是由我和学生共同拟定的,如我最满意的相片、作业、日记;喜爱的手工制作;我最满意的绘画作品、书法;我的获奖证书和作品等,但必须让学生们自愿选择,并在所选作品上标明收集的时间、选择的理由。

由于我们的教育对象是低年级学生,加之成长记录袋是一种新生事物,因而记录袋的创建、内容的收集、整理有必要在教师的指导下进行。于是在记录袋中统一设立了以下内容:

一是优缺点卡:用来记录学生一学期来的优缺点,看看优点是不是增加了,缺点是不是克服了,目标是不是已经达到了。

二是家校联系册:里面有家长的评价,有教师的评价、学生自己的反思等内容,是及时、全面记录学生成长与进步过程的有效凭据。

三是荣誉卡:里面装有学生每周一次的十星级评比情况及平时少先队组织活动获得的如作业展评奖、古诗文诵读奖、书法美术作品奖等。

四是阅读心得笔记本:学生们将通过看电视、课外阅读等渠道看到的名言佳句、自己的所感所想等写在里面。

五是有意义的作品:让学生自主收集具有一定意义的作品。这些作品可以是最满意的作业、图画、手工制作等能让学生产生成就感的作品。

六是各学科评价表:各学科评价采用不同的方法,语文、数学、英语学科,根据单元教学内容实施阶段性评价,在此基础上对学生进行综合评价。品德与生活、音乐与美术、体育与健康每学期进行一次综合性评价。

二、"成长记录袋"的操作使用

首先,成长记录袋内容的收集是有目的、有计划而不是随机的。其次,成长记录袋因为要全面记录学生成长的历程,其内容一定要丰富、充实,但又不能杂乱无序。因此,教师的指导显得特别重要。教师应如何去操作,并监控整个过程,可以从以下三个方面进行。

1. 定期展示、交流学生成长记录袋

可以每月让学生整理一次成长记录袋,并在班里进行展示评比,看谁的记录袋丰厚了,谁的记录袋精华了。让学生把各自的成长记录袋互相看一看,评一评,展示自己的收获,体验成功的快乐。每到这时,学生的成就感都会得到满足。学生收集成长记录袋的资料不是目的,而促进学生的进步与发展才是其主要用意。因此,教师不但要经常为学生提供展示、交流成长记录袋的机会,还要尽量和他们一起回顾成长的历程。

2. 充分发挥家校联系册潜在的教育功能

学生每月将记录袋带回家中让家长进行评价,填写家校联系册。在与家长联系的过程中,学生既体验了成功,又看到了不足并及时改正了缺点,明确了努力的方向,逐步形成了追求进步的愿望和信心。每月,班级可进行一次成长记录袋交流评比活动。小组同学之间相互看一看、比一比、评一评谁的表现好,谁的进步大。在相互评价和自我反思中学习别人的长处,改正自己的缺点。

3. 扬弃记录袋内容

学生的评价能力在提高。老师可以提醒学生成长记录袋不是自己作品的堆砌,否则时间久远了,就会变成一堆"垃圾",即使有珍珠也会被埋没在垃圾里的。在建设记录袋时要注意不断地替换更新,有选择地保留,保存下自己认为最有价值的作品,有一些自己觉得不再有意义的部分就可以删去。在这一过程中学生学会不断地审视自己,评价自己,同时也懂得了欣赏自己悦纳自己。

(资料来源:江西省基础教育资源论坛江西省基础教育资源网 http://www.jxjyzy.com/.)

四、评价步骤

在进行小学教育评价时,需要考虑一些问题:评价的目标是什么?评价对象是什么?评价的标准是什么?该选择什么样的评价方式?并在此基础上,通过大量收集信息,整理分析信息最终得出评价结果。

(一)确定评价目的

确定小学教育评价的目的是展开小学教育评价活动要解决的首要问题。任何一种教育评价活动都是在一定的目的指导下进行的,不存在无目的的教育评价活动。评价目的,对于小学教育评价活动的运行、数据的整合分析、评价结果的应用都起着重要的影响、支配作用。如果小学教育评价的目的不明确,那么就会使整个评价失去方向,导致最后得出的结果也缺乏应有的价值。因此,为了使小学教育评价能够顺利进行,首先必须要明确教育目的。

(二)选择评价对象

选择小学教育评价的对象,主要是解决评价谁,评价什么的问题,应回答选择评价对象的目标意义,评价工作的总设想以及评价结果可能产生的影响。无此环节的话,就会使小学教育评价失去灵魂,使整个小学教育评价过程不能够完整地进行下去。评价对象的选择与确定以评价目的为依据,二者紧密联系,息息相关。

(三)制定评价标准

制定评价标准是小学教育评价的一个关键环节,它能够解决评价依据什么进行的问题。评价标准,是衡量小学教育教学质量的一个重要尺度,在制定标准时,要根据不同的小学教育目的、评价对象等建立不同的标准。除此之外,还应该使评价标准尽量具体化,尽可能形成一个科学、合理、规范的评价标准体系。这样可以让整个评价过程更加系统化、规范化,有利于得出更加全面具体的评价结果。

(四)收集与处理信息

真实可靠的信息是做出正确评价的重要依据。信息的来源越多,信息的量就会越大,评价的可信度才会越高。收集的数据既要包括通过测验、检查等获得的一手数据,也包括从文献资料中得来的二手数据。在收集数据时应注意,第一,要正确地选择收集资料地适当场合、机会和环境;第二,要有效地使用有关的评价方法和评价工具。同时,收集到的信息要经过高效的信息处理才有利于提取到更真实有效的信息。需要强调的是,信息处理这一步骤需要很强的操作性和专业性。对于量化数据,需要对信息进行真伪的辨别,然后将其分组归类,进行定量分析;而对于那些描述性的非量化数据,需要进行简明的文字说明,进行定性分析。通常情况下,这两种分析方法需要根据实际情况灵活地加以使用。

(五)得出评价结果

在对收集到的信息进行分析整合之后,要根据小学教育评价的目的、评价目标、评价标准等对评价对象进行价值判断,通过将评价对象的现实表现和评价目标之间进行对比,找出二者之间的差距,指明评价对象的优劣,并分析原因。

(六)提出应对策略

进行小学教育评价的最终目的就是为了了解小学教育发展的现状,为小学教育今后的发展指明方向,为了下一阶段的小学教育教学改进提供依据。因此,在完成整个小学教育评价活动,得出相应的结论之后,还需要认真对结论进行分析,使其成为教育者进行教育决策的源泉。衡量小学教育评价的结果是否有意义,就是看其能否对现实的教育决策产生影响,促进小学教育教学的发展。

第三节 小学教育评价问题与改革

一、小学教育评价存在的问题

我国的教育评价始于20世纪80年代初,并逐步进入稳定发展阶段,总体的发展历史并不是很长,很多方面还有上升的空间,再加上小学教育在发展过程中总是会伴随着各种问题,因而,小学教育评价自然也有一些问题需要解决。长期以来,由于受"应试教育"的思想影响,社会衡量学校办学水平的尺度是升学率,学校评价教师工作的标尺是教学成绩,教师评价学生成才的标准是考试分数,这种"应试教育"的评价目的观在大力推进新课程改革和素质教育实施的今天虽有所收敛,但基本上仍是大行其道,这样不仅不会促进学生的全面发展,甚至还会对教育教学的改革产生阻力,导致目前学校教育评价工作中仍存在一些急需解决的问题,综合分析主要体现为以下几个问题。

(一)评价价值取向偏颇

小学教育评价本质上是对小学教育活动给予价值判断的过程,然而,教育价值高低首先需要正确的评价观念。小学教育评价的核心应该是"以人为本",需要注重的是人的全面发展。但是,在"应试教育思想"的冲击下,其价值基础逐渐演变成"重成才轻成人",而对于成才的一个重要判定标准就是考试分数,这在很大程度上导致忽视对学生道德、心理素质、实践能力等方面的培养。[①] 因此,小学教育评价过分强调书本知识的价值与作用,注重学生对知识的单纯、机械式地理解、记忆与运用,严重阻

---

① 施久铭.评价"变脸":从分数走向人的全面发展——《关于推进中小学教育质量综合评价改革的意见》述评[J].人民教育,2013,(17):39-43.

碍了学生的全面发展,将教师和学生都变为评价的"受害者"而不是评价的"主体",从而使得整个评价过程逐步偏离了应有的轨道,即"人的发展"。很多地方的小学为了取得好的评价结果,违背真正的价值基础,把分数和升学率这些"畸形"的数据等同于学生发展水平和学校办学水平,漠视学生的个性和创造性,严重阻碍了学生全面、健康和平衡的发展,造成了中国学生拥有世界一流的计算能力,却在创造力、想象力等方面远远落后于他国的局面。

(二)评价的甄别与选拔功能凸显

美国著名教育评价专家斯塔弗尔比姆曾指出:"评价最重要的意图不是为了证明而是为了改进。"但是,随着社会的高速发展及其对创新型人才需求的激增,教育评价的甄别与选拔功能日益凸显,即使在基础教育的小学阶段也显得尤为严峻。评价的甄别与选拔功能正逐渐异化并凌驾于其他功能之上,而作为促进学生全面发展的主导功能,即"改进"功能却慢慢变得虚无和边缘化。评价的甄别功能只注重教育结果而忽视教育过程,不关心教育工作的改进和教学质量的提升,造成了评价功能定位模糊,使得评价沦为一种纯粹的筛选工具。在现行的小学学校教育实践中,小学教育评价通常与学校、教师以及学生的利益相连接,评价功能窄化为单纯地对评价对象的奖惩、评比、晋级和升迁等提供一定的依据,结果导致评价甄别功能的绝对化,从而使得小学教育评价的改进功能、激励功能和诊断功能等难以发挥应有的作用。①

(三)评价方式过于重视量化考核

随着教育改革进程的不断推进,我国小学教育评价改革正如火如荼地开展,其中在评价方式方面也大力倡导质性评价,强调定性和定量方法相结合。但是,由于种种原因,这种新型的评价方式,难以在教育实践中谋得容身之地,量化考核仍旧是小学教育评价的主要方式。现行的各种小学教育评价活动大多采取"指标量化"手段,即制定出一套相应的评价指标体系,运用可以将教育活动量化的考核方式,搜集并处理有关信息,最终得出一个分数,并分出等级。小学教育评价追求的是科学、客观和可操作性,而量化考核由于本身所具有的客观性和"科学主义"取向使它在评价活动中备受推崇,导致定性评价和定量评价相结合的方式不断被形式化,甚至演化成"一种应付上级检查、展示新课改成绩的装饰"。最能说明这一现象的就是在当前的小学学校教育评价中,"教学业绩和学习成绩评定出现量化、人的研究能力和学习能力评定出现量化、人的思想品德评定和行为习惯评定也出现量化等做法"②。

(四)评价标准的科学性和公正性不足

在小学教育评价过程中,对教师的评价,常以学生考试成绩为依据,对学校的评价,常以办学条件代替教学效果,或单以升学率为评价标准。以单一考试成绩(或升

---

① 鹿星南,郭文良.教育评价存在的问题及改进策略[J].教育探索,2015,(4):7-10.
② 鹿星南,郭文良.教育评价存在的问题及改进策略[J].教育探索,2015,(4):7-10.

学率)为主要依据的评价标准不仅会使教学活动进入应试教育的误区,而且由于这种做法不考虑学生入校时的基础、学生的家庭背景、培养成本等因素,会对一些入学学生基础较差的学校产生较严重的负面影响,使学校之间争夺优质生源,导致优质生源不合理地集中在少数甚至个别学校。在一些"差校",教师和学生都缺少成就感、缺乏自信,学生学业、心理、道德等多方面都受到这种消极因素的侵害。①

二、小学教育评价的改革策略

教育评价的改进和发展有利于教育教学的发展,因此,针对上述问题,本文拟从以下几个方面去探讨解决问题的策略。

(一)树立以"人的发展"为主的评价观

促进个体的全面发展是教育的根本目的,也是教育的本质所在。小学教育评价作为教育科学领域中的一项重要课题,其主旨在于改善小学教育工作和提升教育质量的同时,最终实现学生全面、和谐和均衡的发展。树立以"人的发展"为主题的小学教育评价观是指在整个小学教育评价过程中,始终把实现学生的全面发展摆在第一位,它直接指向小学教育评价的终极目标,并作用于教育过程的各个方面。人的全面发展作为小学教育评价的精神内核,在此思想指导下开展评价工作,有利于加快推进素质教育的全面实施,有利于培养学生的创新精神和创新思维能力,从而满足现代社会对创新型、复合型和实用型人才的迫切需求。在小学教育评价中树立并坚守以"人的发展"为主题的理念,一方面,要在小学教育评价目标、评价标准、评价过程以及评价方法的制定和运用上拒绝统一要求,采用有区别的小学教育评价理论和评价模式;另一方面,要关注人的价值,摒弃对利益优先或效率优先的追求,引导学生在对价值理解与认识的过程中体悟发展的深刻意蕴。

(二)改进评价方式,构建多元评价体系

教育评价方式是连接评价理论和评价结果的桥梁,合理而有效的方法的运用可以使评价结果真实反映评价活动中出现的相关问题。然而,现行的小学教育评价方式仍以定量评价为主,忽视定性评价在评价活动中的作用,定量评价由于其数据统计的科学和准确性,虽然能使评价结果具有一定的科学性,但却忽视了许多难以量化的内容,造成了评价结果的失真。美国"第四代教育评价理论"强调质性方法的运用,他们认为,"评价描述的并不是事物真正的和客观的状态",而是"参与评价的每个人或团体(包括评价委托人、评价者、评价对象及其他有关的人)关于评价对象的一种主观认识"。质性评价方法的引入刚好能弥补定量评价在这方面的缺陷,它强调评价结果解释的人性化。但过于注重人文因素,评价结果过分依赖评价主体,也会带有较强的主观主义色彩。因此,需要改进评价方式,构建多元评价体系,实现评价方式从单一

---

① 王蓉.中国教育财政政策咨询报告 2010—2015[M].北京:教育科学出版社,2015:655.

到多元的整合,促进定量评价和定性评价、形成性评价和总结性评价的有机结合,互相弥补各自的不足,确保对评价对象做出科学和客观的评价。此外,应注意开发和引进科学的评价技术工具,为小学教育评价的整体水平的提升提供必要的技术支持。①

(三) 注重评价的发展性功能,大力推行发展性评价

1. 发展性评价的概念

过去的小学教育评价中,成绩主要用来将学生排序,我们很难了解成绩背后每个学生的优势和不足。要全面细致地阐释评价结果,从中了解学生个人及群体的能力结构,我们必须改进目前以原始分为依据的评价技术,采用当代教育测量理论及先进统计方法,结合课程设置、教学大纲等学业标准,深入细致地分析分数的"成分"和"含量",并联系各种背景信息,研究影响学业质量的因素,为学生和教师提供发展性评价。

所谓发展性评价,是一种基于学校的过去基础和现实表现,以面向未来为价值取向,重视评价过程,强调评价的诊断和改进功能,以促进教育质量的提高为终极目的的教育评价。② 这些详细的反馈信息可以帮助学生弥补不足、均衡发展以及发挥优势、培养个性化特长,为教师因材施教提供有效的依据。

2. 实现发展性评价的条件

发展性评价亦称诊断性评价或过程性评价,其概念并不复杂,但操作起来并不容易。首先,需要有科学、合理的评估指标,并且要有与指标密切联系的高质量评价;其次,要有先进的分析方法;最后,要有正确的解读。在美国等教育评价发达国家和地区,目前多由专业考试评价服务机构向政府、地方教育机构、学校乃至个人提供详细的书面反馈。以大型标准化考试国际学生评估项目(Programme for International Student Assessment,简称PISA)为例,组织方经济合作与发展组织在官方网站上公布收集到的各地学业水平、政府投入、学校组织、个人环境这几方面的总体信息以及研究发现的各种影响学业的因素,教育质量发展的趋势等,同时还向各地提供分析该地区情况的分报告,但各类评价报告的运用情况最后还取决于教师和学生,因此,美国等国家还通过向在职教师提供教育评价知识培训,帮助教师解读和利用各类评价结果,促使发展性评价真正发挥作用。

3. 发展性评价的构建

发展性评价的最终目标是促进每一位学生的学习和发展,帮助学生认识自己,建立自信。教育者要善于从多个角度去评价学生,从正面去发现学生的优点和特长,以促进所有学生在不同程度上的发展。

(1) 开展激励性评价,呵护小学生的自尊心、自信心。实践证明,良好的自信心是学生健康成长的前提,是实现教学相长的基础。对学生而言,他们所经历的每一次

---

① 鹿星南,郭文良.教育评价存在的问题及改进策略[J].教育探索,2015,(04).
② 宁业勤.教育评价实践研究[M].杭州:浙江工商大学出版社,2016:104.

评价或测评都是建立其自信心的好时机。为此,评价绝非教育教学过程中的一个环节,只到期末才进行,也绝非只通过书面考试量化考核就能对学生进行全面科学的评价,必须尊重差异,注重个性,特别是在每一次的考试与评价中精心呵护他们的自信心,才能激发起学生的学习热情和创造的欲望[①]。

(2)注重过程,形成性评价与总结性评价相结合。学生处于不断发展变化的过程中,而教育的意义就在于不断促进学生的完善。为了真实记录学生的成长过程,关注学生的学习过程,注重日常的评价,体现动态的评价管理,我们可以通过建立成长档案袋的方式记录学生的成长轨迹。

4. 发展性评价的运用前景

发展性评价能够引领学生全面、健康地发展,对提高小学教育质量有极大的帮助,在我国此类评价实践正处于逐渐发展的阶段。要大范围推广发展性评价,我国不仅需要建立各个学科、各方面能力素质的详细评价标准,还需要努力提高各级考试评价机构的专业化水平,培养评价专业人才,并对教师进行评价专业知识的培训,提高学生、教师乃至社会对新的评价方法的认知度。让小学生真正能够在学习中通过发展性教育评价活动,不断地认识自我,发展自我,完善自我,从而不断积淀、发展、优化其自我素质结构,最终实现德、智、体、美、劳诸方面素质的和谐发展。

(四)构建科学的评价标准体系,倡导采用增值性评价

1. 增值性评价的概念

现行政府对学校的评价缺少客观的、体现教育规律的标准。以单一的考试成绩和升学率作为主要标准的做法,把拥有不同生源和条件的学校,以同一标准衡量,使占有优质生源的学校始终处于优势地位,而那些生源和办学条件差的学校则不能根据学校实际条件提高办学绩效。

增值性评价,是指评价学生在一段时间教育过程后的"成长",以关注变化取代原来对学生在某一个特定时刻的状态的关注。这种评价方式将学生原有的学业成绩及家庭背景等多个因素考虑在内,提出"一个合理增长的模型"。它不仅关注学习过程的最后产出,更看重学习过程所带来的增长,凸显了"以人为本"、尊重每个学生的教育理念。运用这种方法评价学校和教师的绩效,有利于促进学校之间的公平比较,有效激发生源质量差的学校更好地搞好教育教学,成为促进学生学业进步的动力,这种新的评价方法目前在很多国家都得到了关注和研究。

2. 增值性评价的类型

目前国际上常用的增值性评价可以根据数据要求的不同分为两大类。一是,不同学校、地区及不同年份间的学生学业质量评价结果不能直接进行比较,需要先将其换算成标准分、百分位排名等再进行分析。例如,研究者最早使用的标准分差额法,

---

① 张永明,曾碧. 小学教育学基础[M]. 北京:北京大学出版社,2013:272.

就是将至少两次区域性考试的成绩换算成标准分,两次标准分相减即为所求的增值量,后测标准分大于前测越多则增值越大。这种方法的最大局限在于,学生层面和学校层面的因素没有得到关注。另外,起点高的学校很难取得较大的增值量,但这并不意味着这些学校教学成果不显著。我们不难理解,学生成绩由95分提高到100分比从60分提高到65分困难多了。因此,这种简单的求增量的方法在国际上已经较少使用。

二是回归分析法,这是现在比较常见的方法。它是指通过回归方程(如多层回归模型)考虑学生起点水平、家庭背景特征、学校特征等,获得一个预期的成绩,然后计算学生实际成绩与预期成绩间的差异,即为增值量,超出预期越多则增值越大。这种方法利用了学生、教师、学校等多个层面的数据信息,还灵活地结合了标准分。但这种方法仍存在一定的局限性。这种方法是常模依赖的,也就是说,增值的多或少是相对分析的样本平均值而言的,我们无法从中明确获知每位学生的学业水平到底提高了多少,也不能进行跨样本、跨年度的比较。

3. 增值性评价的运用前景

增值性评价在我国的教育政策制订和管理过程中应能发挥重要的作用。我国的增值性评价研究起步较晚,目前仅有少量标准分比较或回归分析的实证研究。并且,一些研究中还存在着方法陈旧、样本量不足、测量工具质量没有保障等问题,我们可以借鉴世界其他国家已有的经验,科学地加以运用。同时,我们也要警惕误用和滥用这一方法。增值性评价依赖教育测量学和统计学的分析方法,本身存在着一定的误差,因此需要谨慎地解释和使用。另外,过去的增值性评价多以学生考试成绩为标准,但这一方法完全应该扩展到艺术、体育等多个方面,使之有利于促进学生的全面发展和健康成长。[①]

复习与思考

1. 教育评价的含义及功能是什么?
2. 教育评价有哪些基本类型?
3. 简述教育评价的价值取向。
4. 我国小学教育评价存在的主要问题是什么?
5. 小学教育评价改革的策略主要有哪些?

拓展阅读

1. 冯翠典,高凌飚.为了学习的考评(AfL):中小学教育评价的新视角[J].教育

---

① 王蓉.中国教育财政政策咨询报告(2010—2015)[M].北京:教育科学出版社,2015:655-658.

测量与评价,2010,(10):4-8.

2. 王连琴.国际教育项目发展及其对我国中小学教育评价的启示[J].教育理论与实践,2010,(34):47-49.

3. 王建华.创新教育评价机制促进学校"增量"发展——关于构建普通中小学教育质量发展性评价体系的思考[J].基础教育参考,2014,(18):3-7.

第八章
基础教育改革与发展趋势

※ 学习目标：

1. 了解世界主要发达国家基础教育改革与发展的基本发展历程。
2. 了解影响世界主要发达国家基础教育改革的重要政策法规。
3. 深入理解我国基础教育改革与发展的价值追求及未来发展走向。
4. 明确把握世界基础教育改革与发展的共同趋势，以更好地指导我国基础教育改革实践。

在现代教育体系中，基础教育占据着至关重要的地位。从字义上看，"基础"指事物发展的根本或起点，"基础教育"指在教育发展过程中的最根本的部分与起始阶段。基础教育改革是世界范围内教育改革的永恒话题。自20世纪以来，特别是第二次世界大战后，世界各国的基础教育改革都呈现出两个普遍而明显的发展趋势：一是促进平等，二是追求卓越。促进平等，是指最大限度地扩大基础教育的受众群体，让每一名适龄儿童，不受种族、民族、经济条件、社会地位和家庭背景等因素的影响和制约，都能够享有平等接受基础教育的权利，充分彰显基础教育的普及性和义务性特征。追求卓越，是指在促进平等的前提下进一步巩固和提高基础教育的质量，为适龄儿童综合素养的形成和发展奠定坚实的基础，使他们能够适应现代社会政治、经济、文化、科技等领域的快速发展。

第一节 美国基础教育改革与发展

在世界各国积极致力于追求基础教育平等与卓越的改革历程中，美国的改革经验值得我们关注。美国是一个种族多样化的移民国家，从殖民地建立到国家独立，经

历了两次世界大战的冲击,美国基础教育随着国家和社会制度的变革而发展。在"二战"结束以来的半个多世纪里,美国联邦政府通过制定一系列带有明显导向性的战略规划,为加强美国基础教育的平等性,进而提高其质量提供了切实而充分的制度保障,使美国基础教育得以沿着平等、卓越的轨迹稳步发展,并成为其他国家和地区的基础教育改革与发展的良好借鉴。美国"二战"后直至今日的基础教育领域的改革历程大致划分为三个阶段。

一、《国防教育法》的颁布——为促进教育平等而努力

(一)出台背景

20世纪50年代,美国经济进入了较为平稳发展的时期,但在平稳中又出现了新的危机。民权运动的高涨使联邦政府随时保持着对国内事务的警觉,而冷战的升级又让美国面临国外的挑战。自"二战"结束以来,美国人一直对自身的经济、军事和科学技术颇具信心。1957年,苏联人造卫星上天这一事件打碎了美国人的自信。苏联在航天领域的成就证明了它和美国进行的科技竞争中的优势地位,这与美国在该领域的缓慢进展形成了鲜明对比。苏联人造卫星成功发射后,美国的政治家和教育者立即做出反应。随后"卫星热"又迅速蔓延到社会各个层面。在反思美国科技落后的过程中,美国人将其归咎于基础教育质量的低下,公立学校由此遭到来自社会各界的猛烈批评。缺乏明确的教育目标以及忽视知识教学,成为美国基础教育质量低下的根本原因。为了改革这一弊端,联邦政府首次从法律和教育政策的角度全面干预教育,开展了美国战后第一轮教育改革。①

(二)主要内容

《国防教育法》共十条52款,基本上都与国家安全相关。其核心内容可以概括为以下四点:

1. 加强普通学校的"新三艺"

加强普通学校的"新三艺",即自然科学、数学和现代外语以及其他重要科目的教学,将这些与国防密切联系。

《国防教育法》以法令形式要求学校教育目标从适应生活转向基础科学知识教育,培养未来尖端科技人才;同时,要求联邦政府资助学校大力改革和加强自然科学、数学和外语(即"新三艺")的教学。

2. 增拨大量教育经费,作为对各级学校的财政援助

法令要求联邦政府以各种形式对各级学校提供实际援助,以保证受培训人力的质量和数量达到国防需要。法令规定从1959年到1962年联邦政府每年拨款8亿多美元援助各级学校教育。《国防教育法》通过后,国会拨款10亿美元用于教育的发

---

① 张妹芝.促进平等,追求卓越——战后美国联邦政府基础教育改革研究[D].河北大学,2011:26.

展。为"保证一切有能力的学生不因经济困难而失去高等教育机会",法令还"设置了'国防学生贷款',这可谓世界教育之创举,从未有任何一个国家通过立法如此大规模地向学生贷款,支持学生完成高等教育"。此外,计划1959年为1 000名研究生提供奖学金,以后五年每年增加1 500名。

3. 强调"天才教育"

《国防教育法》规定:"学习背景表明在科学、数学、工程或一门现代外语方面具有较高能力或良好准备的学生优先考虑给予贷金。"法令要求通过测验、咨询等手段发现和鉴定具有卓越才能的天才儿童,在受完中等教育后升入学院和大学,并提供专项奖学金和奖研金。为鼓励研究生学习国家安全所需的学科,该法设立专门的奖学金,并为建立和扩大研究生院拨款,第一年联邦就拨款530万美元。

4. 强化师范教育,提高教师水平

《国防教育法》一方面通过提高教师工资改善教师经济地位。1958年到1959年,高校各级教师的工资恢复到"二战"以前的水平,并在以后十年内持续增加。另一方面,《国防教育法》把提供更多有能力的教师列为内容之一,规定为未来的高等院校教师设立5 500个名额的大学毕业生特别补助金,用于加强试验和辅导工作的赠款和用于训练公立学校辅导员的赠款,并规定贷款大学生毕业后到中小学任教至少五年,贷款一半可免于偿还。[①]

(三) 影响

自1958年《国防教育法》颁布后,经过10年努力,美国终于在科技水平上超过了苏联,标志是1969年美国成功发射载人飞船并实现人类的登月行走。《国防教育法》充分发挥了教育为政治、经济、国防服务的功能,极大地改变了美国联邦与教育的关系。自此联邦政府介入了传统上属于州政府权力范围的教育领域。《国防教育法》开启了联邦教育的新时代,其最突出的历史作用在于对美国高等教育的影响深远,具体表现在高校规模、师资、通识教育、外语教学、研究生教育、科研等方面的改变,这一时期被称为美国高等教育的"黄金时代"。因此《国防教育法》也被誉为"美国教育史上划时代的文献"[②]。

二、《国家处在危险之中:教育改革势在必行》——机会平等与教育优质并重

(一) 出台背景

进入20世纪80年代后,日本和联邦德国迅速崛起并在国际舞台上扮演日益重要的角色,而此时美国经济发展却进入低谷时期。国际经济竞争和国内经济形势恶化使教育再次进入公众争论的视野,美国商业界、学术界和政府领导人也认识到学校

[①] 郑宏.美国《国防教育法》的制定及其历史作用[J].江西社会科学,2011,31(1):158-159.
[②] 郑宏.美国《国防教育法》的制定及其历史作用[J].江西社会科学,2011,31(1):160.

教育质量的重要性。20世纪80年代,公众对学校某些方面的不满情绪也在增加,集中反映在对教育质量的焦虑和对教育标准的重视上。教育家们认为经济复苏要依靠教育,希望通过脑力开发来弥补经济竞争的不利地位。不同的视角却产生了相似的结论,他们都将目光转向了学校,转向了教育质量。[1] 在推动基础教育的优异化发展方面,里根政府的首任教育部长贝尔进行了不懈努力。贝尔就任里根政府教育部部长后,他曾多次试图说服里根继续实施并扩大联邦政府的教育资助计划,但深受保守主义理念影响的里根并没有接受贝尔的建议。为了回应社会舆论对基础教育质量的质疑,进一步提出科学的基础教育改革建议,1981年,贝尔主持成立国家优质教育委员会,授命该委员会对美国基础教育的质量状况进行全面调查,并在此基础上提出合理化建议。为了全面收集有关基础教育质量的信息,委员会采取了形式多样的调查活动,如邀请专家就相关问题作专题探讨,多次召开听证会、专家研讨会、教师学生及相关人员座谈会,面向普通公民征求有关基础教育的批评和建议等。[2] 经过两年左右的精心准备,1983年4月26日,在美国教育质量大会上,委员会提交了一份题为《国家处在危险之中:教育改革势在必行》(以下简称《教育改革势在必行》)的报告。报告以犀利的语言和令人揪心的发现提醒人们对美国的教育进行反思。"我们的国家正处在危机之中,"报告这样描述,"教育机构目前正在被一股不断增长的平庸之流慢慢侵蚀,而这股平庸之流正威胁着整个国家和人民的未来。考试的分数不断下降、学校对学生的要求越来越低、美国的学校在同他国同行的竞争中越来越居后。"[3]这是继《国防教育法》之后,美国又一次将教育提升到了事关国家安全的高度。

(二) 主要内容

国家优质教育委员会在课程内容、学生标准和期望、教育投入的时间、教师质量、教育领导和教育财政支持等五个方面提出了改革建议。

一是课程内容。国家优质教育委员会提出了州和地方高中要为学生提供毕业所要求的英语、数学、科学和社会学以及为升入大学做准备的外语课程的最低标准。

二是标准与期望。国家优质教育委员会建议"中小学、学院和大学在学业成绩上应采取更加严格、更具可测性的标准,并要提出更高的期望……四年制高校要提高入学门槛",委员会将此作为促使学生获得真实成就的途径。

三是时间。国家优质教育委员会了解到美国孩子上学的时间少于英国等其他国家,因此建议"将更多时间用在学习上……要求有效利用现在的学习日,延长学习日甚至延长学年"。

四是教师质量。一方面,国家优质教育委员会号召加强教师在知识内容和有效

---

[1] Bankston C L I, Caldas S J. Public Education—America's Civil Religion: A Social History [M]. Teachers College Press, 2009: 139.
[2] 夏之莲. 外国教育发展史料选粹(下)[M]. 北京:北京师范大学出版社, 2001: 202.
[3] 夏之莲. 外国教育发展史料选粹(下)[M]. 北京:北京师范大学出版社, 2001: 203.

教学实践方面的准备,但在之后的实际培训中,重心却被转移到课堂教学理论而不是预计的学科知识;另一方面,关于教师薪酬支付的方法。国家优质教育委员会指出,"教师行业的工资应该有所增长,它要体现行业竞争性、市场敏感性,并以教学成绩为基础。"并进而补充说明,"有关工资、晋升、任期和留任等的决策应该与包括同事评价在内的有效评估体系挂钩"。

五是领导和财政支持。国家优质教育委员会还曾指出,我们还没有形成领导世界一流教育体系所必需的能力,管理和监督需要国家承担起责任。委员会强调校长和教育主管也要具有说服他人、设定目标和争取社会团体支持的能力。此外还强调应为这一体系提供所需的资源,正如他们所认为的:"优质是需要成本的,但从长期来看,平庸所花费的成本将更高。"自此,美国地方、州、联邦政府等各层面上教育经费总支出和生均经费投入都有了较大的增长。[①]

(三) 影响

《教育改革势在必行》对美国教育所面临的严重危机进行了深入剖析,提出了高质量教育的标准和学习化社会的需要,公布了有关学校教学过程的详细调查结果,并对教育改革目标及措施提出了具体建议,内容涉及教学内容、学业标准、教学时间、师资培训、财政资助等多个方面,尤其强调联邦政府的财政资助责任。国家优质教育委员会的信息获得过程也是《教育改革势在必行》出台的具体过程,表明该报告的出台意味着参与者角色的多元化,体现了相当程度的专业性、民主性和科学性。《教育改革势在必行》旨在从根本上改革美国教育制度,恢复国家的教育责任,创办高质量的学校。该报告公布之后,美国掀起了一场教育优质改革运动,目的在于提高公立学校的教育质量和标准。该运动持续数年,其间先后出现三轮改革浪潮。《教育改革势在必行》激起了全社会对追求教育优质目标的热情,学校改革在各地成为优先发展的项目。绝大多数州都通过立法或类似方式在教育优质方面采取一系列行动。各州按照公众的要求削减部分基础课程,大多数州决定将基础课程限定在英语、数学、科学和社会学科方面。除了提高课程标准,各州也希望提高中学毕业标准、教师资格和薪水标准,鼓励社会力量和资金参与教育,加强教育和科技的联系等。[②]

三、追求卓越(21世纪初期以来)

(一)《不让一个孩子掉队法》与乔治·W. 布什政府的基础教育改革

1. 出台背景

世界进入 21 世纪,随着冷战的结束和国际交往的频繁,和平与发展成为世界发展的主题。当代的信息和科技革命已经创造了高科技的全球经济,全世界进入了知

---

① 陈洪丽. 国家承担起责任:《国家在危急中》发布 25 年后[J]. 教育发展研究,2008,(23):73-78.
② Pulliam, J. D. and Patter, J. V. History of Education in America[M]. New Jersey: Prentice Hall, 1995:207.

识经济时代。世界发展要求各国审视自己的发展模式,其中,人们所需要的工作技能、批判性思维、勇气、创造性、企业家精神、团队精神、领导力等素质构成了新世纪的人才标准。在这样的时代背景下,教育竞争就是未来综合国力的竞争,国家的未来命运与教育息息相关。当审视美国国内基础教育时,却发现面临着种种困境。一方面,美国的家庭结构已经发生了显著变化,儿童的家庭教育环境大为改变,家庭教育的缺位加重了学校教育的负担。同时,儿童的个体差异对教育公平提出了更高的要求。从20世纪70年代起,改善残障儿童的教育状况就成为基础教育改革的目标之一,但这个问题直到进入新世纪后仍然没有得到有效解决。另一方面,学校种族隔离制度延续到20世纪70年代之后。由于经济和社区人口的改变,许多都市地区成了更多少数民族居住的地区,学校再次受到了隔离。再次隔离已经影响了黑人和处于不利处境的学生。另外,美国基础教育质量一直受到人们的苛责。[1] 自从20世纪80年代以来,学校教育改革受到了公众的关注和批评,学校始终存在着提高教育质量的压力。同时,美国学校面临着诸如毒品泛滥、青少年犯罪等社会问题,学校健康和国家的生存息息相关,需要国家和政府采取必要的措施。乔治·W.布什总统就任总统之后,布什根据他以往执政的教育经验和在竞选中的承诺,开始启动本届政府的教育计划。布什主张将修订《初等和中等教育法》作为改革的起点。2001年1月23日,布什就任总统的第三天,公布了《初等和中等教育法》修正案草案。布什将这份修正案命名为"不让一个孩子掉队"(No Child Left Behind,简称 NCLB),故而又被称作《不让一个孩子掉队法》。在这份修正案中,布什试图加强责任,提高标准,进行学术年度评估,帮助对残疾儿童不利的学校等,缩小学术成就间的差距,呼吁扩大《初等和中等教育法》中资金的灵活性,给予家长更多的选择和提高教师质量。[2] 5月23日,众议院顺利表决通过了得到两党共同认可的修正案。尽管参众两院均通过了各自修改过的修正案,两份修正案反映了共同的立场,但其中也存在重大的分歧。白宫方面曾希望在2001年8月国会休会前两院能够达成一致并通过最终的修正案,但由于分歧巨大,在8月份通过法案的计划被迫延迟。9月11日,震惊世界的"9·11"恐怖事件爆发,此项工作再次延后,直到2001年11月后才重新被提到国会日程。在经过新一轮协商、争论之后,2001年12月中旬修正案最终在两院高票通过,支持率接近90%。2002年1月8日,布什总统正式签署了长达1200页的《不让一个孩子掉队法》。[3] 该法案被看作35年来具有里程碑意义的教育改革计划。

2. 主要内容

作为美国联邦政府重点推出的基础教育改革法案,NCLB 法案针对当时面临的

---

[1] 张妹芝. 促进平等,追求卓越——战后美国联邦政府基础教育改革研究[D]. 河北大学,2011:83.

[2] Maris A. Vinovskis. From A Nation at Risk to No Child Left Behind: National Education Goals and the Creation of Federal Education Policy[M]. New York: Teachers College Press, 2009:162-163.

[3] U. S. Department of Education. Strategic Plan 2002—2007. Washington, DC, March 2002. www. ed. gov. \pubs\planrpts. html office of the Deputy Secretary \Strategic Planning\.

主要教育问题,从教育资金投入、教育灵活权、绩效监督等多个方面提出了改革措施,并对其内容做了详细规定,重点内容有如下三个方面:

(1)建立和完善教育问责制。法案要求各州政府依据联邦法案的要求建立教育问责制度,而且这一问责制度必须要全面覆盖州内所有的公立学校,涉及每一个基础教育阶段的学生。各州在现有的问责制的基础上,依照联邦法案的规定进一步完善现有的教育问责制体系。具体内容包括:各州在联邦政府教育目标的指导下,制定出符合本州实际的学术标准,并建立相应的评价体系,每个学区和公立学校都要接受所在州的教育问责。各州负责制定州一级的阅读和数学学术标准,并指导学区和学校的教学工作,在3~8年级推行标准化考试,努力实现法案规定的年度进步目标。

(2)给予地方更多教育灵活权。法案规定,在教育行政管理等方面给予各州、学区和学校更大的灵活权,以确保在法案的实施过程中各州、学区和学校可以在联邦标准的规定下,根据自身实际更有效地使用教育资源,并且更加灵活地实施该法案。由联邦赋予地方的教育灵活权是在NCLB法案制定和实施的过程中产生的,涉及联邦拨款的使用、标准化考试和问责制、高质量教师等多个方面。联邦政府逐步将教育事务纳入联邦的管理之下,同时赋予地方在执行联邦法案时更多的灵活权,既有助于联邦加强对教育的管理,又有利于保障法案的顺利实施。此外,在州和学区学校获得更多灵活权的同时,也意味着他们要对学生的学业成绩承担更多的绩效责任,迫使各州、学区和学校更好地使用联邦赋予的灵活权来实施该法案。

(3)进一步提高教师质量。联邦政府在这一法案中对教师质量给予了高度关注。法案将"高质量教师"计划作为法案的重要内容之一。根据法案要求,只有取得所教授的课程专业学士或以上学位,或者取得所在州的教师资格认证书的教师才能被认定为"高质量教师",中小学中所有承担基础教育核心课程的在职教师和新入职教师都必须在一年内成为"高质量教师"。法案还要求各州和学区学校制定提高教师质量的目标和措施,明确各州每年高质量教师的最低增长比例和得到专业培训的教师比例。如果学区和学校连续2年没有达到高质量教师发展目标就要出台一份改进计划,并在州政府的指导和监督下进行教师培训,以提高教师质量,达到高质量教师的目标。但是,对于实施了改进措施,在第三年仍然无法达到州政府设立的高质量教师目标的学区和学校,各州将进行直接干预,对所有教师进行专业培训。如果州政府的直接干预没有取得有效进展,也无法明显提高教师质量,那么联邦政府就会削减对该州的高质量教师拨款,甚至停止拨款。法案从增加教师培训和严格教师资格认证两个角度严把教师质量关,比以往提高教师质量的措施更加具有强制力,也更有助于教师质量的提高。①

3. 影响

《不让一个孩子掉队法》的立法宗旨是为所有儿童提供公平与高质量的教育机

---

① 张红蕾.美国《不让一个孩子掉队法》实施状况研究[D].河北大学,2014:11-12.

会,并在如下方面体现出鲜明的特点,具体体现在:首先,法案的适用范围是全国所有公立学校中的所有学生和教师;其次,法案明确了联邦政府所要承担的教育责任,法案的主要目的是为了提高学生的学业成就;再次,法案明确了学生考试成绩是考察其学业成就的主要依据;最后,法案在美国教育史上首次明确了联邦政府对教师资格所提的要求,该要求不是建议性的,而是强迫性的,各州须遵照执行。① 《不让一个孩子掉队法》扩大了州和地方权力,要求各州开发并扩大既存的评估体系,为学校提供技术支持,为确保教师质量而承担责任。它的签署实行,标志着美国进入了一个联邦承担更多公立教育责任的新时代。用政策分析学家 David S. Broder 的话来说,"NCLB 可能是 35 年来最有影响的联邦教育法案。"②

(二)《每一个学生成功法案》与奥巴马政府的基础教育改革

1. 出台背景

《每一个学生成功法案》(以下简称《成功法案》)是对布什时期所推行的《不让一个孩子掉队法》的反思和调整。《不让一个孩子掉队法》的主要目的是帮助每一个孩子都能具备基本的阅读能力与数学能力,从而增进美国的教育公平。为了实现这一目标,该法案制定了严格的评估与问责机制,要求各州采用联邦制定的统一标准化测试和年度考试等手段来衡量本地的基础教育质量,地方上的学校和教师必须根据法案设置的目标让学生每年都能获得适当进步。同时,该法案规定,将根据学生的测试情况对学校教学质量进行考核,没有达到目标的学校将被问责,这一法案代表了美国公立教育系统中问责制与标准化时代的到来。③ 总的来说,《不让一个孩子掉队法》经过十多年的推行,在一定程度上达到了提升美国基础教育领域教学质量的目标,初等和中等教育的质量有了明显改善。但布什政府掀起的这场教育改革自实施以来就不断遭到社会公众和教育专家的指责和批评,后者质疑的重点主要是该法案严格的问责制和标准化考核手段能否有效达成"提升美国学生整体阅读和数学能力、促进教育公平"的目标。因此美国政府开始对该法案进行反思和改革。④ 奥巴马在向公众解释出台《成功法案》的原因时说:"《不让一个孩子掉队法》的预期目标无疑是对的,我们所承诺的'让每一个指导儿童的教师都成为优秀教师'是正确的目标。另外,为学业设置高质量的标准也是正确的,问责同样也没错,但我们的失误在于没有向教师、学校和各州提供实现上述目标的必要支持,而没有支持这些目标是无法实现的,

---

① Dean Webb. The history of American Education: a Great American Experiment[M]. New Jersey: Pearson Prentice, 2006: 360-361.

② David S. Broder. Long Road to Reform: Negotiators Forge Education Legislation[M]. Washington Post, December 17, 2001, p. A1.

③ 刘宝存,张伟. 还权与松绑:美国基础教育改革的新风向——《每一个学生成功法案》述评[J]. 中国德育,2016,(11):10.

④ 刘宝存,张伟. 还权与松绑:美国基础教育改革的新风向——《每一个学生成功法案》述评[J]. 中国德育,2016,(11):11.

这便是为什么我们要颁布《每一个学生成功法》的原因。"①从这一说法来看,尽管奥巴马不愿直接承认先前教育改革的失败,但是新法案所采取的诸多与旧法案不同的措施无疑表明《不让一个孩子掉队法》存在问题,这就是《成功法案》出台的现实背景。

2. 主要内容

《成功法案》的主要内容包括：

一是坚定地为美国弱势和需要保护的学生提供保障,力争为学生带来更多教育机会与更好的教育效果。

二是提升所有美国学生的学术水平,帮助他们为将来的大学生活和职业生涯做准备。

三是为各州提供教育资源或项目支持,为学校管理人员与广大教师提供基于实践的专业服务。

四是扩大并提高学前教育的政府资助;赋予州和地方教育部门发展自身教育事业的权力,帮助地方建立高效能与强有力的教育管理体系,倡导基于实践的方法来改善学校教育,提升学校的教学质量。

3. 影响

首先是问责权力从联邦层面转向地方层面。《成功法案》放弃了过去联邦教育部控制下的统一问责制度,开始采用综合性的州问责制,这一做法提高了州教育机构在基础教育事业中的话语权力和主导地位。问责权力的转移被美国公众看作向教育传统的回归,是联邦政府重新开始尊重州及地方政府对于教育领导权的标志。对此,美国舆论界认为,《成功法案》的出台"代表了最近25年来联邦政府对于地方教育控制权的最大转移",同时也意味着"一个问责时代的终结,即联邦政府采取咄咄逼人的方式试图控制公立学校的时代的终结,教育的控制权重新回到州和地方学区"。

其次是考核方式从严格统一到灵活多元。《成功法案》一方面赋予各州能够自由选择学业衡量标准的权利,另一方面对《不让一个孩子掉队法案》中过于依靠考试这一手段作为衡量教学质量标准的导向进行了调整,改变了过去单一的评估方式。另外,法案支持各州为审核和简化评估体系以及试验各种创新评估所做出的努力,同时建议各州实施创新性评估,强调各州可以将年度统一测评分解为若干单一测试,减少不必要的测验。有关考核的最终目的,《成功法案》强调必须确保政府正在更好地帮助所有的学生具备批判性思维、适应性、协作能力、解决问题能力和创造性,这些技能都超出以往学校所提供的基础知识,体现出这一法案在价值取向上更灵活与创新。

再次是干预方式从直接干预到间接指导。《成功法案》虽然界定了哪些学校需要

---

① Barack Obama. Remarks on Signing the Every Student Succeeds Act[EB/OL]. [2016 - 01 - 05]. https://www.whitehouse.gov/sites/whitehouse.gov/-files/documents/ESSA_Progress_Report.pdf.

州(或地方)政府采取措施进行干预,但对后者应该如何干预则没有给出具体要求。为了保障地方政府的教育主导权,《成功法案》严格禁止联邦过度干预州和地方在问责制和学校建设方面的决策权。《成功法案》采取的是温和与间接的指导方式,将基础教育的管理权真正交还给地方,同时提出应建立新型的"联邦—州伙伴关系",鼓励各州采取多项灵活措施推动《法案》的实施,积极帮助各州探索和运用多种测量方法来区分应奖励和应帮助的学校,从而确保成绩较差的学生也能得到所需的教育资源。新法案更多地关注学校的现实需求而非对学校提出硬性指标,同时联邦保留适当监督权力。《成功法案》的意义在于为每一个美国孩子——无论其出身于何种种族、阶层与家庭背景,都有机会过上自己所期盼的生活,从而帮助人们坚定美国社会所崇尚的自由、平等和公正等信念。在于将教育的主导和控制权力由联邦政府归还给州和学区,这在很大程度上能够调动州和学区参与教育改革的积极性,从而减少改革的阻力。

第二节 英国基础教育改革与发展

在世界各国致力于积极追求基础教育平等与卓越的改革历程中,英国的做法尤其值得关注。无论从国民受教育程度还是从教育质量来说,英国教育都在世界上享有较高的声誉。由于其特殊性和典型性,英国教育一直是各国教育界和学术界研究的热点。从资产阶级革命到产业革命,从第一次世界大战到第二次世界大战,在漫长的发展历程中,英国基础教育随着社会经济和政治制度的变革而不断稳步发展,被学界称作"渐进性模式"。在"二战"结束后的50年间里,英国政府为加强其基础教育的平等性,进而提高其教育质量,制定了一系列相关政策与法律以推动基础教育事业的发展。由于英国教育制度的独特性,也由于英国教育制度的历史影响,在战后世界教育改革这块舞台上,英国在教育领域中进行的许多革新和实验一直是较为引人注目的。[①]

一、《1944年教育法》与战后英国基础教育改革(1945—1977)

改革的重点在中等教育方面。人们普遍认为战后教育重建是实施《1944年教育法》的关键。两大政党都认为应根据新法案来重塑英国的教育制度,这种趋同现象使战后初期教育重建在政治上没有引起分歧,并直接推动了战后教育的发展。但后来在关于综合中学政策上两党分歧显露。

---

① 刘倩倩.追求公平与卓越[D].南京师范大学,2014:1.

(一) 出台背景

第二次世界大战英国遭受了重大损失。因此期望战后国内情况会有根本好转,如经常性失业、贫困和破产等现象的消除。1941年《泰晤士报》写道:"有理解力的人们不能不看到,人类不仅要经历世界大战的战火,而且要经历社会革命的烈火,并且会看到由此产生的世界,无论在思想、信仰和行动等许多方面,都会和旧世界迥然不同"。① 英国政府实行了一系列战后重建计划,《1944年教育法》便是当时英国战后社会发展的产物。美国教育家艾萨克·康德尔指出:"英国教育总是在发生社会或政治危机的时刻取得最大的进展。"② 战争时期人们对于教育对社会幸福和维系民主理想与制度的重要性,对消除阶级障碍,为男女儿童提供平等机会等问题也有了更为深刻的认识。

(二) 主要内容

在第二次世界大战接近尾声的时候,英国政府及其各党派代表人物不断提出教育改革的设想,并于1944年通过了以当时的教育署主席巴特勒(R. T. Bulter)名字命名的《巴特勒教育法案》(Butler Education Act),也称《1944年教育法》。该教育法共122款,主要内容包括以下几个方面:

一是废除原先只负督导责任的教育委员会,设立全国性的教育领导机构——教育和科学部,以加强中央对教育的集中领导;分别设立英格兰和威尔士教育顾问委员会,为教育和科学部部长提供咨询服务;并把地方教育行政当局从原先的315个合并为146个。

二是废除以往中小学教育不连贯、相互重叠的学制,重新把教育划分为初等教育(5~11岁)、中等教育(11~18岁)和继续教育(为离校青少年创办)三个连续的阶段。

三是把义务教育年限从原先的9年(5~14岁)延长为10年(5~15岁),并规定有条件的地方实施11年(5~16岁)义务教育。

四是公立中学实行免费,并根据学生的年龄、能力和倾向提供不同类型的教育,家长的职责是确保子女受到有效的教育。

五是教会学校被纳入国家教育体制,并规定在所有公私立学校进行宗教教育。

六是规定独立学校必须在教育和科学部注册、备案、并接受检查。

七是详细规定了地方教育行政当局的职责:为学生提供免费医疗、牛奶、午餐和其他点心,必要时包括衣、食、宿;为缺陷儿童提供特殊教育;为少数考入收费学校的学生支付学费,为公立学校学生提供生活补助费,为接受继续教育和高等教育的学生提供奖学金;负责组织青少年的业余文化娱乐活动;为2~5岁的幼儿提供学前教育;设立郡学院,为未满18岁的离校青少年提供非全日制教育等。③

---

① 易红郡.从冲突到融合:20世纪英国中等教育政策研究[M].长沙:湖南教育出版社,2005:211.
② [美]艾萨克·康德尔著.教育的新时代比较研究[M].王承绪等,译.北京:人民教育出版社,2001:64.
③ 刘倩倩.追求公平与卓越[D].南京师范大学,2014:1.

(三) 影响

《1944年教育法》是英国教育制度发展史上一个极其重要的法令,它决定了英国战后教育发展的基本方针和政策,对英国教育的进一步发展也产生了重要影响。该法案继承了英国自19世纪以来历次重要法令所提出的教育改革要求,并结合了战后对教育的现实需要,从根本上结束了英国公立学校制度的混乱状况,形成了初等教育、中等教育和高等教育互相衔接的现代英国国民基础教育制度,扩大了受教育机会。

教育史学家西蒙认为,《1944年教育法》是典型的保守党计划,并非完美无缺,"如果我们把它与实际取得的成就进行比较,结果就很明显。公学未受到侵犯并被保存下来——在这方面,法案没有做出任何规定"。首先,国民教育制度并没有真正建立起来。尽管《1944年教育法》对宗教教学的法定条款和每所学校每天必须举行的宗教仪式进行了修改,但双轨制仍然存在。其次,离校年龄提高到15岁,但法案没有规定提高到15岁的具体日期,这一目标到1947年才正式施行,将最低离校年龄提高至16岁的设想直到1972年才得以实现。再次,当普通教育法规颁布时,新型的中等教育体制仍然是分割而不统一的:没有兑现白皮书中所承诺的废除11岁考试,反而使这种竞争变得更加激烈;不同类型的中等学校之间也没有获得同等的条件、地位和应有的尊重。事实上直到40年之后,迫于大规模民主运动的压力,单轨制中等学校或至少类似的学校才得以建立。

二、《1988年教育改革法》与80年代基础教育改革(1977—1997)

(一) 出台背景

20世纪80年代以来,保守党撒切尔政府的改革理念和一系列报告文件为《1988年教育改革法》的出台奠定了良好基础。1981年,撒切尔夫人坚定的追随者基思·约瑟夫爵士出任英国教育和科学部国务大臣。他认为,学校应该为各种能力的学生提供适当的教育,学校教育应更明确地确定成绩标准,为师生双方确立更明确、更具体的工作和学习目标。师生双方努力实现这些目标的过程就是提高教学与学习水平的过程。[①] 约瑟夫的主张被认为是保守党政府教育政策的体现,此后,提高教育质量开始成为保守党政府关注的焦点。1985年3月,英国教育和科学部、威尔士事务部向议会提交了题为《把学校办得更好》的白皮书,对英国普通教育质量表示担忧。白皮书检讨了造成当前基础教育质量低下的某些原因,主要集中在课程、教学内容、考试等方面,教育改革的重点也应关注这几个方面。英国政府和社会各界人士围绕这些问题展开了持续多年的调查和讨论。1987年11月,约瑟夫的继任者贝克(Kenneth Baker)正式向下议院提交了《教育改革议案》,指出"提高教育标准是本届

---

① 徐辉,郑继伟.英国教育史[M].长春:吉林人民出版社,1993:352.

议会最重要的任务"。"在以往的四十多年里,我们的教育制度是建立在1944年《巴特勒教育法》规定的框架之上的……我们需要为这个制度注入新的活力,因为它已成了一种生产者主导(Producer-dominated)的制度,无法对以往十年里日益急迫的改革做出敏锐反应。"①经过大约9个月的反复讨论和修改,该议案在议会通过,成为著名的英国《1988年教育改革法》。

(二) 主要内容

1988年,英国国会通过了由教育大臣贝克负责制定的教育改革法案,即《1988年教育改革法》,从而掀起了第二次世界大战以来英国最大规模的一次教育改革。该法为当代英国教育体制全面进行改革提供了法律依据。该法的主要精神是改革普通教育,同时兼顾高等教育。其主要内容是:

第一,规定实施全国统一课程。在义务教育阶段开设三类课程:核心课程、基础课程和附加课程。核心课程和基础课程合称为"国家课程",是中小学的必修课程。核心课程包括英语、数学和科学。

第二,改革考试制度。在整个义务教育阶段举行四次全国性考试,分别在7、11、14、16岁时举行。

第三,改革学校管理体制,加强中央对教育的控制。规定地方教育当局管理的中小学,在多数家长要求下可以摆脱地方教育当局的控制,直接接受中央教育机构的指导。这一政策称为"摆脱选择政策",被认为是英国打破过去中央、地方两级分权管理教育的传统,走向中央集权制的重要一步。

第四,改革高等教育的管理和经费预算。废除英国高等教育"双重制",即英国的各类学院由地方管理,而大学则由中央管理的体制。一些高等院校将脱离地方教育当局的管辖,成为独立机构,取得法人地位。

(三) 影响

《1988年教育改革法》是自1944年以来在英格兰和威尔士最重要和最具影响力的教育立法。伦敦大学教育学院的彼特戈登(Peter Gordon)等学者认为,《1988年教育改革法》象征着英格兰教育政策的一个分水岭,代表着一种终结和一个新的开端,其重大修改及实施都将决定20世纪及以后教育政策的形态。其重要性在于该法案的广度几乎触及教育领域的方方面面。例如,地方教育当局的权力被削弱,最大的伦敦教育当局的权力被取消。然而,《1988年教育改革法》中的某些条款存在明显的矛盾:一方面通过鼓励家长择校和允许学校成为直接拨款学校,对自由市场消费者做出让步;另一方面,国务大臣又拥有多项权力来加强对教育系统的控制,包括制定严格和高度集中的全国统一课程。因此不少学者认为《1988年教育改革法》是撒切尔主

---

① Martin Ropers. *Opting Out: Choice and the Future of School*, London: Lawrence and Wishart Ltd, 1992: 571.

义内部矛盾与妥协的产物。《1988年教育改革法》的实质在于通过家长选择和自由市场的形式,努力削弱地方当局的权力而加强中央的权力。这也正是"新自由主义"政治理念的核心所在。①

三、《卓越的城市教育》计划——90年代后的英国基础教育改革

90年代以来,西方社会出现的一个重要政治现象就是"第三条道路"的兴起。在英国,以布莱尔(Tony Blair)为首的新工党在1997年的大选中获胜,结束了英国保守党连续18年执政的历史。在"第三条道路"教育理念的指引下,布莱尔在其执政期间在政治、经济和教育等领域进行了重大改革。与撒切尔主义影响下的教育政策相比,新工党的教育政策更加注重教育机会均等,更加注重教育的民主化和全民化。

随着信息社会和知识经济的到来,发展教育与繁荣经济之间的关系日益紧密。经济发展对就业者素质的要求大大提高。"第三条道路"的政治主张对布莱尔政府的教育改革产生了重大影响。与其政治主张相适应,新工党政府也着手制定了一系列新的教育政策,将教育置于优先地位,把增加教育投入和提高教育质量作为政府立法的首要目标。一方面,布莱尔政府延续了撒切尔主义中建立强硬国家的做法,坚持实施国家统一课程和全国统一考试,促使教育多样化发展,提高教育质量。另一方面,新工党也坚持追求教育公平,强调使所有人接受高质量的教育,为有特殊需要和处境不利地位的学生提供帮助,提倡"通过教育、培训和工作,给予每个人机会来充分发挥他们的潜力,在此基础上建立一个包容的、公平的社会和具有竞争性的经济"。布莱尔政府也努力寻求中央与地方之间的平衡,保证在国家对教育实施统一管理的同时也充分发挥地方和学校的自主性。新工党政府还强调家长、学校和社会承担一部分责任。在上述教育政策的主导之下,新工党政府对撒切尔时期强调市场、选择、精英教育等做法进行了批判和改革。

(一) 出台背景

英国城市公立学校大多位于工人阶级以及少数民族聚居的内城,这些学校师资力量薄弱,教学质量低下,学生学业存在严重问题,"城市教育"被视为教育质量低下的代名词。政府较早关注到城市中心内城的薄弱学校教育问题。上述现象的存在与工党政府旨在实现教育公平的主张格格不入。新工党政府认为,这些薄弱学校不仅不能发展学生的潜质,还有损于教育公平和社会正义,影响整个国家的发展和稳定。布莱尔一再强调要"在城市中采取更直接的办法来解决学生学业不良的问题,我们坚信城市中心地区的家长有权利使他们的孩子获得与其他地方孩子同等质量的教育。政府、学校和地方社区要有提高主要城区学校标准的热情"。

(二) 主要内容

为解决城市中心地区的教育问题,布莱尔政府于1999年3月出台了《卓越的城

---

① 刘倩倩.追求公平与卓越[D].南京师范大学,2014:54.

市教育》计划(Excellence in Cities),分三个阶段和六个子计划来实施,目标就是改善和提高城市教育质量,实现全国基础教育的均衡发展。第一阶段的改革主要针对城市中心地区的中学,从第二阶段起开始向小学延伸,同时通过"优异群体"(Excellence Clusters)和"卓越挑战"(Excellence Challenge)两个子计划将改革目标延伸到城市外围的贫困群体和16岁以上的天才学生。《卓越的城市教育》计划涉及学校教育改革的许多方面:

一是,提供多样化教育以满足不同学生的发展需要。"天才计划"即面向每所中学5%~10%的天才学生,对其进行校外学习支持。任何中学都可以在数学与计算、科学、工程、艺术、体育、语言、商业娱乐、技术、人文、音乐十个学科领域中申请任何一个学科的"专门学校"(Specialist School),形成学校的发展特色,满足不同学生的兴趣和学习需求。①

二是,学校运作方式的变革。借鉴"教育行动区"的经验,注重在每个地区建立地方伙伴关系组织来加强各方的合作。该组织负责学校管理,地方教育当局的作用就是协调该计划与当局的关系。这种伙伴关系也有助于学校协作网络的形成和校际之间的交流,为学生家长和社区提供更为便利的沟通条件,使每所学校都能够共享有益的经验。

三是,构建支持学生全面发展的体系。如通过设立学习辅导员计划为学习上有特别需要的学生提供支持,通过设立学习支持单元为受排斥的学生提供独立的短期教育和教学计划,通过设立城市学习中心为伙伴学校的师生甚至整个社区提供丰富多样的活动。②

(三)影响

《卓越的城市教育》计划有着重大的意义。首先,该计划把促进教育均衡发展作为维护社会公平正义的重要途径,是布莱尔"第三条道路"执政理念在教育政策上的又一反映。布莱尔政府通过该计划再次强调了其教育改革的目的不是加剧不平等的状况,而是拓展机会提高教育质量,使每所学校都成功,每位学生都优秀。其次,在计划实施中,学校之间、学校与地方教育当局及其他组织的合作伙伴关系得以改善,都很好地履行了各自的职责。这项计划旨在促进学生潜能的发展,提高学生的学业成就,可是学校自身的资源不足,能力不强,故此需要地方教育当局的帮助,需要与其他学校进行合作,还需要社区以及家长的支持和参与,这样才能使政策更具有针对性和有效性,丰富学校教育的渠道,从而为学生更好地学习创造了条件。但该计划在实施过程中也暴露出了一些问题。比如,中央政府对资金的管理和利用缺乏清晰的指导,大多数官员和学校校长解决资金问题的主动性不强,限制了该项政策的实施,削弱了影响。另外,在各方形成的伙伴关系中,缺少对该计划的督导和评估,没有及时的反

---

① 李娜. 英国布莱尔执政时期的重要教育政策研究[D]. 华东师范大学,2008:27.
② 刘倩倩. 追求公平与卓越[D]. 南京师范大学,2014:63.

馈调查,也无定期检查,实施效果就大打折扣。①

第三节　日本基础教育改革与发展

一、《教育基本法》与战后基础教育改革("二战"结束后—50年代)

"二战"后,日本作为战败国经济萧条,但日本素以"教育立国"著称。这一国策促使日本在战后不仅经济上迅猛崛起,也极大地推动了日本教育的发展。

(一) 出台背景

战后日本教育改革深受美国占领军的直接而系统的介入和影响。1946年1月,占领军总部发出《关于教育根本改革的备忘录》,提出改造日本教育的具体意见和实施要点。同年4月,在美国教育使节团的领导下和日本教育专家委员会积极协助下,第一次公布了《美国教育使节团报告书》,以积极而全面的民主化教育改革理念,为日本战后教育改革指明了方向和提供了指导思想。该报告书批判了日本教育中的军国主义和极端国家主义,指出战前日本教育存在的问题,提出了日本教育再建应遵循的基本教育原则:即在自由主义和民主主义的政治体制下,承认个人的价值和尊严,最大限度地发展个人的能力,根据个人的能力和个性给予受教育的机会。该报告书虽以建议形式呈现,但它为战后日本教育的改革与发展产生了至关重要影响,是日本教育史上具有深远意义的重要事件。1947年3月,文部省根据美国报告书的精神制定《教育基本法》,为日本确立民主教育制度提供了最有力的法律保障。《教育基本法》的制定与实施在日本教育史上具有划时代的意义。它首次以立法的形式宣布资产阶级民主主义的教育理念:以和平的、民主的教育代替军国主义和国家主义教育;以法律主义代替了战前的命令主义。②

(二) 主要内容

第一、学校制度。《教育基本法》和《学校教育法》规定采用小学6年、初高中各为3年的制度。小学和初中为免费义务教育,即九年义务教育。消除男女教育机会不平等,各级各类学校一律男女同校,体现教育民主和平等思想。

第二、教科书制度。《学校教育法》规定废除国定制,实施检定制。即民间出版社进行教科书的编写并提交官方审定和批准,但教科书的编写必须遵循《学习指导要

---

① 刘倩倩.追求公平与卓越[D].南京师范大学,2014:63-64.
② 付秀丽.多元文化视角下的日本当代基础教育改革[D].华东师范大学,2009.

领》。

第三、教师要求。为了提高师资水平,1947年公布的《教师许可法》规定,凡是教师都必须持有教师资格证,规定中小学教师必须在大学学完所规定的课程,获得必要的学分,经过考试合格后,由各级教育委员会发给相应级别的教师资格证,否则不能任教;一般大学毕业生只要取得所规定的学分,也能取得教师许可证,标志着日本开始实施开放型教师培养制度。另外,为了促进日本基础教育的均衡化发展,《国家公务员法》规定在日本开始实行教师定期流动制。

第四、课程内容。《美国教育使节团报告书》和《学习指导要领》都规定终止修身、日本历史和地理课,重新编写历史、地理教材,其目的是清除教育内容中的国家主义色彩。另外,日本给教师和儿童以较大的自由,保证教师的课程编制、教学和教材选择的自主性。

第五、行政管理。1948年的《教育委员会法》和1949年的《文部省设置法》规定改变中央集权式管理为地方分权式,将教育行政从一般行政中独立出来,建立地方教育委员会以削减文部省的权限。初等和中等学校的管理权归地方都道府县和市町村负责,课程设置由中央统一控制发展,尊重地方意见和发挥教师自主性。

第六、财政经费。日本内阁会议就基础教育经费及补助问题规定:新制公立初中教职工的工资所需经费由都道府县负担,但和小学一样由国库负担二分之一;对于设备费、校舍修缮私立义务教育学校和公立学校学生经费的增加以及因学费收入减少而增加的部分,均由国家给予补助或采取其他财源措施。除此之外,战后日本根据新学制的进展情况,为保证经费,先后制定了《市镇村立学校职员工资负担法》、新的《义务教育国库负担法》(1952年)、《义务教育诸学校设施费国库负担法》(1955年)等,从经费上保证了义务教育的顺利实施。①

(三)影响

《教育基本法》的制定与实施在日本教育史上具有划时代的意义。它首次以立法形式,宣扬资产阶级民主主义教育理念。日本教育的法律体系建立起来。在一系列体现着民主精神的教育法律的指导下,日本基础教育改革和学校制度转轨进行得十分迅速,至1950年,日本战后民主主义教育体制基本形成。战后基础教育改革政策最大的优点在于教育机会均等。多年来的实践经验也证明,日本改革后的新教育制度,虽然模仿了美国教育模式,但基本上符合当时日本国情。1950年,小学和初中的入学率达到99.6%,高中达到36.9%,实施效果良好。战后日本基础教育改革政策也存在不足之处:如课程过分强调以儿童为中心,忽视系统知识的传授,导致学力下降;忽视职业技术教育等。1952年,日经联发表的《关于重新研究新教育制度的要求书》就批评说:"教育制度过多地强调了对社会成员的普通教育,而明显地忽视了与此

---

① 詹亚.20世纪90年代以来的日本基础教育改革政策研究[D].云南师范大学,2006:12-13.

并行的职业乃至产业教育"。①

二、经济高速发展与能力主义教育(20世纪50—70年代)

(一)出台背景

从50年代中期到70年代初,是日本战后经济的高速增长时期。经济的高速发展和技术的革新,使日本迅速崛起为仅次于美国的世界第二经济大国。日本政府和经济界把教育发展规划纳入国民经济发展规划中。为了配合经济发展的要求,文部省于1962年出版了《日本发展与教育》的教育白皮书,试图从理论上用经济发展的观点来探讨教育的发展方向问题。白皮书认为,教育的发展要以经济发展为基础,教育应该从属于经济。1963年经济审议会发表了《关于开发人的能力政策的咨询报告》。该报告明确提出了"建立产业与学校的合作制"、在学校教育中实行"能力主义"教育的两条基于改革建议,对60年代中后期的日本教育改革起到了举足轻重的作用。这一时期的教育改革开始以能力主义和人才开发为基准,把培养适应社会经济发展需要的掌握现代生产手段和科学管理的专门人才,作为教育发展首要目标。

(二)基础教育改革的主要内容

1. 学校制度

1956年,日经联发表《关于振兴科学技术教育的意见》,要求在初中和高中阶段按照学生的特点、能力和未来发展进行分流。在课程上要求分为普通教育和职业教育两种。随着战后日本经济的恢复与发展,尤其是自1960年池田内阁发表国民收入倍增计划以来政财界纷纷要求改革高中教育,使之多样化,便于为经济发展培养合格的初级科技人才。1966年扩充与完善后期中等教育的咨询报告规定:"为了方便劳动青少年的学习,提高教育效果,应当扩大定时制和函授制并修的形态,并有计划地推进设置面向青年工人的定时制和函授制课程并置的独立的高中。"这些无不体现出日本经济对教育的要求,要求培养学生的能力,适应经济的发展要求。

2. 教师要求

为确保教师数量与质量,尤其是工业课程的教师数量和质量,日本设置短期的教师培训,允许教师资格证书制度出现特例,同时也改善教师待遇。1957年颁布的《关于振兴科学技术教育的方略》明确指出:"要增加中小学的教职员定数,特别要想方设法确保理科、手工制作和产业教育教师的必要人数"。

3. 课程内容

文部省于1958年提出"充实基础学力提高科学技术教育"并发布《学习指导要领》,规定加强文部省对中小学课程的统一管理,大幅度地增加了数理科的教学时数;精选各科教学内容,注重基本知识技能的学习;单独设置道德课,加强道德教育等。

---

① 付秀丽.多元文化视角下的日本当代基础教育改革[D].华东师范大学,2009:13.

此阶段教科书修订主要表现为教科书中为侵略和殖民扩张政策翻案,篡改历史;确立教科书通用体制,剥夺学校和教师对教科书的自由选择权等。

4. 行政管理

日本开始加强中央集权,1956年废除了《教育委员会法》,制定了《关于地方教育行政组织经营法》,把教育委员会的民选制改为任命制,强化了文部省的权力和国家的控制力。①

(三) 影响

从50年代中期到70年代初期,经济的高速发展和技术的革新,极大地改变了战后日本民主主义教育的发展方向。国家的行政统制和经济界的强行干预,使日本教育几乎成为政治和经济发展的附庸。1966年10月,中央教育审议会发表了题为《理想的日本人》的报告,它的发表标志着日本的教育理念由和平民主向国家主义转变。国家主义思想在基础教育改革政策中再次占据上风,民主主义和自由主义的教育理念让位于国家的政治和经济利益。在战后日本经济高速发展的过程中,教育自身独立的目的,教育所应有的本然性及儿童个性的发展被忽视甚至抛弃,取而代之的是教育的改革和发展服从于冷酷的经济原则。②

三、四份咨询报告与第三次基础教育改革

(一) 出台背景

20世纪70年代初期,是日本政治、经济、外交等方面出现重大转折的时期。1972年,美国总统尼克松访华,中日邦交正常化、日本列岛改造计划的制定与实施,由石油危机引发的经济危机,由腐败导致的政局动荡等事件对日本社会各领域产生了重大影响,迫使日本社会不得不进行全面的转型。20世纪70年代尽管日本政局动荡不安,经济上却成功克服了由于石油危机而引发的经济萧条。石油危机后,日本企业界痛感日本经济受制于资源、能源的弊端,于是逐步进行产业结构调整,着重发展节能高效的工业产业。80年代之后,以电子计算机为代表的信息技术飞速发展并对社会产生了重大影响。为了适应新技术革命的挑战,必然要对培养人的教育进行相应的变革。日本明确提出要以科技立国的国家发展核心战略,势必要求教育要培养出具有独创性的高层次、高水平的科技人才,对传统的注重模仿的教育模式提出了挑战。

(二) 主要内容

1983年8月成立了临时教育审议会,负责审议制定教育改革方针。临时教育审议会从1984年9月就开始审议,到1987年8月止共提交了四次咨询报告,日本的第

---

① 瞿葆奎,钟启泉.日本教育改革[M].北京:人民教育出版社,1991.
② 付秀丽.多元文化视角下的日本当代基础教育改革[D].华东师范大学,2009:22-23.

三次基础教育改革基本上是以这四次报告为依据的。日本根据这四份咨询报告最终确立了第三次基础教育改革目标、原则和基本内容。

第三次基础教育改革目标：建设适应新的时代要求的面向 21 世纪的教育体系，培养具有宽广的胸怀、健壮的体魄、丰富的创造力和具有自由、自律和公共服务的精神以及面向世界的日本人。

第三次基础教育改革基本内容如下：

1. 学校制度

今后学校教育的综合扩充与整顿的基本措施。明确指出中等教育被分割为初中阶段和高中阶段，为解决随之出现的问题，把初高中作为一贯的学校来开展教育。"通过教育指导，对素质和兴趣各不相同的学生，按照多种不同行为和不同能力，进行圆满有效的教育"。80 年代的学制改革主要指向战后初期的六三三学制，按照灵活、多样、柔性化的特点，实行学校教育制度的多样化和类别化。加强中等教育，特别是后期中等教育，实行初高中六年一贯制，设置六年高中和学分制新型高中，建立国际性开放学校。

2. 教师要求

《文部省教育职员许可法》明示：幼儿园、小学、初中的校长和教导主任的任职资格为专修许可证，高中校长和教导主任的任职资格则是专修许可证。

3. 财政制度

日本公共教育经费由中央政府和县市二级地方政府分别从各自税收和其他收入中支付，共同承担。日本中央教育财政专项资助县义务教育学校教职员的工资和津贴的比例为 1/2；教学设备比例为 1/3～1/2；边远地区的教育比例为 1/2；公立小学校舍修建比例为 1/3～1/2。国家给义务教育经费的津贴比率大大超过给其他学校和部门的比率，这主要是由于义务教育学校教师薪水有一半是由国家支付的。

4. 课程内容

文部省于 1977 年公布《关于改善中小学教学计划的标准》，提出按小学、初中、高中教育一贯性原则精选教学内容，使学校的生活安排既有余地而又充实。1977 年和 1978 年先后公布《学习指导要领》，规定改革的策略为：培养智、德、体和谐发展的个性丰富的学生；重视作为国民所必要的基础、基本的教学内容，同时按照学生的个性和能力进行教学；按照学生对学习内容的熟练程度进行编班，大幅度削减必修科目，加强基础知识和基本技能课程，实行适应能力的教育。教育课程审议会在 1987 年发表了关于改善幼儿园、小学、中学及高中课程基准的中间咨询报告，提出扩大中学阶段的选修课，学校可以自主编制课时，实行弹性化的授课时数。此后，教育课程审议会提出了改革日本中小学教育课程的四项方针：培养丰富而良好的心理素质和坚忍不拔的生存能力；培养主动学习的兴趣和自主适应社会变化的能力；重视培养学生掌握作为公民所必需的基础知识和基本技能，充分发展个性；加深对国外的理解，尊重日本和别国的文化和传统。

(三) 影响

与前两次教育改革相比,第三次基础教育改革更具有明显的文化自觉性和创造性。首先,这次教育改革的文化取向是从欧美化回归到本土化,再从本土化指向国际化。其次,建立终身教育体系,由学历社会向终身学习社会转变。终身教育理念是第三次教育改革的基本理念,临时教育审议会的四次咨询报告均把终身学习,向终身教育体系过渡作为教育改革的重要目标。再次,强调培养对象的多样化、个性化和教育手段的信息化。第三次教育改革试图通过建立多元化的评价体制,增加学校的选修课设置多样化的课程,加强个别化教育,以及后期中等教育结构的多样化等改革措施来实现教育的多样化和个性化。重视信息教育,是由当今社会进入信息时代的特点所决定的。推广信息技术在教育领域中的广泛应用,也使终身学习和个性化教育成为可能。

第三次基础教育改革的理念虽然有继承日本传统文化,培养爱国心和灌输皇国史观的消极一面,但是对于消除日本教育中的封闭、僵化倾向,朝着开放化、多样化、个性化和国际化的方向发展的主张还是可取的。①

四、面向21世纪基础教育改革(20世纪90年代以后一)

(一) 出台背景

从20世纪90年代起,日本开始了一场以政府为主导的新一轮基础教育改革。这次改革的主要动因,一方面是在日本社会向着国家化、情报化、少分子化以及高龄化方向迅速进展,以及经济结构发生急剧变化的情况下,为了适应当代知识经济时代对教育提出挑战的回应;另一方面,也与近些年日本学校内部出现的一系列教育问题有关。如校内暴力、恐学症、教育荒废等。此外,也与教育理论界因受西方"新自由主义"思潮的影响,而产生的对于教育的自由化、教育选择的扩大化等要求密切相关。还与反映在因为市场经济原理的导入,而引起的公共教育体制的萎缩、教育民营化程度的提高,以及在日本国内教育右倾思想的抬头、国家主义的强化等政治、经济和社会的因素有关。与一些先进资本主义国家推行的企业国际化及全球经济一体化的背景有关。因此,急需进行一场基于满足人的发展及个性化发展的需求,满足具有创造力的社会和国家的需求以及满足信息化、国际化等时代变化的需求等目标,以重视个性,倡导"扎实学历观"和自我教育能力为主体,构建终身学习体系,培养适应21世纪全球化发展需要的人才为主旨的教育改革。②

(二) 主要内容

文部科学省于2001年1月25日正式制定并实施的《教育改革计划》和《21世纪

---

① 付秀丽.多元文化视角下的日本当代基础教育改革[D].华东师范大学,2009:29-30.
② 吴遵民.当代日本基础教育改革现状与发展趋向[J].教育发展研究,2005,25(19):96.

教育新生行动计划》(彩虹计划)的改革报告,明确了日本今后基础教育改革的总方向。

1. 学校制度的弹性化和制度改革

(1) 根据《学校教育法》部分修正条款的规定,决定创设中等教育学校(即初、高中一贯制。自 1998 年 6 月 5 日起实施)。

(2) 为保护受到欺负的弱小儿童及满足其家长要求转校的希望,文部科学省决定在 1997 年 1 月 27 日起对公立中小学的上学区域实行弹性化举措。

(3) 根据《地方教育行政组织及其运营法》的修改规定,决定自 2001 年 6 月 29 日起废止公立高中就学区域的限制。

(4) 根据"特区域结构改革"政策的精神,从 2003 年 4 月起学校经营将允许民间机构参与。

现代日本的教育改革,以儿童的身心发展及学校教育的现实问题作为改革的课题,并从学校、社区、本土的草根文化等层面对教育改革的目标和方向进行定位,反映了教职员工、家长、一般国民及教育研究者们自主地进行教育改革的动向。[1]

2. 教师教育及研修制度的改革

根据《教育职员资格特例法》的规定,自 1997 年 6 月 18 日起,凡希望成为教师者必须要具有为老人或其他需照顾人群进行服务的体验。根据《教育职员资格法》部分修改条款的规定,自 2002 年 5 月 25 日起对教师资格基准做出新的调整,同时对教师资格证书制度实行弹性化政策。根据《教育公务员特例法》的部分修改条款规定,从 2000 年 4 月 21 日起对现职教师创设研究生院研修休假制度。根据《关于地方教育行政组织及运营法律》的修改条款,从 2001 年 6 月 29 日起对涉嫌"指导力不足"的教师制定评价与判断标准,同时采取研修或转换工作的措施。根据《教育公务员特例法》部分修改条款的规定,从 2002 年 6 月 2 日起,具有任命权的教育人事部门负责人,有义务对工作满 10 年的教师提供进修机会。

3. 教育课程标准的改革

自 1999 年 3 月 29 日起,在对幼儿园、小学、中学、高中、盲聋学校、养护学校教育课程的基准进行修订的同时,要求在《学习指导要领》中给以明确告示;其中特别就高中阶段校外体验活动的学分计算和认定、道德教育、信息教育、外语、国际理解教育等课程的充实给予了明确的规定。根据中央教育审议会关于"改善学习指导要领"答申报告的精神,自 2003 年 10 月 7 日起,对《学习指导要领》的基准给予进一步的改善。其中包括对教育内容过多的状况进行了调整,而在小学则实施按学习熟练程度的不同分班教学,并设置"综合学习时间"。

4. 地方教育行政的改革

根据《地方分权法》及《地方教育行政组织及运营法》修正条款的规定,自 1999 年

---

[1] 吴遵民. 当代日本基础教育改革现状与发展趋向[J]教育发展研究,2005,25(19):99.

7月8日起,对地方教育委员会主任(教育长)的任命制予以废除。根据《学校教育法实施规则》部分改正条款的规定,从2000年1月21日起,对学校校长的管理自主权、开放型学校的构建、学校运作机制的改善——校长、教导主任的任职资格的放宽,以及学校评议员制度的导入等做出了新的规定。①

(三)影响

《21世纪教育新生行动计划》(彩虹计划)是在"教育改革国民会议"的总结报告基础上提出的,明确了日本今后教育改革的总方向,提出了具体方针、措施、课题和时间表,确定了为配合计划的实施在法律和财政方面的相应改革目标。② 在一系列改革举措的推动下,学校教育制度的多样化、弹性化,教师培养、资格证书及研修制度的多元化,教育行政地方的分权化等改革进程均被加强了力度并加快了速度,而基础教育的制度和内容亦由此发生了很大的变化。③ 现代日本的教育改革,以儿童的身心发展及学校教育的现实问题作为改革的课题,并从学校、社区、本土的草根文化等层面对教育改革的目标和方向进行定位,反映了教职员工、家长、一般国民及教育研究者们自主地进行教育改革的动向。④

第四节　我国基础教育改革与发展走向

一、我国基础教育改革与发展的应然追求——走向高位均衡

《国家中长期教育改革与发展规划纲要(2010—2020年)》(以下简称《纲要》)提出,要把推动均衡发展作为义务教育的战略性任务。目前,我国教育均衡发展取得了巨大成就,城乡免费义务教育全面实现,并向以加大教育投入、实施标准化建设工程为主要方式的办学条件方面的基础均衡迈出了重大步伐。但随着我国教育改革步入新的发展阶段,面对人民群众对优质教育需求不断提高和我国教育在区域、城乡等层面的巨大差距的现实,如何更为科学地认识均衡的内涵,根据不同类型、层次的教育特点充分发挥其优势,实现特色多元、优质的高位均衡发展是应努力破解的重要课题。

"均衡"是平等地对待相同的、有差别地对待不同的以及对弱势进行补偿。均衡

---

① 吴遵民.当代日本基础教育改革现状与发展趋向[J].教育发展研究,2005,25(19):96.
② 陈谟开.21世纪日本基础教育改革的若干动向[J].外国教育研究,2002,(5):6-9.
③ 吴遵民.当代日本基础教育改革现状与发展趋向[J].教育发展研究,2005,25(19):97.
④ 吴遵民.当代日本基础教育改革现状与发展趋向[J].教育发展研究,2005,25(19):99.

发展不是平均发展,而是在基础条件基本均衡的条件下多元优质、和而不同的和谐发展。高位均衡,指根据各自基础、优势和特色,主要通过深化内部改革、加强文化建设、创新体制机制及推动特色发展等方式,将外在条件弥补与内生引领相结合,促进城乡、区域、校际教育互动交流、优势互补、资源共享,实现自主创新、多元特色、峥嵘并进、可持续协调发展。

基础条件均衡是实现高位均衡的前提和基础,高位均衡是基础条件均衡的价值追求和奋斗目标。教育高位均衡发展是追求不同区域、类型、层次的教育共同发展,鼓励不同区域、类型、层次的教育,所有学校都能实现个性特色发展。

高位均衡发展是一个长期的、动态的、辩证的螺旋式上升的历史发展过程,旨在追求一种更理想、高效、优质的教育状态。这一过程由不均衡逐渐走向均衡,然后均衡再次被更高一级的发展需求打破,出现新的不均衡,并在更高层次上再次从不均衡走向均衡。走向高位均衡既是社会主义社会发展的本质要求,也是基础教育内在品质的客观诉求,更是实现人自由、全面、健康发展的根本需要,是实现教育均衡发展的理想追求。

教育高位均衡发展是实现办有特色的教育与为学生提供最适合个性协调可持续发展的教育的有机结合、近期"治标之法"与中长期"治本之策"的有机结合、薄弱学校改造与扩大教育总体供给的有机结合、政府外部推动与学校内部系统改革的有机结合。其更加注重内外结合、上下互动,更加注重通过深化内部改革,强化特色引领,更加注重资源共享,推动互动协调、和谐共生、特色优质均衡、健康可持续发展。

教育高位均衡发展是一种全新的教育理念和教育发展观。"这一发展观的实质代表了最广大人民群众的根本利益;这一发展观的核心是教育的民主化、公平化,也就是尊重每一个学生接受优质教育的权利;这一发展观的最主要内涵就是合理配置教育资源,全面提升教师群体的素质,办好每一所学校,教好每一个学生。"教育高位均衡发展不仅追求有形的物质层面的均衡,还追求文化、精神等无形层面的均衡与特色;不仅追求起点、过程公平,更追求结果公平,是有形与无形、起点和过程与结果、数量与质量、局部与整体、静态与动态的统一,旨在追求并实践教育公平理念。教育高位均衡发展是教育的历时态与共时态的有机结合与整体推进。历时态主要包括三个阶段:一是就学机会公平阶段,即"有学上的"的教育机会均衡;二是就读优质学校的机会公平阶段,即"上好学"的教育机会均衡;三是充分参与教育过程的机会公平阶段,即"按需选学"的教育机会均衡。共时态主要有四层含义:一是全面发展,即教育要面向全体学生,着眼学生一生,促进学生全面发展;二是协调优质,即规模、结构、质量、效益的协调发展,质量全面提升;三是多元特色,即优势互补、资源共享,不同区域、类型、层次的教育特色发展;四是和谐生态,即不同区域、类型、层次的教育各安其位,构建终身教育体系,维护教育生态,促进人、教育、社会、自然和谐和可持续发展。①

---

① 刘志军,王振存.走向高位均衡:基础教育改革与发展的应然追求[J].教育研究,2012,(3):35-40.

二、我国基础教育改革与发展趋势

（一）促进教育公平

教育公平已经成为国家教育政策的基本取向。《纲要》围绕"公平"明确提出，要保障人民享有接受良好教育的机会，形成惠及全民的公平教育：一是坚持教育的公益性和普惠性，建成覆盖城乡的基本公共服务体系；二是合理配置公共教育资源，向农村地区、贫困地区和民族地区倾斜；三是促进义务教育均衡发展，保障每一个适龄儿童少年都能依法接受较好质量的义务教育；四是切实解决进城务工人员子女平等接受义务教育问题，保障残疾人受教育权利；五是扶助困难群体，不让一个学生因家庭经济困难而失学。

（二）提升教育质量

《纲要》围绕"质量"明确提出，要提高教育质量，提供更加丰富的优质教育：一是树立科学的教育质量观，把促进人的全面发展、适应社会需要作为衡量教育质量的根本标准；二是注重教育内涵发展，鼓励学校办出特色、办出水平，出名师、育英才；三是修订基础教育课程标准，加强中小学教材建设；四是制定教育质量国家标准，切实强化教育督导，建立健全教育质量保障体系；五是建立以提高质量为导向的管理制度和工作机制，把教育资源配置和学校工作重点集中到强化教学环节、提高教育质量上来；六是加强教师队伍建设，提高教师整体素质。

（三）完善教育体系

围绕"教育体系"，《纲要》明确提出，要促进全体人民学有所教、学有所成、学有所用，构建体系完备的终身教育：一是既要强调义务教育、职业教育、高等教育三大任务，又要突出高中阶段教育、学前教育、继续教育，还要加强民族教育和特殊教育；二是学历教育与非学历教育协调发展，职业教育和普通教育相互沟通，职前教育与职后教育有效衔接，提供多次选择机会，满足个人多样化的学习和发展需要，实现不同类型学习成果的互认和衔接；三是继续教育参与率大幅提升，形成人人皆学、处处可学、时时能学的教育体系。

（四）深化体制改革

围绕"体制改革"，《纲要》明确提出：进一步解放思想、更新观念、深化改革，提高教育开放水平，全面形成与社会主义市场经济体制和全面建设小康社会目标相适应的充满活力、富有效率、更加开放、有利于科学发展的教育体制机制：一是转变教育观念，树立全面发展的观念、人人成才的观念、多样化人才的观念、终身学习的观念、系统培养的观念；二是创新培养模式，深化课程教材、教学内容、教学方式的改革，注重学思结合、知行统一、因材施教，建立科学多样的评价标准和评价方式；三是对教育体制改革进行总体、系统设计。改革考试招生制度，逐步形成分类考试、综合评价、多元录取的考试招生制度；建设依法办学、自主管理、民主监督、社会参与的现代学校制度;深化管理体制改革,形成政事分开、权责明确、统筹协调、规范有序的教育管理体制;深化办学体制改革,促进公办学校多种形式办学,把民办教育作为教育事业发展的重要增长点;扩大教育对外开放,加强国际交流与合作,引进优质教育资源,提高教育国际化水平。[①]

第五节 世界各国基础教育改革与发展趋势

一、教育终身化

(一) 基本含义

"终身教育"这一术语在1965年联合国教科文组织主持召开的成人教育促进国际会议期间,由联合国教科文组织成人教育局局长法国的保罗·朗格朗(Paul Lengrand)正式提出。它包括人发展的各个阶段及各个方面的教育活动。即人们在一生中所受到的各种培养的总和。被称为"从摇篮到坟墓的教育",意指开始于人的生命之初,终止于人的生命之末,既包括纵向的一个人从婴儿到老年期各个不同发展阶段所受到的各级各类教育,也包括横向的从学校、家庭、社会各个不同领域受到的教育,其最终目的在于"维持和改善个人社会生活的质量"。1972年,国际教育发展委员会的《学会生存》报告书建议各国以终身教育为指导原则进行教育改革;国际21世纪教育委员会的《教育:财富蕴藏其中》认为,在新的时代背景下应该重新思考和扩大"终身教育"含义,终身教育是"与生命有共同外延并已扩展到社会各个方面的连续性教育",应该让学生"学会认知、学会做事、学会共同生活、学会生存"。[②] 至21世纪初,世界上许多国家已将终身教育思想作为国家教育制度改革的重要指导思想之一,建立了正规教育和非正规教育相联系、学校教育和社会教育相结合的,包括了从学前教育到高等教育的一体化终身教育体系。

(二) 意义

终身教育的提出和实施,对于当代世界教育改革和发展具有十分重要的意义。首先,它使教育获得了全新的诠释,主张教育应该贯穿于人的一生,彻底改变了过去将人的一生截然划分为学习期和工作期两个阶段的观念。其次,它促进了教育社会化和学习型社会的建立。改变了将学校视为唯一教育机构的陈旧思想,使教育超越

---

① 陈小娅. 面向未来十年的基础教育改革与发展[J]. 教育发展研究,2010,(8):1-5.
② 联合国教科文组织总部中文科. 教育——财富蕴藏其中:国际21世纪教育委员会报告[M]. 北京:教育科学出版社,1996.

了学校教育的局限,从而扩展到人类社会生活的整个空间。再次,它引发了教育内容和师生关系的革新。教育不是单纯的知识传递,而应贯彻人的全面发展精神,学习者不仅要学习已有的文化,更要培养个人对环境变化的主动适应性。传统的师生关系也将发生根本变化,代之以一种新型的民主的开放式的关系。最后,它的多元化价值标准,为学习者指出了一条自我发展、自我完善的崭新之路。①

二、教育公平化

(一) 教育公平的内涵

公平是历史范畴,不同历史时期的公平有着不同的含义,就适应于一切时代的一般概念而言,所谓公平,就是表示人与人利益关系及关于人与人利益关系的原则、制度、做法、行为等合理之义。②

教育公平观是关于合理进行教育资源的配置的系统看法。教育公平的定义随时代发展而发展。在对公平概念界定基础上,教育公平的内涵,即指国家对教育资源进行配置时所依据的合理性的规范、原则。③ 教育公平也可视为公平概念在教育领域的延伸与拓展。经济合作与发展组织(OECD)和教科文组织文献中从几个层次理解教育公平:20 世纪 90 年代教育公平是机会公平和性别公平。不同性别的人都享有受教育的权利,应享有同等的教育机会。2000 年以后,教育公平与教育质量相伴而生,从关注机会公平到关注结果公平。2007 年,OECD 提出教育公平的两个维度:一是公正,即个人与社会背景不应该成为教育发展的障碍;二是全纳,即要确保全民教育的最低基本标准。2009 年,OECD 提出教育公平与教育效率、社会责任相关,政府对教育公平负有责任,要合理配置教育资源。④ 教育公平包括教育起点公平、过程公平和结果公平。教育公平的内涵具体包括:人人享有平等的受教育权利;人人平等地享有公共教育资源;公共教育资源配置向社会弱势群体倾斜;反对各种形式的教育特权。

知识窗

巴基斯坦女孩:从教育中获得力量

一个名叫马拉拉的巴基斯坦女孩最近成为该国舆论关注的焦点。马拉拉年仅 15 岁,为争取受教育权,马拉拉从 2009 年起,匿名在英国广播公司的乌尔都语网站上撰写博客日记,揭露塔利班焚烧女子学校的暴行,讲述自己在禁令下坚持

---

① 袁振国. 当代教育学[M]. 北京:教育科学出版社,2008:49-50.
② 戴文礼. 公平论[M]. 北京:中国社会科学出版社,1997:41.
③ 郭彩琴. 教育公平:内涵和规定性[J]. 江海学刊,2003,(3):101.
④ 王素. 国际组织文本中的教育公平问题分析[J]. 小学时代:教育研究,2011,(1).

读书的故事,由此受到塔利班的仇视和威胁,最终遭到巴基斯坦塔利班的枪击。经过紧急救助,她奇迹般地从死亡线上挣脱。巴基斯坦总统扎尔达里日前在联合国教科文组织总部举行的"支持马拉拉——支持女童受教育权利"活动中,代表巴政府向新设立的"马拉拉女童教育权基金"捐赠1 000万美元。该基金旨在筹集数十亿美元资金,配合联合国千年发展目标,希望在2015年前,使巴基斯坦所有女童享有受教育的机会。马拉拉的经历在巴基斯坦很有代表性。联合国教科文组织发布的《2012年全民教育全球监测报告》等资料显示,巴基斯坦目前的教育形势堪忧,失学儿童人数位居世界第二,达510万人,其中约有2/3是女童。巴基斯坦在教育上所花的经费只占其国民生产总值的2.3%。基础教育的发展很不平衡,欠发达地区学校数量少,女童受教育的机会更少。此外,塔利班推行极端宗教统治,不允许妇女接受教育。为了争取受教育权利,联合国宣布将每年的11月10日定为"马拉拉日",以表彰她不畏威胁、为争取女童受教育权利所做出的杰出贡献。马拉拉曾说:"如果一代人没有拿过笔,就会接受恐怖分子递过来的枪,我们必须倡导教育,让更多人听到我们的声音。"相信有更多的马拉拉将拿起笔,从教育中获得力量,书写巴基斯坦新的明天。

(资料来源:http://news.163.com/13/0106/09/8KHCF4LP00014JB6.html.)

(二) 教育公平的实现

第一,政府应树立"第一责任人"的意识。

第二,政府应加大教育投入。

第三,政府要建立和完善国家对弱势群体特别是城乡贫困家庭子女、残疾儿童等就学的资助体系,促进教育公平的实现。

第四,政府应合理分配有限的教育资源,提高资源的利用率,确保教育公平的实现。①

三、教育国际化

(一) 基本含义

教育国际化是第二次世界大战后出现的国际相互交流、研讨和协作,以解决教育共同问题的一种发展趋势。教育国际化是21世纪教育改革的基本趋势,它对世界各国的基础教育改革提出了新的要求。②

---

① 周洪宇.教育公平:和谐社会的重要内容、基础和实现途径[J].人民教育,2005,(7):7-10.
② 张蓉.教育国际化与世界基础教育改革[J].外国中小学教育,2004,(6):1.

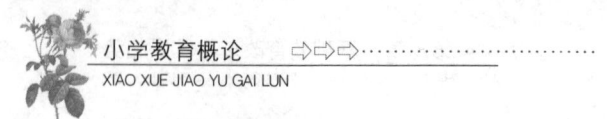

（二）基础教育国际化的主要表现

1. 培养目标的国际化

基础教育目标的国际化即要培养面向世界、面向国际的公民。不仅要培养学生的全球相互依赖的意识,增进国际的理解;而且要培养学生将来在国际社会环境中生工作所需要的知识和技能。这是国际社会和各国政府的共识。1996年,联合国教科文组织大会在重新界定教育使命的基础时,提出了教育的最终目标是培养世界公民,并强调为实现这一目标必须注意几个问题:培养和平、人权和民主的具体实施过程中所依赖的价值观念;不能再只是强调认知学习,还要强调情感和行为学习;学做世界公民,是以把共同的价值观念和知识应用于实践为基础的。

2. 重视外语教学

国际交流需要语言的沟通,外语是增进人们国际交往能力的重要手段。现在,世界各国对外语教育的重视程度越来越高,许多国家把外语作为基础教育课。从小学阶段,甚至学前教育阶段就开始进行外语教育。美国早在1958年制定的《国防教育法》中就规定:加强普通公立学校的外语教学;每年拨款800万美元改进外国语教学,建立语言实验室和语言区域中心,设置语言奖学金;每年拨款725万美元开办训练班,培训中小学外语教师。1994年颁布的《2000年目标:美国教育法》中再次强调外国语是一门核心学科。欧共体也制定政策,鼓励各成员国积极发展现代外语教学,鼓励各国在小学阶段早期进行现代外语教学实验并进行教学法的改革。我国也在不断加强外语教学,2001年2月,教育部发布了《关于积极推进小学开设英语课程的指导意见》,要求从2001年秋季开始,全国小学从三年级起逐步开设英语课程。而一些经济发达地区和大中城市从幼儿园开始就开设了外语课程。我国加入WTO之后,国际化程度进一步增强,对外语人才的需求更为迫切,外语教育成为当前基础教育课程改革的重点之一。

3. 加强国际理解教育

1946年,即联合国组织建立的第二年,基于对教育在争取和维护世界和平过程中重要作用的认识,"和平的缔造者们"在伦敦建立了联合国教科文组织,并在联合国教科文组织的首届全体大会上提出了国际理解教育的构想。此后,联合国教科文组织在发起的一系列活动中,奠定了国际理解教育的基础。1994年10月召开的第44届国际教育大会对国际理解教育进行了总结和展望,倡导通过全民教育来促进世界和平与民主,并指出当前的迫切需要是把国际理解教育这一专题融入学校课程和教师培训课程中去,要教授人们和平、尊重他人、公正、宽容、诚实、团结、负责等价值观念。2001年9月召开的第46届国际教育大会再次强调了"学会共存"的重要性,要求促进各级教育中的和平文化与跨文化理解。各国政府也意识到了加强国际理解教育的重要性并采取了相应行动。许多国家在幼儿园和中小学的课程中融入了国际理解教育方面的内容。

4. 扩大国际教育交流与合作

文化视野,而且还可以学习别国的先进技术和经验,扩大本国教育资源,培养本国人才。基础教育国际交流与合作的一个重要方面是开展跨国教育援助和合作项目。近年来,各种国际组织与各国政府之间、发展中国家之间、发达国家之间、发达国家与发展中国家之间,有关开展基础教育合作或提供各种形式的基础教育援助的活动在日益增加。自 1990 年召开"世界全民教育大会"之后,普及基础教育已经成为国际社会的一个共同目标。联合国系统的机构、政府间组织、非政府组织、多边和双边资助机构等国际机构开始调整教育资助政策,把重点放在了基础教育上。基础教育国际交流与合作的另一个重要方面是各国教育人员、学生的交流。各国都很重视选派教师到国外进修,互聘语言教师任教,组织学生进行海外考察。需要关注的是,在教育国际化的进程中,应该考虑教育的民族性问题。发达国家的知识、技术、观念在教育的国际化进程中占据了主流地位,发展中国家在利用这些知识和观念来培养本国的新一代社会成员的同时,很容易导致本国成员对异国文化的亲和及对本民族文化的疏远,从而有可能导致本国民族性的丧失。尽管如此,教育国际化的历史潮流是不可逆转的,但教育的国际化必须与教育的民族性相结合。

四、教育信息化

(一) 教育信息化的含义

1993 年 9 月美国克林顿政府正式提出国家"信息高速公路"(Information Superhighway)的计划,加大了对信息基础设施建设的投资,推动信息技术在社会各领域的广泛应用,并激起了国际社会的强烈的反响,许多国家随后也纷纷推出了本国信息技术的开发和推广计划,形成了席卷全球信息化浪潮,欧美国家的教育信息化过程也由此迅速加快。"信息技术"(Information Technology,简称 IT)这一用语,正是伴随着美国"信息高速公路"计划的公布和实施而日益广泛地被人们传播和使用的。与此同时,一系列标示着教育信息技术发展新景观的概念和用语也在教育领域快速涌现,在英语世界,人们倾向用"e-Learning"(电子化学习)、"e-Education"(电子化教育)、"Network-Based Education"(基于网络的教育)、"Online Education"(在线教育)、"Cyber Education"(赛波教育)、"Virtual Education"(虚拟教育)等来表示这一新领域的学习和教育活动。[1]

与"信息化"一词相对应的有三种英文表述方式:Informatization,Informationalization,Informationization,无论哪一种,在西方国家都没有被普遍接受[2],但"教育信息化"所表述的内涵与西方社会现有热门用语的含义大体是一致的,只不过前者是一种更注重事物之过程的表述,后者是更注重事物之性质的表述。"教

---

[1] 洪明. 欧美国家教育信息化的现状与趋势[J]. 比较教育研究,2002,(7):17-18.
[2] 祝智庭. "教育信息化"的概念与特征[EB/OL]. http://www.ecn21.edu.cn/.

育信息化"这一用语在欧美国家使用较少,多半为东方国家如日本、韩国和中国对现代信息技术运用于教育、教学过程及结果的抽象化概括。我国自20世纪90年代末开始,随着网络技术的迅速普及,整个社会的发展与信息技术的关系越来越密切,人们越来越关注信息技术对社会发展的影响,"社会信息化"的提法开始出现,联系到教育改革和发展,开始有"教育信息化"的提法。目前,政府的各种文件已经正式使用"教育信息化"这一概念,并高度重视教育信息化的工作。

对教育信息化的定义,学者们根据自己的研究和视角提出了不同见解。可谓是众说纷纭,难以统一。有学者通过对国内已有教育信息化定义的整合和参照国家信息化定义,界定教育信息化的含义:指在国家及教育部门的统一规划和组织下,在教育系统的各个领域全面深入地应用现代信息技术,加速实现教育现代化的过程。这一定义包括四层含义:一是实现教育现代化离不开信息化,信息化要服务于教育现代化;二是国家及教育部门要统一规划、统一组织教育信息化建设;三是教育系统的各个领域要广泛深入地应用现代信息技术;四是教育信息化是一个循序渐进,不断发展的过程。①

(二) 教育信息化的意义

教育信息化对教育的发展具有重要的意义,主要表现在:

1. 教育信息化是教育现代化的必由之路,也是教育现代化的重要内容和主要标志

江泽民同志在北师大100周年校庆大会上指出:"进行教育创新,必须充分利用现代科学技术手段,大力提高教育的现代化水平。要通过积极利用现代信息和传播技术,大力推动教育信息化,促进教育现代化。"教育现代化包括教育思想现代化、教育内容现代化、教育方法现代化、教育技术手段现代化、教育设施现代化、教育管理现代化等。在教育现代化的诸多要素中,哪一化都离不开教育信息化,教育信息化一方面为教育现代化提供了方法、途径和前提;一方面,在教育信息化的过程中必然会出现许多新问题,需要我们去认识、去解决,这些问题的解决,不仅会极大地丰富教育信息化的内容,同时其对教育思想、教育内容、教育方法、教育手段、教育管理等诸多方面所产生的深刻变革,将成为教育现代化研究的重要内容,也将成为实现教育现代化的主要标志。

2. 教育信息化有利于缩小地区间的教育差距

教育信息化有利于缩小地区间的教育差距,是实现建设学习型社会、构建终身教育体系、提高全体国民素质的有效途径。

由于各地教育规模、教育水平和经济条件的差异,使得以学校教育为中心的教育体系无法从根本上消除地区间的教育差距,更无法实现党的十六大提出的"建设学习型社会、构建终身教育体系"的宏伟目标。从现阶段来看,我国教育信息化的重点主

---

① 杨晓宏,梁丽. 全面解读教育信息化[J]. 电化教育研究,2005,(1):27-33.

要是学校和专门的教育机构,主要内容包括在中小学普及信息技术教育,中小学"校校通"工程和高校"数字校园"建设,以及现代远程教育等。从长远看,教育信息化的领域必然会延伸到家庭和社会的各个方面。其中家庭教育信息化和现代远程教育的实施,将为全体国民提供更多的接受教育的机会,使受教育者的学习不受时间、空间的限制,真正实现学习型社会和终身教育的内涵——人人学习、处处学习、时时学习,保障每一位国民接受教育的平等性。而且有利于从根本上消除由于地区之间经济发展的不平衡所产生的教育水平的差距,为全体国民的综合素质的普遍提高提供了可能性。

3. 教育信息化有利于素质教育的实施和创新人才的培养

培养创新人才是素质教育的根本目标,教育信息化有利于素质教育的实施和创新人才的培养。首先,教育信息化为素质教育的实施创造了良好的环境,使因材施教和个性化教学得以更好地体现。利用教育信息化的优良环境,可实现个别化教学、小组协作学习远程实时交互的多媒体教学、在线学习、在线讨论等,使学生从过强的共性制约中解放出来,有利于发展学生个人志趣,培养其个性特色。其次,在信息技术环境下,一方面学生可根据个人志趣与个性差异对所学的知识和学习进程在一定程度上进行自主选择;另一方面,学生可对某一专题的相关内容通过信息检索、收集和处理,实现问题解决学习和发现学习,有利于丰富学生的知识面,培养其独立思考能力和创新能力。第三,利用教育信息化提供的网络资源可将抽象的道理形象化,通过鲜明的形象感化和对比,帮助学生识别假、恶、丑,树立真、善、美的情感,使学生将高尚的理想内化为自己的言行,直至形成良好的思想品德。①

(三)我国基础教育信息化的发展历程

我国教育信息化的发展轨迹可简要概括为:"九五"期间是多媒体教学发展期和网络教育启蒙期,"十五"期间是多媒体应用期和网络建设发展期,"十一五"期间则是网络持续建设和应用普及期。经过十多年的建设,我国教育信息化已经在基础设施建设、重大应用、资源建设、标准化建设、法律法规建设和相应的管理等方面取得快速发展。而我国基础教育信息化发展历程,可将其概括为"一个信念,两大计划,三个项目"。

1. "一个信念"

首先要确定"教育信息化带动教育现代化"的基本信念。1997年,全国第一次信息化工作会议文件中提出了建设国家信息化体系的六大要素:信息网络、信息资源、应用开发、人才培养、产业发展、政策法规。1999年党的十五届六中全会提出的国家发展战略首次把信息化提到战略高度来认识。

2. "两大计划"

2000年10月25日召开的全国中小学信息技术教育工作会议,是我国基础教育

---

① 杨晓宏,梁丽.全面解读教育信息化[J].电化教育研究,2005,(1):27-33.

信息化的一个里程碑。时任教育部部长陈至立在会议上做了题为"抓住机遇,加快发展,在中小学大力普及信息技术教育"的报告,提出"全面启动中小学'校校通'计划,为中小学普及信息技术教育、推动教育信息化建设奠定基础"的目标,计划用5~10年时间,使全国90%左右的独立建制的中小学校能够与互联网或中国教育卫星宽带网联通,使中小学师生都能共享网上教育资源,提高所有中小学的教育教学质量,使全体教师能普遍接受旨在提高实施素质教育水平和能力的继续教育。

在全国中小学普及信息技术教育计划也开始全面实施,同时为高中制定了信息技术教育课程标准。为了使凡是受过义务教育的人都具有初步的计算机知识和初步使用计算机的能力,根据教育部的规划,21世纪的前10年,将分三步在全国中小学中普及信息技术课程,即:2001年前全国所有高中都要开设信息技术课程,2005年前全国所有初中都要开设信息技术课程,2010年前全国所有小学都要开设信息技术课程。截止到2008年,已有67.5%的学校开设了信息技术课程,学习信息技术课的学生比例达到了69%,每年有1亿多名中小学生接受信息技术教育,信息技术专任教师数占所有专任教师的4.5%,平均每所学校有1.5名信息技术教师。

3."三个项目"

三个由教育部组织实施的教育信息化相关项目,为确保两大计划的有效实施提供了有力保障和后劲推力。

一是农村中小学现代远程教育工程:从2003年开始,在《国务院关于进一步加强农村教育工作的决定》的指导下,国家又开始实施面向农村和边远地区中小学信息化环境建设的现代远程教育工程(简称"农远工程")。该工程作为"班班通"计划的补充,旨在促进城乡优质教育资源共享,提高农村教育质量与效益,促进义务教育均衡发展,采取"三种模式"为受益地区的中小学搭建经济实用的信息化环境。可以预期,"十二五"期间"农远工程"将继续下去,农村和边远地区信息化装备配置水平将有明显提升。

二是国家基础教育资源库建设项目:教育部从《面向21世纪教育振兴行动计划》"现代远程教育工程"中拨出1 800万元专门用于开发面向中小学的数字化资源,从2001年开始行动,这是国内第一个严格按照元数据规范进行编码管理的国家级大型基础教育资源库。后来又从"农远工程"拨出经费约2亿元进一步扩展此资源库。到2008年,该资源库共收入7大类资源,涉及36个学科,4 129学时学科知识点教学资源,2 869小时的学习辅导、专题教育和教师培训视频资源,12 507条多媒体教学素材资源,覆盖1~9年级多种版本教材的教育教学内容。

三是中小学教师教育技术能力建设项目:2004年12月,教育部颁布了《中小学教师教育技术能力标准(试行)》(以下简称《标准》),2005年4月教育部正式启动中小学教师教育技术能力建设计划。这是我国颁布的第一个中小学教师专业能力标准,是我国中小学教师专业化发展的重要"里程碑"。《标准》的颁布,对于建立科学规范的中小学教师教育技术培训、考试认证体系,全面提高教师教育技术能力水平具有重要意义。①

复习与思考

1. 终身教育对于当代教育改革与发展具有什么意义?
2. 如何理解教育公平问题?
3. 教育的信息化及其意义是什么?
4. 发达国家基础教育改革与发展历程与经验对于我国基础教育改革具有哪些启示?

拓展阅读

1. 余胜泉.推进技术与教育的双向融合——《教育信息化十年发展规划(2011—2020年)》解读[J].中国电化教育,2012,(5):5-14.
2. 祝智庭.教育信息化的新发展:国际观察与国内动态[J].现代远程教育研究,2012,(3):3-13.
3. 吕达编译.2000年目标:美国教育法初探(以美国教育部提供的法案Bill为根据)[J].课程.教材.教法,1993,(9):56-59.
4. 教育信息化十年发展规划(2011—2020年).

http://www.chinanews.com/edu/2012/03-30/3785498.shtml.

---

① 祝智庭.中国教育信息化十年[J].中国电化教育,2011,(1):21-22.

参考文献

[1] [法]涂尔干著.教育思想的演进[M].李康译.上海:上海人民出版社,2006.

[2] [英]奥尔德里奇著.简明英国教育史[M].诸惠芳译.北京:人民教育出版社,1987.

[3] [英]博伊德著.西方教育史[M].任宝祥,吴元训译.北京:人民教育出版社,1985.

[4] 蔡宝来,现代教育学理论和实践[M].上海:上海教育出版社,2011.

[5] 蔡颖.新时期师德修炼[M].长春:东北师范大学出版,2010.

[6] 辞海(教育心理分册)[M].上海:上海辞书出版社,1980.

[7] 戴本博.外国教育史[M].北京:人民教育出版社,1990.

[8] 中共中央文献编辑委员会.邓小平文选(第二卷)[M].北京:人民出版社,1994.

[9] 冯建军.现代教育原理[M].南京:南京师范大学出版社,2001.

[10] [美]弗罗斯特著.西方教育的历史和哲学基础[M].吴元训等,译.北京:华夏出版社,1987.

[11] 顾明远.教育大辞典(第1卷)[M].上海:上海教育出版社,1990.

[12] 国家教师资格考试研究组编.教育教学知识与能力(小学)[M].北京:新华出版社,2015:12.

[13] 黄甫全,曾文婕.小学教育学(第二版)[M].北京:高等教育出版社,2011:07.

[14] 黄济,劳凯声,檀传宝.小学教育学[M].北京:人民教育出版社,2001.

[15] 黄胜.教育学新编[M].成都:西南交通大学出版社,2015.

[16] 蒋礼,张平海.教育学新编[M].北京:北京师范大学出版社,2011.

[17] 李秉德.教学论[M].北京:人民教育出版社,1991.

[18] 联合国教科文组织国际21世纪教育委员会.教育——财富蕴藏其中[M].联合国教科文总部中文科译.北京:教育科学出版社,1996.

[19] 联合国教科文组织国际教育发展委员会.教育的使命——面向21世纪的教育宣言和行动纲领[M].联合国教科文总部中文科译.北京:教育科学出版社,1996.

[20] 联合国教科文组织国际教育发展委员会.学会生存——教育世界的今天和明天[M].北京:教育科学出版社,1996.

[21] 廖哲勋,田慧生.课程新论[M].北京:教育科学出版社,2003.

[22] 林崇德.教育与发展—创新人才的心理学整合研究[M].北京:北京师范大学出版社,2002.

[23] 林进材.教育理论与实务.课程与教学[M].台湾:商鼎文化出版社,1995:12.

[24] 刘树仁.小学教学论[M].北京:人民教育出版社,2003.

[25] 刘英杰.中国教育大事典(1949—1990)(上)[M].杭州:浙江教育出版社,1993.

[26] 卢梭著.爱弥儿[M].李平沤译,北京:人民教育出版社,1985.

[27] 卢晓中.新编教育学[M].北京:北京师范大学出版社,2012.

[28] 吕达,周满生.当代外国教育改革著名文献(美国卷·第四卷)[M].北京:人民教育出版社,2004.

[29] 马端临.文献通考·学校考[M].北京:中华书局,1986.

[30] 马克思.资本论[M].上海:人民出版社,2004.

[31] 边彦军,王莉,倪花.毛泽东邓小平江泽民论教育[M].北京:中央文献出版社,2002.

[32] 宁业勤.教育评价实践研究[M].杭州:浙江工商大学出版社,2016.

[33] [美]诺思著.经济史中的结构与变迁[M].陈郁等,译.上海:上海人民出版社,1994.

[34] 瞿葆奎.教育学文集·教育制度[M].北京:人民教育出版社 1990.

[35] 瞿葆奎.教育学文集·苏联教育改革[M].北京:人民教育出版社,1993.

[36] 瞿葆奎.教育学文集·中国教育改革[M].北京:人民教育出版社,1991.

[37] 曲铁华,周晓红.教师学与教学论[M].长春:东北师范大学出版社,2006.

[38] 饶从满.当代日本小学教育[M].太原:山西教育出版社 1999.

[39] 阮成武.小学教育概论[M].上海:华东师范大学出版社,2011.

[40] 邵瑞珍等.教育心理学—学与教的原理[M].上海:上海教育出版社,1983.

[41] 舒新城.中国近代教育史资料(中)[M].北京:人民教育出版社,1981.

[42] 司晓宏,张立昌.教育学教程[M].北京:高等教育出版社,2011.

[43] 孙培青.中国教育史(修订版)[M].上海:华东师范大学出版社,2000.

[44] 孙喜亭.教育原理(修订版)[M].北京:北京师范出版社,2013.

[45] [英]泰勒著.课程与教学的基本原理[M].施良方译.北京:人民教育出版社,1994.

[46] 檀传宝,班建武.绿色教育师德修养:做一个配享幸福的教育家[M].北京:北京师范大学出版社,2001.

[47] 王超.师爱无价:对学生倾注全身心的爱.[M].长春:吉林大学出版社,2010.

[48] 王道俊,郭文安.教育学[M].北京:人民教育出版社,2009.

[49] 王蓉.中国教育财政政策咨询报告 2010—2015[M].北京:教育科学出版社,2015.

[50] 王长纯,梁健.初等教育[M].吉林:吉林教育出版社,2000.

[51] 吴洪成.中国小学教育史[M].太原:山西教育出版社,2006:07.

[52] 吴式颖.外国教育史教程[M].北京:人民教育出版社,1999.

[53] 吴文侃,杨汉青.比较教育[M].北京:人民教育出版社,1999.

[54] 徐芬,赵德成.成长记录袋里的基本原理与应用[M].西安:陕西师范大学出版社,2002.

[55] 薛晓阳,蔡澄,马兰芳.教育原理与策略[M].镇江:江苏大学出版社,2010.

[56] 闫祯.教育学学程模块化理念的教师行动与体验[M].北京:北京大学出版社,2010:08.

[57] 叶澜.教育学原理[M].北京:人民教育出版社,2008.

[58] 叶立群,田本娜.小学教育学[M].北京:人民教育出版社,2003.

[59] 余文森.新课程背景下的公共教育学教程[M].北京:高等教育出版社,2004.

[60] 袁振国.当代教育学[M].北京:教育科学出版社,2004.

[61] [美]杜威著.我的教育信条[M].彭正梅译.上海:上海人民出版社,2013.

[62] 张斌贤.外国教育史[M].北京:教育科学出版社,2008.

[63] 张光丽.教育本质新论[M].呼和浩特:远方出版社,2005:09.

[64] 张永明,曾碧.小学教育学基础[M].北京:北京大学出版社,2013.

[65] 赵炳辉.教师学[M].北京:中国科学技术出版社,2007.

[66] 赵中建.全球教育发展的研究热点:90年代来自联合国教科文组织的报告[M].北京:教育科学出版社,1999.

[67] 赵中建.教育的使命[M].北京:教育科学出版社,1996.

[68] 郑金洲.教育通论[M].上海:华东师范大学出版社,2000.

[69] 中国大百科全书编辑委员会.中国大百科全书(教育)[M].北京:中国大百科全书出版社,1985.

[70] 中央教育科学研究所.中华人民共和国教育大事记(1949—1982)[M].北京:教育科学出版社,1984.

[71] 钟启泉.现代课程论[M].上海:上海教育出版社,1989.

[72] 周海银.教学测量与评价[M].济南:山东大学出版社,2015.

[73] 周予同.中国现代教育史[M].福州:福建教育出版社,2007.

[74] 朱旭东.新比较教育[M].北京:高等教育出版社,2008.